VERSLUIERDE TIJD

D1101788

Carolyn Slaughter

Versluierde tijd

Een jeugd in Afrika

Vertaald door Thera Idema

2002
Uitgeverij Contact
Amsterdam/Antwerpen

© 2002 Carolyn Slaughter
© 2002 Nederlandse vertaling Thera Idema
Oorspronkelijke titel *Before the Knife*
Omslagontwerp www.artgrafica.com
Omslagfoto © Carolyn Slaughter
Foto auteur © Stephanie Berger
Typografie Arjen Oosterbaan
ISBN 90 254 1458 3
D/2002/0108/648
NUR 302

www.boekenwereld.com

Voor Leita, eindelijk.
En voor Kemp, die het heeft moeten verduren.

Proloog

Dit boek gaat over mijn kinderjaren in dat deel van Afrika dat de Kalahariwoestijn genoemd wordt. Het gaat over mijn vader en moeder en mijn twee zusjes en ons leven in een uitzonderlijk mooi land, en over de jeugd die mij daar toeviel, in een gezin dat, van een afstand bezien, zijn lot even machteloos onderging als ik het mijne. Wat mij overkwam raakte ons allemaal – mijn vader, mijn moeder, mijn zusjes en mij: we gingen stuk voor stuk kapot omdat het zo gruwelijk was, en we probeerden allemaal te doen alsof er niets aan de hand was. Ieder van ons had een eigen overlevingsstrategie ontwikkeld en we hebben er ons alleen doorheen geslagen. Aan de oppervlakte waren we precies wat we leken te zijn: een normaal Engels gezin dat in een zeer afgelegen deel van Zuid-Afrika woonde tijdens de laatste slepende jaren van de Engelse koloniale overheersing. Ons leven verschilde nauwelijks van dat van alle anderen om ons heen, en we dachten en gedroegen ons op dezelfde manier als de andere Engelsen in die tijd. Niemand zette vraagtekens bij ons gedrag; noch in het land dat we hadden gestolen van zijn rechtmatige eigenaars, noch in de stille, geheime ruimtes van ons dagelijks leven. En omdat het allemaal zo geordend verliep, was er geen punt waarop je kon zeggen: op dát moment begon alles af te brokkelen.

Mijn hele leven ben ik ervan overtuigd geweest dat voor

mij dat moment aanbrak toen mijn jongste zusje werd geboren, omdat bij haar geboorte de wisselende en fragiele band die ik met mijn moeder had werd verbroken, en deze heeft zich nooit meer echt hersteld. Mijn oudste zusje en ik werden naar een kostschool gestuurd en ik kreeg een soort zenuwinzinking, maar achteraf bleken deze gebeurtenissen van ondergeschikt belang, want het moment dat alles echt veranderde kwam pas in de nacht dat ik voor het eerst door mijn vader werd verkracht. Ik was zes. Die verkrachting, die nog door talloze andere zou worden gevolgd, vernietigde in één klap zowel de onschuld van mijn kindertijd als de wankele structuur van ons Engelse gezinsleven.

We wisten het allemaal: ik toonde mijn moeder al het bewijs dat ze nodig had en mijn oudste zusje was erbij, in dezelfde kamer, in het bed tegenover het mijne. Toen het eenmaal was gebeurd, besloten we ogenblikkelijk dat het nooit was voorgevallen. We kozen ervoor om de gedachte eraan te begraven, omdat het niet paste in ons bevoorrechte en beschermde leventje: we banden het uit het zicht en uit onze herinnering en spraken er niet meer over. En hoewel dit zwijgen decennialang niet werd verbroken en het ons op verschillende manieren verwoestte, is dit niet het verhaal dat ik wil vertellen.

Toen ik in Afrika woonde, strekten de grote vlakten en woestijnen zich uit tot achter de horizon, wilde dieren stroopten de enorme grasvlakten af terwijl ze keer op keer hun weg vonden langs de oude treksporen, op en neer tussen water, ontbinding en dood. Op de graslanden en aan de rand van de woestijnen woonde en heerste de zwarte man zoals hij dat van oudsher had gedaan: hij bewerkte zijn kleine akkers, slachtte zijn koeien en geiten in tijden van overvloed en ver-

hongerde of stierf als de regens uitbleven, of als plunderen-
de stammen over de heuvels kwamen en een einde maakten
aan zijn bestaan. De vrouwen stampten de maïs en roerden
in zwarte potten die boven het houtvuur hingen, waarvan
kleine blauwe rookkolommen opstegen die in de heldere
blauwe lucht vervlogen. Bataten en grote gespikkelde pompoenen lagen genesteld in de bruine aarde, en de vrouwen
voedden hun baby's onder mimosastruiken met stekels zo
lang als een kindervinger en joegen de kippen onder het
struikgewas vandaan, terwijl ze wachtten tot hun mannen
terugkeerden uit de wildernis. Zodra de zon 's morgens opkwam rekten de kleine jongens zich uit en gingen de geiten
hoeden, waarbij ze met hun stokken sporen trokken in het
zand en zwijgend door het afgegraasde landschap dwaalden,
dat was bezaaid met doornstruiken en dat slechts werd onderbroken door een eenzame acacia met takken die plat af-
staken tegen de lucht, oneindig en blauw als de zee.

Maar op een dag marcheerden wij, de horden kolonisten,
het land binnen. We voeren over de Atlantische Oceaan met
onze hoge masten en witte zeilen, die schitterden in het zonlicht, en kondigden aan dat we Afrika hadden ontdekt. We
keken snel wat rond, pakten het slapende continent bij de
vier hoeken vast, schudden het uit als een picknickkleed en
hakten het in stukken die we terugsmeten naar eigen inzicht.
Met ons blanke gezicht stralend in de zon voerden we onze
colonnes huurtroepen, onze geweren en zwepen in, verspreidden we onze ziektes en plagen en hielpen we het landschap en de lome bevolking, die er al sinds mensenheugenis
woonde, naar de verdoemenis. We bleven een tijdje plakken,
brachten wat tijd door in Afrika zoals we dat ook hadden
gedaan in India, nooit met de bedoeling er te blijven, altijd
dromend over 'thuis' en de blauwe heuvels uit onze herin-

nering. Maar ondanks het komen en gaan van blanke voeten, het inpikken van land en meren, het verzamelen van alle ivoor, edelstenen, goud en jachttrofeeën en de bouw van boerderijen en steden, ging het uiteindelijk altijd om een kort bezoek: blanken die haastig een bestaan opbouwden op het prachtige land langs de evenaar, dat zich uitstrekt tot de besneeuwde bergtoppen die daar een paar miljoen jaar geleden zijn neergezet. We eigenden ons toe wat we konden gebruiken en pakten toen onze biezen weer, zodat in een oogwenk het leven van de blanke man, altijd op doorreis en verstrooid over de aardbol, begerig en ongeduldig, voorbij was: een voor een, natie voor natie, gristen we onze spullen bij elkaar en vertrokken weer over zee, en toen we eenmaal verdwenen waren, leek het of we er nooit geweest waren. We lieten geen enkele herinnering achter in de stille lucht, geen spoor van onze voetstappen op de verschroeide vlakten. We waren weg, slechts een handjevol verbleekte botten bleef achter in de schoot van een continent dat zich de eerste verwonderde glimlach van de mens nog kon herinneren.

Een

Ik had willen zeggen dat het eerste wat ik mij van ons leven in Afrika herinner Riley's Hotel is in Maun, in het noorden van Botswana aan de oevers van de Okavango-delta. Maar dat is niet waar. Het komt waarschijnlijk doordat ik de neiging heb onze allereerste woonplaats over te slaan, alsof ik het nog steeds probeer te vergeten, zoals ik toen ook deed. Zo lijkt het, net als de eerste keer, eventjes, dat het op de een of andere manier helemaal niet gebeurd is. De vroegere zelfbescherming schiet me weer te hulp, zodat ik zelfs nu maar aan ons leven in Afrika hoef te denken om onmiddellijk in de Kalahariwoestijn terecht te komen. Ik vaag de jaren tussen mijn derde en zesde weg, toen mijn moeder en ik nog twee handen op één buik waren en ik veilig was in de wereld en zij over een mate van zekerheid beschikte die haar even onverwacht als schokkend werd afgenomen als dat bij mij was gebeurd.

In feite begon ons leven in Afrika in Swaziland, een Afrikaans koninkrijkje dat verscholen ligt in de vuist van de Republiek van Zuid-Afrika. De kolonie werd in die tijd bestuurd door de districtscommissarissen van de Britse overheid en mijn vader werd door Engeland uitgezonden als een van die mannen die rondstapten met de tropenhelmen, kaki uniformen en de kniekousen die bij het Britse Rijk hoorden. We waren per boot gekomen en aangezien ik toentertijd nog maar drieënhalf was ben ik er niet zeker van hoeveel ik me herinner van die eerste zeereis. Ik heb het gevoel dat ik het schip zie vertrekken uit de haven van Southampton, de serpentines die in elkaar verstrengeld raken; die verdrietige, voorbijgaande momenten tussen de mensen op het schip en de mensen op de kade. Ik denk dat ik mijn grootmoeder en tante ver, ver beneden me op de kade zie staan, solide vrouwen met donkere kleren. Mijn grootmoeder zweeg bitter bij het vaarwel; er kon amper een kus af en haar gezicht stond strak van woede. Ze had het allemaal al een keer meegemaakt: mijn vader was hem naar India gesmeerd toen hij twintig was, had haar en Ierland in de steek gelaten en gezworen nooit meer terug te keren naar die miserabele, van regen doordrenkte armoede. Nu herhaalde de geschiedenis zich en nam hij ons mee naar zijn volgende ballingschap – dit keer naar de zwarte, van God verlaten hel van Afrika.

Mijn zusje en ik waren geboren in India ten tijde van de afscheiding en de onafhankelijkheid die in 1947 werd uitgeroepen, en toen we geboren werden had mijn grootmoeder haar vastberaden hand over de oceaan uitgestrekt en erop gestaan dat we katholiek gedoopt zouden worden. Mijn vader, die priesters en de heilige katholieke Kerk verafschuwde, gaf mak als een lammetje toe. Nu deed hij een nieuwe poging bij zijn moeder vandaan te komen, maar dit keer ontsnapte hij naar Afrika en was hij niet alleen; hij nam mijn moeder, mijn zusje en mij met zich mee.

Nadat de Engelsen in India hun biezen hadden gepakt en weer naar Engeland waren vertrokken, was mijn vader er niet in geslaagd zich daar thuis te gaan voelen. Afgezien van India zaten de Engelse overzeese kolonies in die tijd flink onder de knoet van het Britse Rijk. Eén blik op de atlas volstond om te zien hoeveel van de wereld rood was gekleurd, het scharlaken teken van de Britse verovering en bezit; de laars op de hals van de onteigenden. Deze rode woekering had eens heel India en Pakistan bedekt, grote brokken van het Nabije, Verre en Midden-Oosten, Centraal, Oost- en Zuid-Afrika, Australië, Nieuw-Zeeland en de Britse Caribische Eilanden, om van de ontstoken wond op de noordpunt van Ierland maar te zwijgen. En merkwaardig genoeg werd dit gehele, uitgestrekte rijk gewoon beschouwd als Engeland, met grenzen die zo ver reikten als het lot het toestond.

Door het Britse Rijk af te schudden en zich af te scheiden van Pakistan, had India zichzelf met een ander rood bedekt. Mijn ouders, die elkaar in India hadden ontmoet en daar ook waren getrouwd, werden gedwongen te vertrekken, samen met de overige Engelsen, en plaats te maken voor onafhankelijkheid en vrijheid. Het betekende de nekslag voor Engeland en het Britse Rijk, het begin van het einde, nog erger dan de verregaande onbeschaamdheid van die vervloekte Boeren in Zuid-Afrika, die vijftig jaar daarvoor hetzelfde hadden geprobeerd. In India stierf de droom een wrede dood. De Engelse emoties liepen hoog op bij de dood van de Raj, die honderdvijftig jaar lang symbool had gestaan voor de Britse macht en superioriteit. Nu was het allemaal voorbij. Nu India verloren was begon het Britse Rijk in zee weg te zakken. Binnen een jaar of tien, naarmate het rood op de atlas vervaagde tot roze, zou de schaduw van het Rijk niets meer zijn dan een teken van decadentie en corruptie. Nu wapperden er gloednieuwe vaandels en indrukwekkende vlaggen in de kolonies waar de Britten ooit polo speelden en een zekere orde en deftigheid hadden hooggehouden die beter paste in Oxfordshire of Surrey.

Deze laatste duizelingwekkende uitspattingen in India onder de Raj waren mijn vader in het bloed gaan zitten. Als jongeman had hij absolute zeggenschap gehad over meer dan duizend Indiërs, en hij had ervan genoten. Als zoon van een Ierse politieagent, in armoede geboren in 1914, had hij in deze verafgelegen, maar wonderschone kolonie van het Britse Rijk de mogelijkheid gevonden om zijn intense machtshonger te bevredigen. Het waren roerige tijden in India, met opstanden en fanatieke rebellen die de vlammen van de onafhankelijkheidszin aanwakkerden. In Europa woedde de oorlog, maar daarmee had mijn vader niets te maken. Hij ging in India bij de Britse politie en later naar de inlichtingendienst in New Delhi. Daar trouwde hij met mijn moeder en werden mijn zusje en ik geboren. Tijdens zijn diensttijd werd de machtige natie in twee bloedende helften uiteengerukt en toen de onafhankelijkheid werd uitgeroepen werden de Britten het land uitgezet, en mijn vader met hen. Voor je het wist bestond Brits-India niet meer.

Toen in India de bom barstte, werden de Engelsen door de explosie in schepen naar huis geblazen. Ze vertrokken in drommen – het hele ambtenarenapparaat, alle beambten, ondernemingen, ziekenhuizen en kerken, het Britse leger en de Britse politie – de hele handel. Ze lieten een enorme hoeveelheid kazernes met soldaten achter, die heldhaftig waren vertrokken naar elke plaats waar de plicht hen had geroepen: naar de Krim-oorlog, naar Amerika, naar alle militaire schermutselingen in Afrika en Azië en naar de sombere slagvelden van de twee wereldoorlogen. Wat Engeland van zijn officieren en onderdanen verwachtte was moed en in ruil daarvoor kreeg het veroveringen voor een prikje. Maar nu was deze trieste vertoning voorbij: wat overbleef was een goed opgebouwde en welonderhouden machtsstructuur, een rechtsorde die was voortgekomen uit anarchie en bar-

barisme. Ook bleven hun mooie huizen achter, omgeven met bougainville en rode jasmijn en hun koele, door veranda's omgeven zomerhuisjes hoog in de heuvels. Al het Engelse meubilair dat ze met zich hadden meegenomen over de Indische Oceaan werd weer terug naar huis verscheept, samen met het zilver, kristal en Chinees porselein en de overblijfselen van het leven in India, de vergaarde diamanten en smaragden, de bewerkte mahoniehouten tafels en stoelen, de tijgervellen, de prachtige handgemaakte kleding die we allemaal droegen. Ze namen hun hele manier van leven mee, en ze vertrokken op ordelijke wijze. Toen de vlag voor de laatste maal werd gestreken ontbrak het niet aan waardigheid. De Britten gingen weg nadat ze hun taak hadden volbracht, in dienst van koning en vaderland. Ze verlieten India zonder spijt, lieten hun gruwelijke deelname aan de etnische zuiveringen achter zich, maar ze wisten ook dat ze eigenlijk het land werden uitgesmeten en konden het gebruikelijke weergalmende 'hoera' niet goed over hun lippen krijgen.

Ik herinner me dat ik als klein meisje foto's zag van de festiviteiten rond koningin Victoria's verjaardag zoals die in India werden gehouden – olifanten behangen met juwelen, een gouden koets met de omvangrijke koningin erin, rijtuigen waarin de onderkoning zat, Britse hoogwaardigheidsbekleders en Indiase maharadja's en prinsen, tijgers in kooien die tussen de met bloemen bestrooide, juichende menigte door werden rondgedragen – de monarchie die zich uitleefde. Nu was het allemaal voorbij en het zou nooit meer terugkomen, niet zoals het in India was, gedurende die lange regeerperiode van Victoria, waar haar verjaardagen met hun overdadige praalzucht in Calcutta en Delhi net zo vorstelijk werden gevierd als in Westminster. De Britten wisten wat prachtvertoon en decorum waren – ook nu nog. Niemand kan het beter.

Mijn vader en moeder ruilden de weelde en pracht van India in voor het platgegooide en geruïneerde naoorlogse Engeland; ze keerden kansarm en op rantsoen gesteld terug naar de gebombardeerde steden en de verlamde economie van een land dat zich, verarmd en getraumatiseerd, nog moest herstellen van de oorlog. Ook daar was de vertrouwde manier van leven verwoest en mijn vader kon het niet verwerken. Het was te deprimerend. Wat kon hij, met zijn talent om inboorlingen te onderwerpen en orde en respect af te dwingen bij de barbaarse hordes, in Engeland betekenen? Uiteindelijk kwam hij terecht in een warenhuis in Londen. Daar hield hij het ongeveer een jaar vol en toen moesten we onze biezen weer pakken: hij had passage geboekt op een schip naar Afrika. Mijn moeder, die in India was geboren en daar haar hele leven had doorgebracht (een van de vele feiten die ze ons lange tijd onthield) had graag in Engeland willen blijven, maar dat telde niet mee. Mijn vader was bij de Koloniale Dienst gegaan; hij nam weer de benen en wij gingen met hem mee, mijn moeder, mijn oudere zusje Angela en ik.

De zeereizen zijn onderdeel geworden van ons collectieve geheugen. De Koloniale Dienst stuurde zijn horigen om de zoveel jaar naar huis en dus voeren we heen en weer op majestueuze Union Castle-schepen die waren vernoemd naar koninklijke residenties. De elegante blauw-witte schepen met hun rood-zwarte schoorstenen heetten Windsor, Dover of Balmoral Castle en het waren drijvende paleizen, in alle opzichten een lust voor het oog. In het begin hielpen ze mee Afrika te ontsluiten, brachten de post en leverden hun vracht af: katoen, ijzer en staal en de glimmende nieuwe machines die het Rijk soepel moesten laten draaien. De ruimen bevatten planten waarmee de fruitindustrie in de Kaapkolonie zou worden opgebouwd, of wijnstokken die zouden wortelen in het vruchtbare nieuwe land en brandy en bordeaux-achtige wijn zouden produceren. De schepen waarmee wij reisden hielpen het Britse Rijk met de opbouw van het continent; ze vervoerden goudzoekers naar Witwaterstrand of diamantzoekers naar de mijnen van Kimberly en elke reis droeg bij aan de koloniale droom van het ontdekken van verre landen en nieuwe volkeren, van het rood kleuren van de atlas in naam van koning of koningin.

De postboten van Union Castle die op Afrika voeren vertrokken altijd op donderdag, prompt om vier uur 's middags, en bij hun terugkomst meerden ze op vrijdag net na zonsopgang af in Southampton, vol met vracht, post en passagiers. Het dienstrooster werd zo strikt nageleefd dat de mensen in Kaapstad hun horloges gelijk zetten met de aankomst van de postboten. Wat ik me nog herinner van die zeereizen is het troebele zeewater waarmee we ons wasten, de zeep die niet schuimde en de ruwe witte handdoeken met smalle blauwe biesjes. Mijn moeder schrobde ons af in een teil met zout water en goot vervolgens een emmer zoet water over ons hoofd, waarna we in onze pyjama door de smalle gangen terugrenden naar ons bed in de hut. We aten apart van de grote mensen en veel vroeger. We kregen handgeschreven menu's waarop stond DE AVONDMAALTIJD VOOR DE KINDEREN. Ze hadden cornflakes of soep, vis of lam en groente, en je kon altijd eieren bestellen. Het hoofdgerecht werd gevolgd door gewone pudding, drilpudding met room of ijs. Er was altijd volop bruin- en witbrood met boter, dungesneden met de korst eraan. De middagthee was een copieus gebeuren, met flinterdunne sandwiches en petitfours met een gladde, dikke witte glazuurlaag en een kers of een suikervioolte boven op elk volmaakt wit vierkantje. Alles werd geserveerd op massief zilveren dienbladen en de thee werd geschonken uit eveneens zilveren theepotten.

's Avonds was het schip verlicht en het orkest speelde vanaf cocktailtijd. De volwassenen kleedden zich voor het diner, dronken een drankje aan dek en aten aan tafels die waren gedekt met teer porselein, zilveren bestek en servetten die gevouwen waren in de vorm van een kroon. De eettafels waren voorzien van randen die je snel omhoog kon klappen om te voorkomen dat bij hoge zee de soep in je schoot terechtkwam. Er speelde een orkest en naderhand werd er gedanst op een gladgewreven vloer. Mijn zusje en ik zaten de rondwervelende paren stiekem te bespioneren en probeerden onze ouders te ontdekken. Mijn moeder was de vrouw met de hoge, bijna hysterische lach. Mijn vader was degene die niet dronk.

Overdag renden we het dek op en neer, waarbij we splinters in onze voeten kregen. We bezochten de machinekamers en het kapiteinsdek, zwommen in het zwembad dat als een saffier in het donkere houten dek lag ingebed, en deden mee aan georganiseerde spelletjes, net als onze ouders. Het leven aan boord hield iedereen druk bezig: er waren rookkamers, biljart- en kaartkamers, bars en lounges in overvloed. De derde klasse was een andere wereld, een wereld van lager allooi, die we heimelijk betraden om er een glimp van op te vangen voordat we ons weer terug haastten naar ons chique verblijf. De derde klasse, ook wel vooronder genoemd, bestond wel, maar er werd niet over gesproken. Angela en ik deelden een hut met twee smalle stapelbedden. Om de haverklap vulden de patrijspoorten zich met het blauwe zeewater, dat vervolgens weer wegstroomde, en klotste het water over de rand van het opklapbare vangbekken onder de patrijspoort. De golven wiegden ons in slaap; de kleine hut vormde een afgesloten wereld waarvan de wind en het water waren buitengesloten. Soms vroeg ik me af wat er zou gebeuren als het geharde glas van de patrijspoort verbrijzeld zou worden en de zee zou binnenstromen – hoe konden we dat tegenhouden? Hoe snel zouden we verdrinken? Maar dat zou niet gebeuren; het schip kon niet vergaan, net zomin als ons bestaan. Angela sliep in het bovenste bed en ik in het onderste. Soms verscheen haar gezicht over de rand en zag ik haar ondersteboven, wat me aan het lachen maakte.

We waren weer terug in de cocon van luxe. Precies als in India: we werden aan alle kanten in de watten gelegd, elke wens werd vervuld. Dienstmeisjes, stewards en pursers namen de plaats in van de *ayahs*, de butlers en bedienden die ons eens dag en nacht met hun zorg hadden omringd. Het voedsel verschilde aanzienlijk van de akelige Engelse kost waar we nu vanaf waren. De postboten hadden de overvloed van het zuidelijke klimaat meegenomen en we aten weer mango's, en grapefruits, die in die tijd erg bitter smaakten, sinaasappelen en mandarijnen, grote zwart glimmende druiven, avocado's en dieprode tomaten – onbekende zaken in het Engeland van de jaren vijftig. Het mooiste was dat nergens gebrek aan bestond: je kon zoveel vlees eten als je maar wilde en je kreeg net zo vaak te eten als in een sanatorium.

Mijn moeder was gelukkig tijdens die eerste reis. Ze was de koningin van het bal. Ik zie nog haar avondjurken hangen aan de deur van de hut, op hangertjes die bekleed waren met satijn. Op de kaptafel stonden haar crèmes en schoonheidsmiddeltjes, netjes naast elkaar, gereed voor de strijd. Ik had de gewoonte om met het puntje van mijn tong

langs de gladde stof van de rok te glijden, waarbij ik om-
hoogkeek naar het lijfje dat uitgehangen was, vastgeknoopt
met linten: zwarte kant en tafzijde, strapless en betoverend
mooi, strak getailleerd met weelderige petticoats die tot de
grond reikten. Dansschoentjes als die van Assepoester, door-
schijnend als glas, met kleine diamanten sterren aan de hakken, die leken op ijspegels. Als ik me haar hiermee uitgedost
voor de geest haal zie ik haar meestal niet zozeer dansen in
de balzaal van het schip, maar op het rode, gepolitoerde bor-
des van een of ander uitgeleefd, lelijk huis midden in de wildernis, duizenden kilometers verwijderd van de beschaafde
wereld.

Mijn moeder en ik maakten van het feestelijk aankleden
een heel ritueel. Als ze uitging vond ze het heerlijk om zich
daar uitgebreid op voor te bereiden. Ze had een aantal zwarte jurken en overwoog altijd zorgvuldig welke ze die avond
zou dragen. Is dit te formeel, vroeg ze dan, of niet formeel
genoeg? O, en de fluwelen roos is gekreukeld en het is nu te
laat om hem nog te strijken. Het geeft niet, ik doe die satijnen met die lage rug wel aan. Wees eens lief en borstel mijn
zwarte suède schoenen even, wil je? Als ze eenmaal een jurk
had gekozen en aangetrokken, zette ze zich op een krukje
met de wijde rokken om zich heen gedrapeerd en bestudeerde haar gezicht in de spiegel. Haar make-up was een
masker: ze bracht dunne, gebogen wenkbrauwen aan en
deed dan mascara op van een blokje waar ze eerst op spuugde en vervolgens met een borsteltje hard overheen wreef. Ze
vormde een O met haar mond, verfde haar lippen felrood,
drukte ze even op elkaar om de lipstick goed te verspreiden
en trok haar lippen op tot een glimlach. Die glimlach zou
de hele avond op haar gezicht geplakt zitten. Ze had een
schrille, flirterige lach bij de hand en liet die naar buiten ko-

men op elk moment dat ze toepasselijk achtte. Ik wist dat dit niet haar echte lach was en ik voelde plaatsvervangende schaamte, omdat ze niet precies leek te weten hoe en wanneer ze hem moest gebruiken. Als ik hem later, in ons huis, door de kamer hoorde schieten terwijl ik van gast naar gast liep en hun in bacon gewikkelde pruimedanten aanbood, verstijfde ik en kromp in elkaar van ellende.

Maar als ze zich voor de spiegel mooi zat te maken was ze helemaal zichzelf. Ik stond altijd achter haar en keek hoe ze met zichzelf flirtte in de spiegel. Ze gaf me kleine opdrachtjes, zoals de poederdons in de Helena Rubinsteindoos deppen, en liet me het satijnen poeder op haar witte schouders aanbrengen. Ze praatte snel, ratelde maar door over de stof van haar jurk en hoe die precies moest vallen – ze werd volkomen geabsorbeerd door alle details. Ze was trots op zichzelf. Mijn middel is nog steeds maar vijfenvijftig centimeter, zong ze, zelfs nadat ik jullie twee heb gekregen. Dan bekeek ze boos haar tanden. Die zijn niet meer zo sterk als vroeger, zei ze, jullie hebben al mijn calcium verbruikt. Haar stem daalde en klonk droevig. Vroeger had ik prachtige tanden, zei ze. Jaren later kreeg ze allemaal kronen omdat haar tanden zo slecht werden. De nieuwe tanden gaven haar een nieuwe mond en ze zag er opeens heel anders uit. Ze had waterig-blauwe ogen, een melkwitte huid en hoge jukbeenderen. Haar rossige haar droeg ze kort, aan weerszijden van haar gezicht opgeknipt en met een lange lok die over haar voorhoofd viel.

Ze bezat een koperen ketting waar ze dol op was; hij was opgebouwd uit ovale munten die elkaar overlapten. Ze poetste de ketting met Brasso, waarna Angela en ik hem met citroen moesten schrobben om de geur van de Brasso kwijt te raken. Als ze zichzelf stralend in de spiegel zag en haar melkwitte huid door het koper oplichtte, leek ze te weten wie ze was en was ze tevreden. Haar gezicht, dat zo vaak door zorgen en twijfel was getekend, werd sereen; mooi zijn was het enige dat ze kon en ze klampte zich er net zo wanhopig aan vast als aan de arm van mijn vader als ze 's avonds de balzaal binnenkwamen. Ik keek naar haar gezicht, dat er even verslagen uitzag in het gouden licht, maar dan verscheen de glimlach en verliet de vreemde schrille lach haar bloedrode mond en was ze weer in orde, en konden we ons allebei ontspannen.

Tijdens de overtocht werd ik me er voor het eerst van bewust dat zich opsmukken haar favoriete spelletje was, zoals Gordons' gin haar favorietje drankje was. Ik weet niet wie haar het spelletje had geleerd, maar ze was bereid om het met mij te spelen. Ze was nu onze moeder omdat er op de boot geen ayah was die ons kon oppakken en de kamer uit kon dragen of ons kon voortduwen in onze wagentjes met ons katoenen hoedje stevig over onze oren getrokken. Aan boord gedroeg ze zich anders. Ik herinner me dat ze met ons over het dek wandelde en bij ons zat terwijl we in de kindereetzaal zaten te eten. Ze deed ons zelfs in bad en kleedde ons aan, kamde ons haar, maakte een scheiding bij mij, veegde het haar uit mijn gezicht en zette het vast met een boogvormig speldje. Toen ik een keer zeeziek was, ging ze buiten met me in een dekstoel zitten in de avondkoelte en keken we samen, gehuld in een deken, zo veilig als een huis, hoe de sterren aan de hemel kwamen. Ze las ons een verhaaltje voor als we naar bed gingen en stopte ons in voordat ze zich met geruis van tafzijde en de bedwelmende geur van Chanel No. 5 de kamer uit haastte. Als de zwarte gedaante door de deur verdween kneep ik mijn ogen stevig dicht om het beeld van haar witte schouders en gouden haar in mijn geheugen op te slaan, voordat ze, met een klik van het lichtknopje, weg was en wij in de duisternis achterbleven.

We hadden een speciale band, mijn moeder en ik. Angela hoorde in die tijd meer bij mijn vader. Er zijn een heleboel foto's waarop ik dicht tegen mijn moeder aan sta, haar arm om me heen geslagen, haar hand teder op mijn mollige armpje. Angela staat meestal een beetje apart, op zichzelf teruggeworpen. Ik ben echter vastgeklonken aan haar heup en zij glimlacht, haar bobkapsel opwaaiend in de wind. Mijn moeder had een ongemakkelijke band met Angela en dat is nooit veranderd. Toen Angela werd geboren, balanceerde ze een tijdje tussen leven en dood; na een moeizame bevalling bleek Angela gekneusd, zwak en niet in staat om te drinken. Om haar in leven te houden werd ze gevoed door een slang in haar neus. Misschien was het te riskant gebleken om van haar te houden. En naarmate ze opgroeide, na vele teleurstellingen, ging Angela zich net zo voelen ten opzichte van onze moeder.

Wat mijn vader betreft, die kreeg zijn dochters in een land waar meisjes als nog minder dan waardeloos werden beschouwd – een gezin kon te gronde worden gericht door het bruidsschatsysteem en omdat het bij niemand opkwam het systeem te veranderen, werden de meisjes vaak gedood. Toen wij werden geboren werd mijn vader overstelpt met condoleances, eerst na de geboorte van Angela en vervolgens na mijn geboorte. Bij elke gelegenheid wreef hij ons dat onder de neus. Ik vraag me nu af wat mijn vader eigenlijk de hele dag aan boord uitspookte terwijl mijn moeder haar avonden plande. Hij was ontoeschietelijk en deed niet mee aan de georganiseerde spelletjes. Hij was een man die zich verloren voelde als hij niet kon autorijden of een vliegtuig besturen; hij moest iets te doen hebben en snauwde ons vaak geïrriteerd toe: Waarom zit je weer te niksen! Je zult nooit iets bereiken als je altijd zit te luieren. Hij had leren vliegen in Afrika en bezat een Tiger Moth, en vliegtuig- en automotoren hebben hem zijn hele leven gefascineerd. Ik kan me moeilijk voorstellen hoe hij zichzelf aan boord bezighield. Misschien bracht hij uren door in de machinekamer om de enorme machines te bekijken. Hij probeerde de werking van mechanische dingen altijd te doorgronden, maar vroeg nooit iets. Hij kwam er op eigen houtje wel achter, onbenaderbaar en imposant in zijn teruggetrokkenheid. Hij kan daar zwijgend gestaan hebben en de zwartbesmeurde stokers hebben geobserveerd, die de brullende machines op stoom hielden. Terwijl hij de oceaan overstak en zich van de ene wereld naar de andere verplaatste heeft hij misschien gekeken of de enorme machines ermee door konden, op en neer marcherend alsof hij in de buik van het schip troepen inspecteerde, maar hij zou dat waarschijnlijk vooral gedaan hebben om de confrontatie niet te hoeven aangaan met zichzelf, met het feit dat hij vergeten was, eenzaam op de uitgestrekte, eindeloze zee, op weg naar een oord dat niet bestond uit water maar uit zand.

Deze reizen duurden veertien dagen, met een tussenstop in Madeira of Las Palmas. Daar gingen we allemaal aan wal en werden we langs de bezienswaardigheden gevoerd, in riksja's die werden voortgetrokken door kleine, pezige mannetjes. Iedereen kocht bergen geborduurde tafelkleden, strooien manden en grote poppen met porseleinen gezichten waarvan de ogen open en dicht konden. Terug aan boord heerste er een sfeer van verwachting, van 'we zijn er bijna'. Elke nacht zagen we de maan van vorm veranderen. Er was geen vogel te bekennen en er was niets te zien in de lucht terwijl we langzaam het zuidelijk halfrond naderden en de wolken achter ons lieten. We richtten onze blik naar Afrika; we konden haast niet wachten. We voeren maar door en naarmate de dagen verstreken veranderden het klimaat en het licht. Het werd warm en de lucht werd helder als gin. De schaduwen werden scherper en de deining onstuimiger. De zee werd geleidelijk aan meer blauwgroen dan blauw van kleur. De elegante lijnen van de schepen, de majestueuze witte boeg kliefden door de hoge golven terwijl we, alsof we door een magneet werden aangetrokken, onontkoombaar naar Afrika werden gezogen. We naderden de Kaap, het keerpunt naar het Oosten en de oude specerijenroutes, het kruispunt van de oude wereld en de nieuwe.

Op een dag, toen we juist de evenaar hadden bereikt, verscheen de hele bemanning in het ochtendlicht, tot de laatste man in het wit gestoken. Verdwenen waren de donkere, zware uniformen, de zwart glimmende schoenen en de donkergrijze pakken en vesten. In plaats daarvan – wit van top tot teen – schitterende gesteven uniformen met hier en daar wat goudgalon, schoenen en blinkend witte handschoenen. Het leek alsof die witte mannen steeds witter werden naarmate de zon hoger aan de hemel stond en we dichter bij Afrika kwamen.

Als je in de jaren vijftig met die grote oude schepen van Engeland naar Afrika voer, was er een ceremonie die ze het Neptunusfeest noemden. Koning Neptunus, gehuld in een wijd gewaad en voorzien van een baard, drietand en mijter, leidde de ceremonie, die plaatsvond op het moment dat het schip de evenaar passeerde. Ik weet niet meer precies wat wij, als kinderen, eigenlijk deden, maar als je nooit eerder de evenaar was gepasseerd werd er een mengsel van water en bloem over je heen gegooid en werden er eieren op je hoofd kapotgeslagen. Maar één keer, toen ik al niet meer zo klein was, gebeurde er iets anders. Ik had een badpak aan dat in die tijd in de mode was, van katoen dat door middel van elastiek in kleine vierkantjes was verdeeld – het leek een beetje op bubbeltjesplastic, maar dan zachter. Neptunus zat met een vriendelijke gezichtsuitdrukking op zijn troon achter een aangevreten oude baard die zijn hele gezicht bedekte, behalve zijn ogen en mond. Wij stonden in de rij om langs hem te lopen en we kwamen zo dichtbij dat ik Neptunus als mijn vader herkende. Ik keek hem aan en hij keek terug. Hij controleerde of ik hem herkende. Ik gaf geen krimp. Ook hij gaf geen enkele blijk van herkenning. Onze blikken kruisten elkaar alleen maar en we keken vervolgens allebei snel de andere kant op. Het feit dat hij zowel Neptunus als mijn vader kon zijn zat me dwars. Hij was veranderd in iemand anders, maar hij was toch nog mijn vader. Later, toen hij zijn gewone kleren weer aanhad en zich net zo gedroeg als gewoonlijk, de krant las, zei ik niet dat ik wist dat hij het geweest was. Daarmee zou ik een code hebben doorbroken en ik had net als de rest van ons gezin geleerd om dat nooit te doen.

Twee

Na India stelde Afrika niet veel voor. Ooit was het een bestemming voor tweede zonen, hopeloze gevallen en deca-
dente types en nu niets meer dan een aanlegplaats voor kolonialen die toch érgens naartoe moesten. Ik zie Swaziland,
ons eerste doel, voor me als een welig begroeid oord, een en
al tuin. De Engelsen hadden hier Surrey nagemaakt en de
huizen waren koel en comfortabel, met gebloemd behang,
fraai porselein, linnengoed in de kasten en zilveren theepotten. Er waren meer dan genoeg bedienden die ervoor
zorgden dat alles op rolletjes liep. In de tuinen zag je rozen,
stokrozen, ridderspoor, lupine en lathyrus. Er was geen
spoortje Afrika aan deze Engelse nederzetting te ontdekken,
mede door het feit dat de koning van Swaziland geen enkele oorlogszuchtige neiging vertoonde. Hij en de Engelse
ambtenaren werkten op een prettige manier samen. In Hla-
tikulu, waar wij woonden, en in de hoofdstad Mbanane kon
je naar de markt, naar de slager, naar een paar andere winkels en er waren zelfs een ziekenhuis en een klooster. We
hadden daar een huis, maar ik kan daarover eigenlijk niets
vertellen behalve dat er een kast in stond, waarin ik op een
dag tot mijn ontzetting een kinderwagen aantrof – zo'n
zwarte, die je ook op de boot zag. Ik liet hem aan Angela
zien. We begrepen er niets van. Niemand had iets over een
baby gezegd. Niet lang daarna hoorden we van een vriendin

van Angela dat mijn moeder in verwachting was. Het moet duidelijk zichtbaar geweest zijn maar geen van ons tweeën kan zich dat herinneren. Ik was toen zes en Angela acht.

Om redenen die nu zonneklaar zijn raakte mijn moeder in Swaziland in een depressie waar ze nooit meer van af zou komen. Mijn hele leven heb ik gedacht dat haar gedeprimeerdheid in verband stond met de geboorte van mijn zusje; dat het een postnatale depressie was. Vele, vele jaren lang ben ik ervan overtuigd geweest dat zowel mijn eigen leven als dat van mijn moeder emotioneel begon te ontsporen bij de geboorte van mijn zusje: we bleken beiden niet in staat daarvan te herstellen. Als het een eenvoudige postnatale depressie was geweest was ze er natuurlijk wel weer bovenop gekomen, maar dat gebeurde niet en het lukte haar ook nooit meer om goed voor mij te zorgen.

Tot dat moment ging het in Swaziland prima met mijn moeder. Het was er niet zoveel anders dan in India. Ook hier hield men tuinfeesten en cocktailparty's, ze kon haar mooie jurken dragen, de mensen waren sympathiek en gezellig en Swaziland zelf lag dicht tegen een geciviliseerd gedeelte van Afrika aan. Ze kon naar Joburg met zijn winkels, waar ze haar kleren en make-up kon kopen, we maakten uitstapjes langs de kust en maakten kennis met een ander gedeelte van Afrika, we verbleven in goede hotels en zwommen in zee.

In het Afrika dat ons omringde hadden de blanken de touwtjes in handen, zelfs zo strak dat je, tenzij je goed keek, je kon inbeelden dat het land zijn natuurlijke en onbeheersbare vreemdheid, zijn plotselinge en onbegrijpelijke gewelddadigheid, was verloren. De Engelsen waren niet van plan die onzin te accepteren en ze waren ervan overtuigd dat ze het met hun ambtenarenapparaat en bestuurders konden uitbannen. Het probleem was echter dat het geweld en het vreemde steeds weer de kop opstaken, ons erop wezen dat Afrika niet getemd kon worden en dat het land zelf, zo diep gegrift in de ziel van de bewoners, eenvoudigweg niet veroverd of ingelijfd kon worden. Je kon het hopeloze van deze Engelse onderneming voelen in de onverschilligheid van het landschap en in de minachtende zijdelingse blik van bruine ogen, wier eigenaar zich bukte om de schoen op te pakken die je had laten vallen.

In Swaziland legde mijn moeder haar groentetuin aan en liet hem bewerken door goedgemutste gevangenen uit de plaatselijke gevangenis. Ze liet de tuinlieden stenen verwijderen, de grond bemesten en keurige witte omheiningen aanbrengen. Zij en ik zaaiden wortelen, erwten en radijs en hoewel we de zaadjes maar zo'n beetje alle kanten op gooiden, kwamen ze altijd in nette rijen op. Zoals de dingen in Swaziland groeiden zouden ze nooit meer voor haar groeien. De zaailingen kwamen op, de sla spreidde zijn tere bladeren en vormde een sterk hart, de tomaten groeiden aan de plant en werden dieprood, de bonenstaken bloeiden en vormden knoppen, aardappels en uien kregen hun stevige vorm en geen insect tastte dit alles aan vóór ons. Ze probeerde aardbeien te kweken en we aten ze; ze experimenteerde met kruiden en ze werden gebruikt in de keuken.

We aten in Swaziland voedsel van een kwaliteit die we lange tijd niet meer zouden krijgen. Scheurbuik kwam er niet voor en we kregen geen abcessen op onze benen die verzorgd moesten worden met bijtende kompressen en daarna moesten worden opengesneden. In Swaziland was het leven gezond en overvloedig en de omgeving veilig: we sliepen 's nachts rustig, zonder leeuwen en hyena's die probeerden door de omheining te komen. Er zaten geen schorpioenen in theekopjes en er zwommen geen krokodillen in de rivier aan het einde van de tuin. Je vond geen mamba rond een kleerhanger gekruld als je de kast opendeed. In Swaziland lagen er dierenhuiden op de vloer en hing hier en daar een jachttrofee aan de muur, maar er was geen geweerenrek: het enorme olifantengeweer, het krokodillengeweer, het dubbelloopsgeweer dat werd gebruikt om op wild te jagen, de .375 magnum express en het kleine geweer dat naast het bed lag, geladen en schietklaar, voor het geval dát. Dit alles naderde met rasse schreden toen we in de Kalahariwoestijn waren gearriveerd.

In Swaziland droeg mijn moeder ons weer opgelucht over aan de kindermeisjes en begon haar avondprogramma's weer te plannen. Ze kon haar dagen doorbrengen met klagen over het bediendenprobleem en ze intimideerde de jonge vrouwen die haar meubilair en vloeren opwreven, haar kleding wasten en streken en deze aan het einde van de dag weer in onberispelijke staat teruglegden. Ze keken haar meestal niet aan als ze klaagde over een slordige plooi of een losse knoop; ze sloegen op een verlegen en geheimzinnige manier, die op mijn moeder aanmatigend overkwam, hun ogen neer. Een van deze jonge vrouwen zwaaide de scepter over onze was, wat een veeleisende taak was. Zij moest ervoor zorgen dat mijn moeder geen linnengoed onder ogen kreeg dat niet smetteloos wit was – of het nu een tafelkleed, zakdoek, servet of wit hemd was. Was het niet wit genoeg, dan ging het terug in de wasmand en werd het met de hand gewassen in de gootsteen, geschrobd op een wasbord, gekookt in een teil op het fornuis en gespoeld in water dat een blokje blauwsel in een katoenen zakje bevatte, en ten slotte ondergedompeld in stijfsel en opgehangen in de zon om te drogen. En terwijl dit zich afspeelde in de waskamer was onze kok, een man die voortkwam uit een van de bloeddorstigste stammen in Afrika, zó bang voor mijn moeder dat hij boven de gootsteen stond te huilen als ze weer eens een mislukte soufflé had teruggestuurd of een kip die niet volmaakt sappig en mals was. Hoe vaak moet ik ze nog vertellen dat ze de oven níét moeten opendoen om te zien of de soufflé goed opkomt, kreunde ze. Waarom leren ze het toch niet? Dit soort problemen hadden we in India nooit, werkelijk niet. Indiase mensen zijn, alles in aanmerking genomen, intelligent, of in ieder geval hebben ze verstand van koken.

Dit geluk zou niet lang duren. Al spoedig had mijn moeder onvoldoende energie om de bedienden te koeioneren en geen zin meer om naar een theepartijtje te gaan of zich op te tutten voor een tuinfeest, omdat er in Swaziland, hoe prettig het daar ook was, iets was gebeurd wat met geen mogelijkheid kon worden witgewassen. Bovendien stonden we op het punt Swaziland te verlaten en overgeplaatst te worden naar het woestijnprotectoraat Bechuana. Ik weet niet wanneer mijn moeder hier lucht van kreeg, maar het heeft ongetwijfeld een rol gespeeld bij haar aftakeling. Aangezien het duidelijk was dat ze niet in staat was met de situatie om te gaan, werden Angela en ik naar een kostschool gestuurd die vele kilometers weg was. De school heette Goedgegun, een Afrikaans woord dat zoiets als 'het gaat goed' betekent. Voor Angela en mij was deze verhuizing naar kostschool de eerste, schokkende keer dat we van onze ouders gescheiden werden en een vroege confrontatie met de wreedheid van het schoolleven.

Op Goedgegun waren we alleen doordeweeks intern, wat veel erger was dan volledig intern, omdat we vrijdags werden gered maar 's zondags weer naar de hel werden teruggestuurd, die de hele week duurde. We spraken geen woord

31

Afrikaans en we hadden altijd honger. Angela leerde hoe ze kippenbotjes kon breken om er het merg uit te zuigen; iets wat ze nu nog doet. We kregen één portie suiker per dag, die je kon combineren met de weerzinwekkende maïspap of met de bruine, korrelige en dikke havermoutpap – of met het dagelijkse sneetje brood. We deden het altijd op brood; we twijfelden nooit – dat ene stukje brood was een bron van puur genot. Als we het heel langzaam opaten maakte dat de ochtend goed en vergaten we even wat ons te wachten stond.

Bij mijn aankomst mankeerde mij niets, maar de eerste nacht op school verloor ik de controle over mijn blaas. Ik sliep elke nacht in de warme, koesterende stank van mijn eigen urine en ontwaakte 's morgens vervuld van afschuw en vernederd door mijn schande. De directrice slingerde me dan een eindeloze hoeveelheid verwensingen toe en sleepte me naar de badkamer. Ze smeet mijn lakens in het bad en dwong me die te wassen, wat me haast niet lukte omdat mijn armen te kort waren om tot de bodem van het bad te reiken. Maar ondanks al haar inspanningen kreeg ik mezelf niet onder controle en vervulde deze nare gewoonte me met evenveel walging als haar. Er moesten hardere maatregelen genomen worden: de directrice nam me mee terug naar de badkamer en gebaarde dat ik moest plassen in een po die ze op de vloer had gezet. Om de een of andere reden kon ik er op dat moment geen druppel uit krijgen. Toen ik er eindelijk in slaagde, goot ze de urine voorzichtig in een glas en overhandigde dat aan mij. Ik dacht dat ze gek geworden was, staarde haar aan en gaf het glas weer terug. Ze beval me het op te drinken. Iedereen was ervan op de hoogte. In de hiërarchie van openbare vernedering op school stond ik op dezelfde positie als de jongen die door de school liep met een bord op zijn rug waarop stond: IK BEN EEN DIEF. Ik kon niet naar hem kijken, zijn schande en de overeenkomst met mijn eigen toestand joegen me doodsangst aan. Ik kwam de vijf dagen op school nauwelijks door, tot ik weer even naar huis kon ontsnappen. Angela was niet in staat me te redden en in haar wanhoop deed ze wat ze in de daaropvolgende jaren steeds zou doen: ze keek de andere kant op. Ik herinner me dat ik alsmaar huilde, zachtjes in mijn bed of openlijk, als ik dacht dat het zou helpen.

Zodra ik thuiskwam voelde ik me weer gelukkig en zodra ik me realiseerde dat ik weer naar school zou worden teruggestuurd begon ik opnieuw te huilen. Mijn moeder kon me niet helpen, ze had genoeg aan haar hoofd. Ze zei alleen maar: Je moet weer terug, er is niets aan te doen. En dan draaide ze zich om en liep weg, zodat ze niet hoefde te zien dat mijn vader me beetpakte en achter in de auto zette. Angela zat met gebogen hoofd stilletjes op de achterbank, in een poging braaf te zijn. Ze keek me kwaad aan en siste: Hou nou eens op met dat gejank. Hou op!

Onderweg zong mijn vader altijd. Ik herinner me dat hij 'Danny-Boy' zong en een oud katholiek liedje met de titel 'The bells of St. Mary'. Hij had het naar zijn zin in Swaziland, hij had zijn leven weer onder controle en nu wij uit huis waren dacht hij dat mijn moeder wel zou kalmeren en op zou houden medelijden met zichzelf te hebben. Hij had zijn vroegere spel weer opgevat – het oude Engelse spel van ordehandhaving, het afdwingen van gehoorzaamheid, de zwartjes van hun luie achterwerken halen en aan het werk zetten. Hij hield van uniformen en miste ongetwijfeld zijn uitmonstering van de Indiase politie: de korte rijlaarzen en de hoge laarzen, het uniformjasje met platte zakken en epauletten, het ceremoniële zwaard dat op hoogtijdagen en tijdens vakanties werd omgord en het pistool dat altijd in zijn holster zat. Zo gekleed kon hij natuurlijk niet in de wildernis rondlopen, maar hij droeg een geperst en gesteven kaki uniform en tropenhelm en bij speciale gelegenheden zijn hagelwitte uniform. Hij voelde zich in zijn element. Het feit dat Engeland zijn greep op Afrika begon te verliezen, dat we binnen een jaar of tien van de kaart geveegd zouden worden, was nog niet tot hem doorgedrongen. De blanke overheersing zou altijd standhouden.

Hij had waarschijnlijk ook niet opgemerkt dat mijn moeder de greep op haar leven begon kwijt te raken. Zij joeg ons het huis uit en hij bracht ons al zingend op zondagavond terug naar school. Alles was in orde. Hij was ongetwijfeld verschrikkelijk opgelucht dat hij van zijn winkelbaantje in Oxford Street af was. Engeland was zo'n onplezierige ervaring geweest. Net als van het Indiase rijk was er niets meer van over. Hij was net op tijd ontkomen. In de groene en prettige enclave van Swaziland kon mijn vader met de zijnen de boel nog een tijdje draaiend houden, licht in de duisternis brengen en de weldaden van de beschaving opdringen aan diegenen die een straffe zweep nodig hadden.

Terwijl mijn vader de weg plaveide voor een indrukwekkende koloniale loopbaan was mijn moeder diep ongelukkig en maakte ik haar miserabele toestand alleen maar erger. Mijn woede over het feit dat ik uit huis werd verdreven maakte iedereen overstuur behalve mijn vader, die zich ten opzichte van ons allemaal voortdurend totaal onverschillig opstelde. Mijn moeder gaf me in niet mis te verstane termen te kennen dat ik moest ophouden met mijn geraas en getier. Maar ik slaagde daar niet in. Het feit dat mijn moeder me in de steek had gelaten had me volledig van slag gebracht. De nieuwe baby met haar krullige gouden haar had zo weinig te bieden vergeleken met mijn toewijding aan mijn moeder. Ik volgde haar als ze Susan in de armen droeg. Als ik haar aanbood klusjes te doen duwde ze me ongeduldig opzij. Pasgeboren baby's werden als te kwetsbaar beschouwd om door een zwart kindermeisje verzorgd te worden, dat nooit proper genoeg was, en dus was mijn moeder verplicht helemaal alleen voor Susan te zorgen. De taak putte haar uit. Ìk putte haar uit; ze kon mijn gekrijs als ik naar school werd gestuurd niet aan. Vlak voordat Susan werd geboren had ze me ervan doordrongen dat ze wilde dat ik groot werd zodat ik haar kon helpen, dus had ik mezelf van alles aangeleerd: ik wist hoe ik mijn veters moest strikken, hoe ik me moest wassen en mezelf moest verzorgen. Ik had niet méér kunnen doen om groot te worden, maar nadat we de nieuwe baby hadden gekregen liep alles in mijn ogen op een afschuwelijke manier verkeerd. Mijn moeder kon me opeens niet meer uitstaan en hoe harder ik jammerde en snikte, hoe meer ze zich van me afkeerde.

Ik raakte geobsedeerd door het idee dat de indringster het probleem veroorzaakte; het was niet mijn schuld dat alles was misgegaan, het kwam door Susan. Ik droomde dat ik haar in de wc zou stoppen en zou doortrekken. Ik bedacht dat ik haar zou achterlaten in de wildernis of haar in een mandje de rivier zou laten afzakken, zodat ze nooit meer terug zou komen. Het feit dat ik haar lief vond en haar wilde oppakken en met haar rondlopen bracht me in verwarring. Ik deed mijn best haar te haten, haar de schuld te geven van al mijn ellende, maar was me er tegelijkertijd half van bewust dat het niet waar was. En omdat ik helemaal niet begreep waarom de verhouding met mijn moeder zo was verslechterd, kwam ik langzaam maar zeker tot de conclusie dat het aan mij moest liggen. Ik doorweekte elk weekend de lakens en het matras. Ik probeerde de lakens te verstoppen of mijn bed op te maken zodat niemand het zou zien, maar werd altijd betrapt. Ik begon weer te duimen tot mijn duim op een verschrompelde gele worm leek. Ik had nachtmerries en maakte iedereen 's nachts wakker met mijn gegil. Ik smeekte mijn moeder om bij me te blijven als ik naar bed moest. Ik klampte me aan haar vast en zei huilend dat ik niet kon ademhalen. Ze raakte zo geërgerd dat ze niet meer naar me toe kwam als ik een nachtmerrie had en me in het donker liet liggen. Soms had ik het gevoel dat ik doodging. Ik was er vaak van overtuigd dat er een geest in mijn kamer rondwaarde, iemand die naar mijn bed kwam lopen en mijn kussen wilde pakken. Als de ochtend aanbrak kon ik bijna niet geloven dat ik niet door de duisternis was verzwolgen.

Naar onze maatstaven woonden we lange tijd in Swaziland. We vertrokken toen ik zes was, dus we waren er bijna drie jaar gebleven. Ik heb duidelijker herinneringen aan school dan aan ons huiselijk leven. Ik herinner me de slaapzaal waar ik sliep, met smalle ijzeren bedden en ruwe grijze legerdekens. We maakten ons bed op met de punten van de lakens en dekens omgeslagen en ingestopt; als je het niet goed had gedaan moest je alles weer afhalen en het opnieuw doen. Als ik probeerde de lakens op de vereiste nette manier in te stoppen, deden mijn handen niet meer wat ik wilde en wriemelden maar een beetje; of dat kwam door mijn angst of doordat ik nog te jong was weet ik niet. Met de regelmaat van de klok werden er beddeninspectie en schoeneninspectie gehouden. Als ik op het bed zat raakten mijn voeten de vloer niet en ik herinner me dat ik uitgleed op de rode gladgewreven vloer, wat me een snee in mijn hoofd opleverde en een beetje aandacht van Angela, maar geen enkele vorm van dispensatie. Dit was misschien het eerste van een serie ongelukjes die mij in mijn jeugd voortdurend overkwamen.

Ik heb het gevoel dat Angela en ik van school werden gehaald op het moment dat we net een beetje gewend waren
geraakt aan de kwellingen van Goedgegun. We kwamen op
een keer thuis voor het weekend en kregen te horen dat we
weer thuis zouden komen wonen, hoewel mijn moeder nog
niet was hersteld. Mijn moeder was nog steeds lusteloos en
ongelukkig, onze afwezigheid had geen positief effect gehad
en ook daarover voelde ik me op een vreemde, onderhuid-
se manier schuldig. We hebben twee kiekjes uit die tijd die
met een Brownie-camera zijn genomen, en op allebei de foto's hangt mijn moeders hoofd voorover en leunt ze met haar
lichaam opzij. Ze heeft geen energie om haar hoofd op te
heffen en er hangt een waas van verdriet om haar heen. Op
een van de foto's houdt Susan een teddybeer vast, maar op
de andere foto heb ik de teddybeer in mijn bezit. Er valt me
nog iets op: mijn hoofd hangt ook en mijn gezichtsuitdrukking lijkt op die van mijn moeder, alsof ik haar ge-
moedsgesteldheid moest overnemen om toch nog met haar
verbonden te blijven.

Er was een andere reden voor onze thuiskomst. We gingen Swaziland verlaten en al spoedig werd mijn moeder uit
haar apathie gewekt door de activiteiten rond het vertrek.
Deze gebeurtenis speelde zich in onze kindertijd met grote
regelmaat af: we pakten alles in en trokken verder. Alle kratten en theekisten werden te voorschijn getoverd; het glas en
porselein werden uit de kast gehaald en verpakt in kranten-
papier, het meubilair werd opgeladen, de gordijnen werden
neergehaald en de dierenhuiden werden opgerold en met
touw vastgeknoopt. Mijn moeder graaide in onze kleren om
te zien welke van Angela's kleren mij zouden passen; mijn
kleren werden aan zwarte kinderen gegeven en Susan kreeg
nieuwe kleren. Dan bekeek onze moeder ons speelgoed en

gooide zo veel mogelijk weg, en als ze eenmaal een beslissing had genomen was ze niet meer te vermurwen. Soms werd mijn moeder heel energiek door het inpakken en verhuizen; ze had dan het gevoel dat haar een nieuwe kans werd geboden, om opnieuw te beginnen, om gelukkiger te worden en zich ergens thuis te gaan voelen. Dit gevoel kreeg ze niet toen we uit Swaziland vertrokken; misschien kwam dat door wat de mensen haar hadden verteld over de plaats waar ze heen ging, en waar ze in verzeild zou raken.

Drie

We waren op weg naar de Kalahariwoestijn. Dat is een heel eind vanaf Swaziland. We moesten dwars door de Republiek Zuid-Afrika heen rijden, helemaal naar het noordelijke gedeelte van wat destijds het Bechuanaland-protectoraat was – wij noemden het BP – en dat tegenwoordig Botswana heet. Boven het BP ligt Rhodesië, tegenwoordig Zimbabwe, en de overblijfselen van wat ooit Noord-Rhodesië was en tegenwoordig Zambia heet. In het westen ligt Namibië en daaronder ligt Zuid-Afrika, in het smalle deel van het peervormige continent Afrika. We zetten eerst koers naar Gaborone, de hoofdstad van Botswana, en reden vervolgens via de hobbelige, doorploegde weg door plaatsen met muzikale namen: Mahalapye, Palapye en Serowe. Toen we waren aangekomen in het oostelijk gelegen plaatsje Francistown verlieten we de weg, reden rechtstreeks de woestijn in en naderden onze bestemming in de noordpunt van de Kalahariwoestijn, een stadje dat Maun werd genoemd. Maun spreek je op dezelfde manier uit als *brown*, hoewel de plaatselijke bevolking het meer uitspreekt als *Ma-ooon*.

We namen de oude weg richting Maun en de delta. De weg is net zo oeroud en indrukwekkend als de enorme lege zoutpannen die aan weerszijden van de weg liggen. Hij is bochtig en verdwijnt net zo vaak uit het zicht als de rivier. Hij gaat onophoudelijk door, zonder duidelijk einde, eenzaam als de leegte in de verte. De eerste paden werden gemaakt door prehistorische dieren, die zich een weg baanden naar het water via migratiesporen die ouder waren dan de geschiedenis. Olifanten, gnoes, buffels en kuddes impala's zetten er de eerste stappen en lieten een spoor achter waar het zand weer op neerdaalde, maar dat toch niet helemaal verdween. De eerste menselijke schreden werden gezet door Bosjesmannen, die deze primitieve paden volgden naar water en wild; en dit halfvergeten spoor leidde de eerste blanken naar dezelfde lokkende oase aan het einde van de weg. Naarmate de tijd voortschreed en de blanke jagers en Indiase handelaren met hun wagens van het vage spoor gebruik maakten en het gras platreden, veranderde het in een hoofdweg. Daarop volgden de dieren die nu aan mensen gewend waren, het vee dat in staat was zich te voeden met het woestijngras dat in die tijd weelderig groeide. We reden op een weg die sinds de prehistorie intensief was gebruikt, maar het grootste deel van de tijd kostte het veel moeite om hem te kunnen zien.

Mijn vader wist waar hij was en slaagde erin op de bedrieglijke weg te blijven; ik neem aan dat hij een of andere kaart had die ons door de woestijn, waar geen richtingbord te bekennen was, naar onze bestemming leidde. Af en toe zag je lage bosjes struikgewas of vertoonde de vlakte wat stijging of daling. Ik denk dat we in een landrover reden, hoewel het tegenwoordig allemaal land cruisers zijn of fourwheeldrives. Als ik terugkijk kan ik me nauwelijks een oord voorstellen dat nóg minder bij mijn moeder paste. De weg verdween in glooiende zandheuvels; de speciale autobanden ploegden onvermoeibaar door grote zandhopen, draaiden soms alleen maar hopeloos rond en kwamen regelmatig vast te zitten. Hoewel de weg niet veel meer dan een spoor was, kon het fataal aflopen als je ervan afweek, bijvoorbeeld omdat je je vergiste in een stuk zand dat minder diep en vol leek. De weg was daar altijd al geweest, hij leidde naar water; als we hem zouden kwijtraken zouden we binnen de kortste keren verdwalen en binnen een paar dagen dood zijn.

Als je door de Kalahariwoestijn rijdt zie je vrijwel geen bomen in het eentonige landschap; je hebt alleen maar het wazige uitzicht en het is onvoorstelbaar stil. De lucht is zo helder dat objecten die kilometers ver weg zijn binnen handbereik lijken, en het geluid verplaatst zich op een merkwaardige manier zodat ook dat dichtbij lijkt. De verschroeide vlakte schittert onder de blauwe Afrikaanse hemel en je krijgt het gevoel dat je nooit de horizon zult bereiken. Zo nu en dan zie je het aangevreten karkas van een antilope of het spoor van een olifant. Zolang je aan het stuur zit ben je onderdeel van een onbestemde wereld, een droomwereld die zo verleidelijk is dat je in slaap zou willen vallen en nooit meer zou willen ontwaken.

We reden door tot in het hart van de woestijn, langs de richels van de Makgadikgade-zoutpannen: glimmende, oeroude zoutpannen die eens een enorm meer vormden dat werd gevoed door de grote rivier de Zambezi. Ze zijn nu leeg en stil en de luchtspiegelingen geven de illusie van golven die tegen oevers slaan die ooit het blauwe water intoomden. Het meer is vergeten wat het land nog weet, maar iedere keer als de regens komen worden de zoutpannen weer als vroeger: in één nacht vullen ze zich met blauw en keren de flamingo's terug, die het blauw in roze veranderen en de mysterieuze beddingen van het meer tot leven wekken. Dan zijn de flamingo's binnen een paar weken weer vertrokken – hun adembenemende schoonheid is weer verdwenen, alsof ze, net als nomaden, precies weten wanneer het tijd is om weg te trekken.

We waren aangekomen bij een plaats die al sinds mensenheugenis werd bewoond door nomaden. Achter ons lag de herinnering aan India, voor altijd verloren, en aan Engeland, een land dat koud en afstotend was voor mijn vader, die Iers was, en niet meer dan een fantasie voor mijn moeder, die in India was geboren. Ook lag het miniatuur-Engeland in Swaziland achter ons met alles wat daar was gebeurd. Dus daar waren we dan, zonder eigen huis en niets om naar terug te keren, midden in de wildernis en ons lot volledig in handen van een man die zijn thuisheerschappij had verbonden met een rijk dat was ontstaan uit roof en oorlog, en in een periode waarin de inboorlingen onrustig begonnen te worden. Wij pakten ons eigen nomadenleven op en reisden door de Kalahariwoestijn van de ene stoffige Engelse nederzetting naar de andere. We bleven soms niet langer dan zes maanden op dezelfde plaats, we waren altijd in beweging; we lieten altijd wel iets achter en als we ons hoofd omdraaiden om terug te kijken, was het plotseling verdwenen, als een zinsbegoocheling.

Toen mijn vader met ons de Kalahari in reed nam hij ons steeds verder het binnenland in, en wat mijn moeder betrof, steeds verder weg van de beschaving en van iedere hoop. We waren onderweg naar onze eerste post in het meest afgelegen deel van de woestijn, naar een plaatsje dat Maun heette. Mijn vader vond het waarschijnlijk heerlijk om die reis te maken; de bijna onzichtbare, steeds verdwijnende weg vormde voor hem een uitdaging, een vijand die hij wilde verslaan. Hij maakte ons attent op de giraffes, die met hun hoofd in de wolken liepen, of, als hij in opwinding raakte door een kudde springbokken die in de verte denderde, draaide hij zich om en riep geërgerd: Waarom kijken jullie verdomme niet om je heen? Wij tweeën, Angela en ik, lagen onderuitgezakt achterin, vastgeplakt aan de stoelen, uitgeput door de hitte en het schelle licht en nauwelijks in staat ons hoofd op te tillen.

Mijn moeder zat voorin, gevangen in een nachtmerrie. Ze zag alleen maar zand, hitte en het felle licht om zich heen, niets kon haar beschermen, er was niets waarmee ze zich kon vermaken of wat haar kon helpen te vergeten wat haar te wachten stond, waarmee ze zich in vredesnaam had ingelaten. Terwijl mijn vader haar steeds opnieuw wees op de wilde dieren zonk mijn moeder steeds dieper in haar stoel. Ze gaf geen zier om de zebra's die elegant door de luchtspiegeling vóór ons stapten; zelfs een eenzame leeuw kon haar niet bekoren en ze werd woedend door de bevelen om naar buiten te kijken. Ze weigerde te spreken of te kijken. Ik kan dat beeld van haar makkelijk oproepen, omdat ik haar zo goed kende. Ik was al haar gebaren en bewegingen gaan bestuderen alsof mijn leven ervan afhing. Ik kon haar buien voorspellen, ik wist wat ze dacht en voelde. Ze zat te huilen en dacht dat niemand het in de gaten had. Ze staarde naar buiten zonder iets te zien, noch de beenderen en andere tekenen van vroegere reizigers, noch de vage vorm van een oever, achtergebleven in het zand.

Tijdens het rijden door een woestijn vervalt het lichaam in een verdovende loomheid en wordt de behoefte aan slaap overweldigend. Het hoofd knikt en de ogen vallen dicht, maar mijn vader bleef voortdurend alert. Ik kan me niet voorstellen dat hij een chauffeur zou hebben gehuurd zoals een normaal mens gedaan zou hebben. Hij deed het op zijn eigen manier en die was de enig juiste. Hij bleef doorrijden totdat hij op zijn bestemming aankwam; hij zat aan het stuur en wij, de passagiers, waren gewoon zijn vrachtje. Mijn vaders ongeduldigheid en vastberadenheid botsten met mijn moeders stijgende en stille wanhoop, en de atmosfeer was geladen en explosief. Dit bracht een ondraaglijke spanning teweeg. Wij, de kinderen, ondergingen het in opperste ellende, opgesloten in de landrover; we zaten de tijd uit want we wisten dat onze vader niet zou stoppen tot hij zijn doel had bereikt.

Na ongeveer een uur midden in de woestijn zijn je huid en je haar stijf van het stof en drogen je mond en lippen uit tot ze barsten. Het felle licht en de hete lucht die door de ramen binnendringen, bedekken alles met een dun laagje stof. Er verschijnen insecten uit het niets die zich in je ooghoeken nestelen of te pletter slaan tegen de voorruit. Er kan opeens een enorme zwerm vlinders verschijnen die urenlang om je heen blijft vliegen en het licht tegenhoudt, en rond het middaguur rusten alle dieren en wordt het doodstil, zodat het lijkt of het leven is gefixeerd in een vloeibare gelei. Je kunt haast niet meer ademen en het wordt onmogelijk om te denken. Je geest gaat dwalen en tolt in een maalstroom rond, schikt en herschikt de beelden, kent geen logica meer en kan geen orde meer scheppen. Het leek alsof mijn moeder sliep; haar hoofd hing over dat van Susan en bij tijd en wijle bracht ze zichzelf ertoe het kind een flesje te geven. Ze pakte een klein plat doosje Nivea, smeerde de crème keer op keer op haar lippen en voelde hoe het smolt en zich vermengde met het zweet van haar bovenlip. Ze zei geen woord. Na een tijdje was mijn vaders vreemde opgewektheid weggeëbd en grepen zijn handen het stuur vast alsof hij iemand wilde wurgen.

Dit ging dagen zo door. Het was niet mogelijk om 's nachts in de openlucht te slapen, want dan zouden we zijn verslonden voordat het ochtend was. 's Morgens stapte mijn moeder uit de landrover en gebruikte een bekertje water om haar tanden te poetsen; we keken hoe het kostbare vocht wegliep in het zand en gingen een stukje verderop staan als mijn vader een woede-uitbarsting kreeg. Mijn moeder negeerde hem, draaide hem haar rug toe en spuugde het water uit. Ik observeerde haar; hoewel het meer dan veertig graden was, leek zij zo koel als een ijsklomp. We nuttigden wat gedroogd voedsel en reisden weer verder. De dag strekte zich eindeloos voor ons uit, het werd steeds heter en het stof waaide door de ramen, en al snel moest ik weer overgeven uit het raam. Deze gewoonte dreef mijn ouders tot wanhoop, vooral mijn vader werd er woedend over omdat hij het vreselijk vond als er iets op de auto terechtkwam of als het in de auto vies werd. Ik keek altijd achterom zodat ik kon zien hoe de kots wegwaaide in de wind. Wanneer ik mijn hoofd weer binnenboord had getrokken stootte Angela met haar elleboog hard in mijn ribben en siste: Kap daar nou eens mee, alsof ik het met opzet deed.

Toen deze reis ten einde was, arriveerden we bij de grootste en spectaculairste oase ter wereld. Maun ligt op de punt van de Okavango-delta, waar het zand van de Kalahariwoestijn in aanraking komt met een stroompje zoet water, dat een wonderbaarlijke reis heeft gemaakt vanaf de bergen in Angola. In de lente komt het smeltwater naar beneden en legt een grote afstand af door moerassen en rivierbeddingen om stilletjes te eindigen aan de rand van dit kleine stadje. Ik herinner me van Maun de schoonheid en het rustgevende landschap, maar voor mijn moeder lag dat heel anders. In haar ogen had mijn vader haar de halve wereld rond gesleept en een monsterlijke woestijn door, alleen maar om haar in een van God verlaten oord te dumpen dat je niet eens een stadje kon noemen. De naam klonk wel als die van een stadje, maar het stadje zelf ontbrak, er waren geen winkels – geen kruidenierswinkel, geen apotheek, geen slager of bakker, geen ziekenhuis, arts of tandarts, geen garage, bibliotheek of postkantoor, geen bank, geen tankstation – niets, kilometers niets. Wel had het een overvloedige hoeveelheid ziektes te bieden: malaria, tyfus, longontsteking, dysenterie, slaapziekte, tuberculose, difterie, pokken en polio. En alle wilde dieren die je maar kon bedenken, elke slang en elk griezelig insect dat je je maar kon voorstellen.

Het had natuurlijk wel een hotel. Al die kleine nederzettingen, waarvan sommige uit niet meer dan tien Europese huizen bestonden, hadden een hotel. De hotels in deze afgelegen protectoraten waren een fenomeen op zich. Ze waren neergezet om ambtenaren te accommoderen die er een korte werkperiode kwamen doorbrengen: een dierenarts die de tseetseevlieg of het vee kwam bestuderen, of een tandarts of arts die de halfjaarlijkse controle kwam uitvoeren die de dienaren van Hare Majesteit in de wildernis werd aangeboden. Wij verbleven in Riley's Hotel in Maun, dat vlak bij de rivier de Thamalakane ligt, omdat we nergens anders terechtkonden toen we net waren aangekomen. Het was een plat, langgerekt gebouw met prachtige tuinen die door de rivier werden bewaterd; hoge frangipanibomen lieten hun roomkleurige bloesem vallen die naar kamperfoelie rook, maar dan zoeter en zwaarder. Tegen de muren groeide dieprode bougainville; passiebloemen met hun paarse gerimpelde fruit – wij noemden die granadilla's – waren verstrengeld met rozen, irissen en lotusbloemen. Onder deze bomen speelden Angela en ik, we maakten huisjes in de schaduw, we werden bedwelmd door de geur van de frangipani's. Opzij van het hotel stonden papaja's en bananenbomen en achter stond een schommel. Hier speelden we spookje, Angela en ik. We holden het natte witgoed in dat aan de lijn hing en dan verschenen de witte contouren van onze lichaamsvorm; onze mond en ogen waren verdwenen en witte holtes geworden. De Afrikaanse vrouwen kwamen dan aanrennen over de platgetrapte aarde en schudden met hun vuist, joegen ons weg als kippen. Soms gaven ze het maar op en rukten de lakens van de lijn, gooiden ze in manden en namen ze mee naar de warme keuken. Wij volgden ze en zagen ze spugen op het hete zwarte strijkijzer waarmee ze de lakens omtoverden tot volmaakte witte vierkanten.

Angela raakte onmiddellijk bevriend met Barbara Riley, de dochter van de hoteleigenaar. Barbara liet ons de omgeving zien en vertelde ons verhalen over de legendarische Bobby Wilmott, die als geen ander krokodillen kon schieten, maar die uiteindelijk niet omkwam tussen de kaken van een krokodil maar door de beet van een zwarte mamba. Ze liet ons de kleine ruimte zien waar we les zouden krijgen samen met de andere blanke kinderen. We werden met z'n allen de ruimte binnengeschoven om zo veel mogelijk kennis op te doen van de basisbeginselen van lezen, schrijven en rekenen. Dit vormde het begin van de opleiding die de scholen in de wildernis te bieden hadden: we kregen altijd les in een kamer in iemands huis of in een klein gebouwtje dat als school dienstdeed. Er waren niet veel kinderen en het gaf niet dat we verschillende leeftijden hadden; we leerden de les van die dag en deden ons best, net als de onderwijzeres, mevrouw Kotse. Ik hoor de geluiden van het klaslokaal meer dan dat ik het voor me zie; ik herinner me gezang dat door een geopende deur klonk, kinderstemmen die 'Jan Pierewit' en 'Sarie Mareis' zongen. Mevrouw Kotse, een blonde, opvallende Afrikaanse vrouw, leerde ons liedjes die ik nu nog ken. Ook zie ik haar mond voor me: op haar lippen zat altijd een beetje spuug dat zich bij het praten van haar bovenlip naar haar onderlip verplaatste, en als ze zong verplaatste het zich nog veel sneller, maar omdat het nooit leek te verdwijnen was het fascinerend om ernaar te kijken.

Voornamelijk dankzij mijn moeder heb ik leren lezen; ze was in het bezit van *Peter and Jane*-leesboeken uit Engeland. 's Middags zaten we altijd op de roodbetegelde veranda en worstelde ik met *Zie Rover rennen. Zie Jane rennen. Zie Peter rennen.* Peter leek een veel actiever en interessanter leven te hebben dan Jane, die haar tijd voornamelijk in de keuken en in het gezelschap van haar moeder doorbracht. Mijn moeder probeerde haar hart in haar lessen te leggen, maar ze was rusteloos en ongeduldig en popelde om van me af te komen. Maar omdat het lezen mij de gelegenheid gaf meer tijd met haar door te brengen rekte ik het zo lang mogelijk, waardoor ze nog ongeduldiger werd. Jaren later, toen ik zelf moeder was in Engeland, heb ik mijn kinderen met behulp van deze zelfde boeken, waarin nog geen letter was veranderd, leren lezen.

Angela en Barbara Riley leefden in een betoverde namaakwereld die ik niet begreep omdat ik te jong was. Ze waren mateloos trots op hun mooie donkere haar en noemden zichzelf de brunettes; ze zaten samen onder een boom te fluisteren en hadden zogenaamd afspraakjes. Ik voelde me een beetje in de steek gelaten, maar toen stuitte ik op iets wat ik op den duur veel meer nodig had en waarvan ik veel afhankelijker werd dan van vriendschap, liefde of familie. Ik ontdekte de rivier en werd volledig betoverd door zijn diepe mysteries. De Okavango, waarvan de Thamalakane bij Maun een aftakking is, baant zijn weg traag en geheimzinnig door de woestijn in Noordwest-Botswana, terwijl hij langzaam onstuimiger wordt. Langs zijn kronkelige weg naar beneden transformeert hij alles wat hij tegenkomt. De woestijn wordt groen, het gras en de veldbloemen opvallend helder van kleur; eenden, ganzen en patrijzen vliegen in de lucht, duiven koeren in de boomtoppen. Dorpelingen wachten gespannen op nieuws over zijn vorderingen, dat via trommels wordt doorgegeven terwijl het water langzaam krachtiger wordt en vanaf Shakawe, via een aantal stadjes, waar de dorpelingen verlangend naar zijn komst uitzien, zuidwaarts stroomt. Ze worden uitgelaten en luidruchtig als het bijna zover is, ze smeren hun lichaam in met olie en halen de kookpotten te voorschijn. De rivier keert terug. Er is weer leven. Geen droogte dit jaar.

Het is een merkwaardige, ongewone rivier. Het water blijft liggen op het zand en sijpelt er niet doorheen zoals je zou verwachten. Dit is omdat hij een geheime, onzichtbare innerlijke wereld heeft: een ondergrondse, fossiele zee, die diep onder de Okavango ligt. Het rivierwater drijft in feite op deze oeroude zee, waardoor de nieuwe rivier intact kan blijven en zich niet vertakt en in het zand verdwijnt. Een ander merkwaardig aspect van de Okavango is dat hij tijdens het droge, regenloze seizoen stroomafwaarts dendert en zijn beddingen smaller worden in plaats van wijder, of verstopt raken door zand, het hoge riet of dicht groeiende papyrus, waardoor de rivier verdwijnt en dan naar eigen goeddunken weer te voorschijn komt. De waterweg wordt gesmoord door nijlpaardgras en roze en blauwe waterlelies, die het water tijdelijk tegenhouden. En dan is de rivier weer terug, een flexibel straaltje water dat leidt naar een stroom, een kronkelend labyrint, een eiland, een lagune of een enorm moeras – het verborgen water spuit uit het zand en vormt weer een rivier.

In Riley's Hotel was het veiliger en prettiger dan thuis en ik heb er een blijvende voorkeur voor hotels aan overgehouden. Mijn gevoel zei dat ik in een hotelkamer kon slapen zonder gemolesteerd te worden. Angela en ik hadden onze eigen kamer met witte spreien en een raam dat uitkeek op de achtertuin, waar de was wapperde in de wind. We aten vroeg, in de eetzaal, en werden bediend door elegante obers die een fez droegen en tegen de muur stonden om vervolgens plotseling naast ons op te duiken als hun diensten verlangd werden. Ze waren aardig tegen ons, schepten ons een keer extra op, raapten onvermoeibaar onze bevlekte servetten van de vloer op en fronsten hun wenkbrauwen als we ons niet netjes gedroegen. Ze noemden ons 'missy' of 'little missy' en gaven soms zelfs wat vriendelijke vaderlijke raad: Missy, zo gaat een jongedame niet met voedsel om, of, iets dreigender: God is niet blij met een kind dat voedsel verspilt. Ze brachten het stevige roomkleurige en groenomrande servies binnen, volgeladen met zware en zeer Engelse maaltijden: rosbief, in de oven gebakken aardappels, Yorkshire pudding en doorgekookte groenten, en zalige cakes van biscuitdeeg, overgoten met Lyle's Golden Syrup en geserveerd met een lik Bird's custardvla. Deze zwaar op de maag liggende nagerechten werden ook geserveerd op Engelse kostscholen. Ze hadden het formaat en de vorm van Zwitsers rolgebak, lang en rond – en als er krenten in zaten werden ze 'Spotted Dick' genoemd; zat er chocola in, dan heetten ze 'Elephant's Tool'.

De enige plek die kon opboksen tegen de rivier in Maun was onze boomhut. Toen we uit Riley's Hotel weggingen en in ons eigen huis trokken vonden we onder aan het aflopende stuk grond dat van ons huis naar de rivier liep een opmerkelijke boomhut, niet ver van de waterkant. Het was een heel grote, oude boom die overwoekerd werd door een vijgen-boom, die zijn ranken over de stam en de takken had ge-slingerd en de oude boom langzaam maar zeker verstikte. We noemden de ranken apentouw en gebruikten ze om in en uit de boom te klimmen, en om op het vlakke platform in het hart van de boom te klauteren. Het leek op een ka-mertje met muren van bladeren en tegenwoordig krijg ik in Afrika datzelfde gevoel dat ik bij de boomhut had als ik de mooie buitendouches zie die je nog steeds in de wildernis aantreft, waar je alleen wordt omgeven door groen gebla-derte en de blauwe lucht boven je hoofd. Het is datzelfde ge-voel: dat je midden in de natuur bent, dat je er deel van uit-maakt. Het platform vormde het deksel van een omvangrijke termietenheuvel, samengesteld met speeksel en uitwerpse-len van mieren, die langzaam en plichtsgetrouw was ge-bouwd door deze ijverige beestjes. De zich omhoogwikke-lende spiraal van mieren beschermde de stam tegen de opdringerige vijgenranken. Als je erin groef of ertegenaan schopte en een stukje van het binnenste zichtbaar werd, kon je het ingewikkelde gewelfde gangenstelsel zien met zijn bo-gen en bochten. Zodra er een muur was beschadigd kwam er een reparatieteam aansnellen dat de boel weer oplapte, waardoor de structuur nog steviger werd. Angela en ik za-ten in de boom en hadden het helemaal naar onze zin, ter-wijl de Afrikaanse vrouwen heupwiegend langsliepen met kruiken op hun hoofd en baby's op hun rug; ze bleven even stilstaan en glimlachten, voelden of de slapende baby nog goed op hun rug zat en gaven ons een handjevol guaves.

We holden elke ochtend naar de boomhut maar we zet-ten geen stap in de rivier vanwege de krokodillen die, ver-momd als drijvende boomstronken, heen en weer zwom-men. Soms gleed er zo'n boomstronk de oever op en lag dan bewegingloos op de loer. Op het vlakke bruine water lagen roze en witte waterlelies, die rustten op een groen schoteltje. Onze boot schommelde heen en weer tussen het riet en er vlogen wilde eenden, niet in formatie, gewoon een of twee laagvliegende eenden, gevangen in de hete lucht, groenblauw van kleur en oneindig, waar het leven leek stil te staan. Het water kabbelde lichtjes, je zag zilverreigers en een eenzaam Afrikaans kind schepte met haar hand wat modder op en vormde het tot een cake. Een ander kind stormde onze keuken binnen, stootte haar hoofd tegen de buik van mijn verzorgster en draaide zich om naar de kok die het brooddeeg stond te kneden. Ze trok aan zijn schort en brabbelde angstig terwijl ze wild gebaarde. Hij wendde zich tot het kind dat stond te jammeren, Ai, ai, ai. Mijn zusje, zij is verdwenen in de rivier. Het woord verdwenen wilde zeggen dat het kleine zusje naar de bodem van de rivierbedding was getrokken. Het oudere meisje trok aan haar haar, ging aan de arm van de kok hangen en smeekte: Roep de *morena*, zeg hem dat hij nu, nu moet komen. En de kok, zijn handen weer in het deeg, zuchtte en zei: Ga naar huis, ga naar huis, het is al te laat.

Dagelijks werd ons ingeprent dat we het water niet in mochten: was het niet vanwege de krokodillen, dan vanwege de parasieten. Blijf weg van de rivier of sterf. Ik ging de rivier niet in, maar dat betekende niet dat ik niet kon kijken. Ik ging altijd gehurkt aan de rand van het bruine, naargeestige water zitten – het was donker gekleurd, traag en vol met levende organismen. Je kon in de boot zitten en een lelieblad pakken en het er met wortel en al uit trekken. De groene stengel ging over in bruin en vervolgens in wit, het rook naar modder en duisternis en het zachte wiegen van de slaperige onderstroom vertelde dromerige verhalen over de dood. Als Ange op stap was met Barbara Riley klom ik in de boom en ging met opgetrokken knieën zitten, terwijl ik keek hoe de rivier in de roerloze hitte veranderde in een spiegel. Ik staarde naar het brede oppervlak van de rivier en leek dan langzaam te verdwijnen in zijn sombere water. Mijn lichaam loste op en ik kon het donkere water in gaan en er een mee worden. Ik werd als een slapend kind op een bruine boezem gedragen en we gingen verder, dieper en dieper in de kronkelige bochten van de smalle kanaaltjes die in het moeras eindigden. Hier, tussen de eilandjes en ondiepe lagunes, omringd door lotusbladeren en wilde gardenia's, hier minderden de rivier en ik vaart, draaiden we nog wat rond en kwamen zachtjes tot rust in elkaars armen.

Als ik me in die afwezige en lichaamloze staat bevond, schrok ik van de roepende stem van Violet, wier gezicht was bedekt door de schaduw van de handvormige bladeren. Ze stond dan onder de boom geërgerd omhoog te kijken met haar handen in haar zij, in haar blauwe uniform met gesteven schort en een keurig om haar hoofd gewikkelde doek. Wat doe je daar? Dat zit maar in de boom als een bab-ooon! Niemand kan je vinden. Je bent altijd onvindbaar, je zit daarboven altijd maar te dromen. Kom naar beneden en kom nu-nu. Mevrouw is boos en je hebt me in grote moeilijkheden gebracht omdat ik je weer ben kwijtgeraakt. Dan trok ze aan mijn voet of gaf me een klap tegen mijn been om me in beweging te krijgen. Met oprecht verdriet keerde ik weer terug naar de werkelijkheid en volgde haar het uitgesleten pad op naar ons huis, dat een beetje achteraf lag tussen mopani- en acaciabomen. Het huis had een geribbeld groen dak en gladde witte muren waartegen felrode bougainville en klimplanten groeiden. Naarmate ik dichter bij huis kwam ging mijn hart sneller slaan en voelde mijn lichaam stroef aan. Op het moment dat ik binnen was schakelde ik mezelf uit en sprak niet meer, al mijn zintuigen waren afgesloten en tot zwijgen gebracht. Ik leidde mijn uiterlijk leven vanuit een ver verwijderde plek, ik was nauwelijks bij bewustzijn en voelde vrijwel niets.

De boomhut en de rivier aan de voet van de boom leerden ons één simpele les: hoe te overleven. Het was mijn moeder nooit echt gelukt. Ze bracht de tijd door in de tuin en probeerde groente te verbouwen zoals in Swaziland. We aten verschillende soorten pompoenen en zoete aardappels, maar mijn moeder wilde sla. Ze had de zaadjes en met de hulp van de tuinman plantte ze die en wachtte, maar er gebeurde niets: de zaadjes verdwenen of wortelden niet. Maar toen boekte ze een klein maar geweldig succesje: een zacht slablaadje vormde een scheut waar een paar nieuwe blaadjes uit kwamen, steeds meer, tot het een krop werd, een echte slakrop. Mijn moeder deed wanhopige pogingen om hem in leven te houden en op de een of andere manier overleefde hij de insecten, bladluis en de stampende wilde dieren. Ze beschermde de sla met netten die ze erover spande, verzorgde hem dag en nacht en als ze terugkwam uit de tuin glimlachte ze. Angela en ik gaven geen zier om de sla maar het was essentieel dat ze bleef glimlachen. Toen het zachte groene hoopje een volwassen, dikke krop was geworden ging ze erheen om hem af te snijden, maar de verdomde sla was 's nachts helemaal verschrompeld en er bleef slechts een groene veeg op de aarde achter. Ze stond erbij, keek ernaar en liep toen weg. De sla had ons allemaal intens beziggehouden, we hadden hem zien groeien, hij had ons vreugde geschonken, en toen zij met gebogen hoofd uit de tuin kwam waren wij ook kapot.

Sla was een van de vele dingen die niet in Maun konden

overleven. Het meeste voedsel werd om de paar maanden door trucks uit Rhodesië aangevoerd: grote hoeveelheden gedroogd voedsel, en er werd altijd veel gespeculeerd over wanneer het aan zou komen: wanneer waren ze vertrokken uit Bulawayo? Hoe ver waren ze gekomen? Zou de suiker wel goed blijven, de gist, de bloem, de kleine zakjes blauwsel die de was smetteloos wit hielden? Mijn moeder scheurde de pakjes thee altijd open en schudde ze leeg tot het laatste blaadje zodat er niets verloren zou gaan – dit is ze haar hele leven blijven doen. De suiker, bruine voor hen, witte voor ons, zat in zakken, net als het zout, de koffie en thee, bloem, poedermelk, Spam, corned beef, sardientjes, rijst en gedroogde bonen en erwten, gecondenseerde melk en de Cow & Gate-babymelk voor Susan. De jam zat in blikken waarop de naam Koo stond, we hadden pindakaas, marmelade, ingeblikt en gedroogd fruit en soms een verrassing in de vorm van potjes Marmite – alle voornaamste voedingsmiddelen, maar in die tijd hadden we geen pasta en maar zelden kaas. Verder konden we ons uitstekend redden met hertenvlees en rundvlees, kippen, eieren en, in ieder geval in Maun, de wilde riviereend, brasem en barbeel, als je tenminste in staat was er niet aan te denken hoe lelijk die vis was met zijn vuurspuwende ogen en bakkebaardachtige vinnen en je tegen de grove, modderige smaak bestand was. Termieten aten we niet, maar de Afrikaners waren er dol op – ze spoorden ze op met hun lampen als ze de duisternis in vlogen en sloegen ze neer als pinda's. Wij staarden er vol walging naar; zij lachten ons uit en zeiden dat we niet wisten wat we misten.

De Afrikaanse vrouwen die in Maun woonden, een handjevol dat behoorde tot een zeer sterke en vaardige stam, hadden altijd wel wat voorraad over als die van ons al op was. Ik werd vaak naar mevrouw Kotse gestuurd om een kopje suiker of een paar ons bloem te lenen. Die Afrikaanse vrouwen wisten echt wat koken was: ze maakten melktaarten en verrukkelijke *koeksusters*, een soort gefrituurde donut met een suikerlaagje erover en overgoten met siroop; ze maakten jam van het witte vruchtvlees van watermeloenen, bakten onze verjaardagstaarten in elke gewenste vorm of ontwerp en versierden die met een dikke suikerlaag. Ze maakten boter en kaas en hadden zelfs het ingewikkelde ambacht van kaarsen maken onder de knie. Ze hingen verrukkelijke repen vlees, *biltong*, te drogen in de zon, maakten lange vette slierten gekruide worstjes die ze *boerewors* noemden en stuurden krachtige, pittige stoofpot en kippensoep naar iedereen die ziek was of wie iets mankeerde.

Waar we ook heen gingen in het BP, er bevonden zich altijd wel een paar Afrikaners onder de Engelsen – ze werkten bij het ministerie van Openbare Werken of waren winkelier of monteur. Ze waren van onschatbare waarde in deze wildernisgemeenschappen maar werden door de Engelsen minachtend bejegend. Mijn moeder kon ze niet uitstaan; ze beschouwde ze als ongemanierd en primitief en in hun aanwezigheid werd ze hooghartig en uitgesproken onbeschoft. Ze bekeek kritisch haar roodgeverfde nagels of woelde door haar haar – dat net door een van de vrouwen die in de kokende hitte op de veranda zaten met veel moeite was gepermanent – en liep dan met een neerbuigend schouderophalen weg. Mijn moeder was van mening dat ze zich dit gedrag kon permitteren vanwege haar Engelse nationaliteit, gecombineerd met het feit dat ze kon spreken met een geaffecteerd accent dat ze ergens had opgepikt. De vrouwen behandelden haar vriendelijk: ze wisten dat ze problemen had: in hun ogen zag je een soort medelijden dat mijn moeder van afschuw vervuld zou hebben als het haar zou zijn opgevallen.

In tegenstelling tot ons waren de Afrikaners daar niet tijdelijk; zij zouden blijven. En ze hadden net als de hugenoten, hun voorvaderen, geen Franse of Nederlandse vlag meegenomen toen ze koers zetten naar Afrika. Ze waren een nieuw leven begonnen en daardoor konden ze zich aan het land verbinden met een overgave waartoe de Engelsen niet in staat leken te zijn. De Afrikaners kenden geen eigen versie van de Engelse politiek die erop was gericht de kolonies uit te melken, wat hooguit een kortetermijnpolitiek genoemd kon worden. In plaats daarvan beschouwden ze Afrika als hun nieuwe thuis en pasten ze zich aan. Ze hadden wel hun geschiedenis, hun gewoonten en hun talent meegebracht, maar ze schikten zich in de omstandigheden van hun nieuwe omgeving. Ze hadden Frankrijk en Nederland verlaten om een nieuwe godsdienst te kunnen uitoefenen en toen ze eenmaal in Afrika waren versmolt hun taal met alle andere dialecten, waardoor een dynamische, hybride taal ontstond die voortdurend veranderde. Tegen de tijd dat wij daar aankwamen waren de Boeren er al lang geleden in geslaagd de Engelsen op hun eigen terrein te verslaan; ook zij hadden landje-pik gespeeld en hadden niets meer te vrezen. Met hen werd er opnieuw een systeem van onderwerping in gang gezet, dat ze uit de eerste hand hadden geleerd van hun voormalige meesters.

Wij kinderen hingen zo veel mogelijk rond bij de keukens van de Afrikaners, op zoek naar restjes, of we keken naar de vrouwen die zelf hun haar permanentten, waarbij ze er bijtende chemicaliën op smeerden die de hoofdhuid beschadigden en waardoor het haar meer dood dan levend werd. De vrouwen droegen het liefst huispakken, vormeloze katoenen overalls met wijde mouwen en grote zakken, maar voor ons naaiden ze mooie kleren; dat werd meestal gedaan in een kamer achter in een prefab-huis, dat stond op een vierkant stukje stoffige grond waar uitgemergelde honden op de veranda achter het huis luierden. De vrouw die mijn kleren naaide was van middelbare leeftijd, een plompe vrouw met grijs krullend haar die mevrouw Brink heette. 's Middags moest ik altijd passen en ik kan me mijn jurken, net als die van mijn moeder, nog zo voor de geest halen. Ze roken heerlijk naar nieuwe katoen en de stof was knisperend en glanzend. Ook de stof was meegenomen door de trucks. Het werd van de truck af gegooid, gedraaid en uitgerold en dan met zware scharen geknipt en de randen werden afgewerkt met kartelscharen. Mijn duidelijkste herinnering is dat ik op de keukentafel sta terwijl mevrouw Brink om me heen draait met spelden in haar mond en haar hoofd schuin. Ze speldt de zoom af, strijkt de plooien glad, speldt de witte kraag op het lijfje en gaat achter haar Singer-naaimachine zitten, die ze met de voet bedient. Ik paste de jurk opnieuw, steeds weer, terwijl zij de naden de ene en de andere kant op trok, de strik op mijn rug vastknoopte, de pofmouwtjes gladstreek, de kraag die toch nog niet goed zat. Ach, ik probeer het gewoon nog een keertje. Ga jij maar naar de keuken en laat het meisje je iets koels te drinken geven.

Mijn mooiste jurk was een lichtblauwe, witgestippelde nylon feestjurk; er hoorde een aparte, volle petticoat bij en ik droeg hem om erin rond te dansen op kokendhete middagen als iedereen in het huis sliep. Vanaf het middel vielen lagen stijve tule naar beneden, die steeds voller werden tot je helemaal onderaan je benen niet meer kon zien. Het was een jurk die me alle ellende deed vergeten, maar het werkte niet altijd en ik voelde me dan smeriger dan een kakkerlak. In een woedeaanval viel ik het stoffen gezicht van mijn pop aan, trok haar rode mond eraf, haar blauwe glazen ogen eruit en bond haar benen vast. Dan stormde ik weg de wildernis in, om me te verbergen onder een doornstruik tot het tijd was uit mijn trance te ontwaken en naar huis te gaan.

Toen ik naar Maun ging was ik bijna zeven en probeerde mijn moeder me net als vroeger bij de bedienden te dumpen, maar daarvoor was ik nu te oud en te ervaren. Ik kon trouwens best zonder haar, want nu had ik de rivier. Die was betrouwbaarder dan zij en ik kon naar zijn bruine oever lopen wanneer ik maar wilde en dan lag hij op me te wachten. Elke ochtend was hij er nog, mooi en sereen, en zag er altijd hetzelfde uit. 's Nachts scheen de maan erop en toverde het water om in zilver, terwijl de vissen met een zwiep van hun staart door het oppervlak omhoogsprongen en dat ene geluid even het constante gezoem van de insecten onderbrak. Het water bleef stromen, het wist precies waar het naartoe ging en betrok mij in zijn bochtige omhelzing; zijn trage zelfvertrouwen werd een bron van moederlijke troost en rust. Het werd een toevluchtsoord waar mijn verbeelding op hol sloeg, waar de wind sprak door de doornstruiken en ik me kon verbergen voor een wereld die steeds beangstigender werd.

Vier

Tegen de tijd dat we in Maun beland waren zat mijn moeder al in grote problemen en ik wist dat ik haar niet met hetzelfde gemak zou kunnen laten vallen als waarmee zij mij in Swaziland aan mijn lot had overgelaten. Ze was begin dertig en ze werd nu bevangen door een depressie die we geen van beiden konden bedwingen. Ik hing urenlang rond bij de deur van haar slaapkamer of sloop naar haar bed om mijn gezicht dicht tegen de klamboe aan te drukken, die op en neer wapperde door de luchtbeweging die werd veroorzaakt door de ventilator aan het plafond. Ik stond naar haar te kijken en staarde door het gaas terwijl zij op het bed lag met de rug van haar hand tegen haar voorhoofd en haar ogen gesloten. Ze lag vaak met haar gezicht naar de muur maar ze deed altijd net alsof ze sliep. Ze lag gekromd alsof ze een of andere lege ruimte moest beschermen en haar houding was erop gericht elke aanraking en contact af te weren. Ze was vreselijk verdrietig en eenzaam en ik kon alleen maar denken: Wat moet ik doen? Wat moet ik doen?

Als ik naar haar stond te kijken tijdens haar middagdutje wist ik dat ze niet sliep; ze deed alsof, net als 's nachts. Ik had het gevoel dat een van de redenen hiervoor was dat ze dan niet op hoefde te staan, niet door de gang hoefde te lopen om mij te redden in die duistere nachten als de generator na veel gestotter was afgeslagen en het huis zich in het donker had genesteld. Als ze vroeg in de middag onder de klamboe lag tilde ik het net soms heel voorzichtig op, gereed om het bij de minste reactie weer te laten vallen. Maar er kwam natuurlijk geen reactie omdat ze mijn aanwezigheid negeerde. Ze was veilig: we wisten allebei dat ik haar niet zou lastig vallen of wakker maken. Ik was er omdat ik dingen bij het altaar moest zetten, naast het flesje met Bayeraspirines en kininetabletten: een glas water met een schijfje citroen, of een in vieren gedeelde sinaasappel; een tekening met bomen en een blauwe lucht of een krijttekening van een kerstster die ik 's morgens had gemaakt. Ik moest op haar blijven passen omdat ik haar in die toestand niet alleen kon laten.

Na verloop van tijd kon ik alleen nog maar mezelf net zo onzichtbaar maken als zij. Ik zat met gekruiste benen met mijn rug tegen de muur, keek toe, maakte geen geluid en bewoog niet. Ik was vrijwel verdwenen in haar duizelingwekkende stilte, in de verdovende bewegingloze hitte in de verduisterde kamer. Maar in ieder geval wist ik waar ze was en dat was altijd beter dan die keer dat ik haar 's avonds laat ontdekte terwijl ze naar het zwarte duister achter de hordeur staarde, waar regen en wind de bladeren van de bananenboom teisterden. Ik riep haar naam zodat ze zich zou omdraaien en me aan zou kijken, maar toen richtte ze haar afwezige blik niet meer op de nacht, maar op mij, en werd ik doodsbang door wat ik in haar ogen zag.

Uiteindelijk hield ik het niet langer vol. Dan draaide ik me om en ging weg en voordat ik het wist was ik op een of andere manier weer in de wildernis terechtgekomen, had me bijna met geweld een weg gebaand naar haar stevige omhelzing. In die blauwe leegte werden we slechts gescheiden door de dikke, hete wind en overal om me heen lagen diamanten verspreid in het zand. Als ik lang genoeg onder de boom wachtte leek het alsof God over het zand kwam aangelopen, rustig wandelend over de gouden golven die rimpels onder Zijn voeten maakten. Ik had de vleugels van een zilverreiger en ik werd hoog, hoog opgetild zodat ik mezelf kon zien zitten terwijl ik in het kuiltje in het zand porde waar een tor zich verschool voor de zon.

Soms was er iets gebeurd als ik terugkwam, iets had haar veranderd en ze was er weer, de moeder van het schip was teruggekeerd en even was alles vergeven. Ik heb een vage herinnering aan mijn moeder, met in bobstijl gepermanent haar, die vooroverleunt, op een elegante manier buigt vanuit het middel, vanwaar haar volle rokken omlaagvallen en die haar blote armen uitstrekt om een boeket aan te pakken van een klein meisje met strikken in haar vlechtjes. Ze glimlachte weer, ze was blij, alles was in orde: zij was de *memsahib*, de first lady van de wildernis, de echtgenote van de districtscommissaris. Ze vertegenwoordigde Hare Majesteit Elizabeth II, de jonge koningin die in datzelfde jaar, 1953, was gekroond met haar gouden gewaad en koningskroon en met de rijksappel en scepter in haar kleine witte handen. Ver van haar verwijderd in de wildernis zwaaiden wij met onze vlaggen en huldigden de nieuwe koningin zo goed mogelijk en alles was weer in orde: de schone schijn had mijn moeder weer even tot leven gewekt.

We gingen picknicken in de wildernis; waarschijnlijk deden we dat omdat Engelsen nu eenmaal gek zijn op picknicken en dus was de ongeschiktheid van de omgeving geen reden om ervan af te zien. Hetzelfde gold voor de maaltijden: men was nu eenmaal gewend aan zware lunches met vlees, aardappels en veel groente en dus werden die op het heetst van de dag klaargemaakt; we aten alles op, er bleef niets achter op het bord want anders zouden de koude en gestolde resten bij de volgende maaltijd opnieuw geserveerd worden. Spinazie kreeg ik werkelijk niet door mijn keel, maar het werd me dagen achtereen opnieuw voorgezet en ik weigerde koppig het te eten, net zolang tot mijn moeder zuchtte, een wuivend gebaar met haar hand maakte en tegen de bediende zei: O, neem het in godsnaam maar weer mee. En dan veegde mijn bondgenote en vriendin Violet het weerzinwekkende slijmerige groen van mijn bord en gaf het aan de hond, die er ook niets aan vond.

Op een kokend hete zondag in december gingen we met z'n allen picknicken bij een rivier. Er werden plaids uitgespreid onder de mopanibomen, waarop de vrouwen gingen zitten met picknickmanden, de vliegen en mieren op een afstand hielden, uitkeken voor slangen en schorpioenen en het voedsel zo koel mogelijk probeerden te houden. We zouden gaan varen en wij kinderen waren erg opgewonden. We kregen hoedjes op. We werden ingesmeerd met Nivea – zonnebrandolie bestond nog niet. De witte crème had hetzelfde effect als het voortdurend met boter besprenkelen van een bradende kip. Onze witte huid werd al snel knalrood en als het pijn ging doen wreven we onze schouders in met de koele schil van een watermeloen en gingen het water in om af te koelen, wat de schade alleen maar vergrootte. Het was een prima dag om te vissen, hier waren geen krokodillen, zeiden ze en het was een goede gelegenheid om te gaan varen.

Mijn vader was de kapitein en de kinderen werden zorgvuldig verdeeld over de zijkanten; we waren met z'n zessen of zevenen. Het rook naar dieselolie. Mijn vader besloot dat de boot te vol was en dat er iemand uit moest. Er lagen een paar hengels en daar gingen we, in de richting van een eilandje in het midden van de rivier. Op een gegeven moment, toen we al vrij ver op de rivier waren, begon het bootje te zinken. Het water was diep, we waren ver verwijderd van mogelijke hulp en niemand kon zwemmen behalve Angela, maar die had op de een of andere manier een vishaakje in haar teen gekregen. Toen de boot zich met water begon te vullen en de boeg onder water verdween, begonnen we allemaal te gillen. Binnen een paar minuten lagen we allemaal krijsend in het water, het bruine water overspoelde ons hoofd, we kwamen doodsbang weer boven en verdwenen weer, we waren er zeker van dat we zouden verdrinken.

Hoe het mijn vader lukte ons allemaal drijvend te houden weet ik niet. Hij fungeerde als een boomstronk waaraan we ons allemaal vastklampten en hoewel hij de bodem niet kon raken strekte hij zijn armen uit en liet ons hangen aan zijn schouders en nek; hij kreeg het voor elkaar te blijven drijven en niemand verdronk. Hij was Hercules met een kluitje kinderen die aan zijn schouders hingen en hij hield ons boven water tot er een andere boot met brullende motor aankwam om ons te redden. Het was een fantastische dag, geheiligd door heldendaden, en een dag om nooit te vergeten: Weet je nog die dag dat papa ons allemaal redde van de verdrinkingsdood? En er waren ook krokodillen in het water. En we kwamen bijna om. Weet je nog? En ik kon tegen de anderen, wier vader niets bijzonders was, zeggen: Het was míjn vader die ons redde.

Bechuanaland vormde een grenzeloos landschap en in deze omgeving bekleedde mijn vader, net als in India, een machtspositie. Er keek niemand over zijn schouder mee, zeker mijn moeder niet. Hij kreeg grote vrijheid in een land waar de blanken weinig beperkingen kenden. In zijn gebied kon hij doen wat hij wilde; hij regeerde over de wildernis net zoals hij thuis heer en meester was. Hij accepteerde niet dat zijn autoriteit in twijfel werd getrokken en dat gebeurde dan ook niet. Hem werd bestuurlijke macht toegewezen over een piepkleine blanke gemeenschap en over een enorme zwarte gemeenschap, die echter op geen enkele manier grijpbaar was, behalve op wettelijke gronden. Daardoor kreeg hij de gelegenheid strenge en onnatuurlijke straffen uit te delen aan een zwarte man die kippen van een blanke had gestolen, en kon hij de moord op een blanke vrouw door haar man, die op een gloeiend hete middag zijn geweer vlak bij haar gezicht schoonmaakte waarbij het geweer afging, in de doofpot stoppen.

De wildernis bood macht en iets opwindends, in ieder geval in de ogen van mijn vader, maar het was er ook ontzettend saai. Er was niets te doen. Je kon nergens heen. Alleen drank en seks waren voorhanden, die perverse vormen aannamen om het langzame verglijden van de tijd en het dodelijke nietsdoen goed te maken, de ene dag die overging in de andere zonder dat er iets was voorgevallen. Een dergelijke martelende verveling kon alleen worden verdreven door gevaarlijke afleiding. In de tijd dat wij daar waren kregen mensen de rimboe-gekte, of ze hadden ze niet meer op een rijtje. Het beschamendst waren de mensen die veranderden in een inboorling – ze camoufleerden zichzelf door op te gaan in de wildernis en haar bewoners in een nutteloze poging aan haar onverschilligheid te ontsnappen. Ze konden het niet verwerken dat ze geen effect hadden, geen indruk maakten op een land dat altijd zichzelf bleef. We hoorden verhalen over mensen die gingen waterskieën op rivieren waar het krioelde van de krokodillen, of over iemand die zich voor zijn kop schoot nadat hij één prachtige zonsondergang te veel had gezien.

Mijn ouders deden niet aan de losbandigheid mee. Zij hadden een sterke wil en voelden zich superieur, rechtschapen en keurig op een agressieve manier: ze rookten niet en dronken nauwelijks en ze zouden het niet in hun hoofd halen om hun autosleutels in een hoed te gooien om een nieuwe seksuele partner voor die nacht te krijgen. Ik weet niet of ze ooit praatten over de gebeurtenissen die zich afspeelden na de borreluurtjes en cocktailparty's. Tegenover ons deden ze alsof er niets aan de hand was en ik was me alleen bewust van een ondertoon, een donkere, verborgen kant, als het lichaam van een blanke aanspoelde aan de oever van de rivier en de mensen begonnen te fluisteren. Hij had het onaanvaardbare gedaan door het aan te leggen met een zwarte vrouw en haar zwanger te maken, iedereen had hem de rug toegekeerd en daarom had hij zelfmoord gepleegd. Door dit soort voorvallen, het overschrijden van de rassengrens, seksuele dingen, werd mijn vader door een puriteinse razernij bevangen. Hij liep rood aan en zei hoe weerzinwekkend het was om met een zwartjoekel te slapen, om je zo dierlijk te gedragen, een Engelsman die niet wist hoe het hoorde. Hij ratelde maar door, hij kon zich nauwelijks inhouden en werd steeds kwader: Als die imbeciel zich niet zelf in de rivier verdronken had, zou ik hem een handje geholpen hebben. Ik zou alleen maar een kniptang nodig hebben gehad en dan zou ik hem van zijn probleem hebben afgeholpen. Hij verkondigde dit soort dingen luidkeels door het huis en deed geen moeite zijn afkeer te verbergen voor zijn kinderen, de bedienden of zijn zwijgende, walgende echtgenote. Het was een marteling hem zo tekeer te horen gaan. Ik ontvluchtte het huis en braakte in onze mooie verzorgde tuin; ik stond te kokhalzen en begreep niet waarom ik zo geschokt en woedend was. Op een keer waren we bij de Victoriawatervallen en nam hij een foto van ons drieën, van Angela, Susan en mij. Hij knielde met één been op de grond in een poging ons alle drie in de lens te krijgen. Zijn testikels vielen uit zijn shorts – hij droeg geen ondergoed – en ik staarde er vol afschuw naar, vastgevroren op mijn plek, mijn geest vervuld van verwarring en walging, tot hij plotseling riep: Kom op, lach eens naar het vogeltje.

Toen we nog klein waren konden we bij de Afrikaanse kinderen rondhangen en spelletjes spelen achter in de tuin, maar toen we de puberteit naderden was dat in één klap voorbij. Niemand zei dat we niet meer met de zwarte kinderen mochten spelen; we wisten gewoon dat onze wegen zich moesten scheiden, en zij wisten het ook. Onze kindertijd was ten einde; we betraden de wereld van de blanken en namen de bijbehorende vooroordelen en taboes over. Ons hart sloot zich af en vernauwde zich en onze gedachten werden bekrompen en angstig. Voor de zwarte kinderen lag het anders; ze kregen het toch te druk om nog te spelen. Ze trokken eropuit en kwamen terug met bundels brandhout, ze werkten op de akkers, ze doodden slangen, ze haalden water, droegen baby's op hun rug of renden rond met een broertje of zusje op hun heup. De meisjes kregen les in lichaamshouding en leerden hoe ze een geëmailleerde kom met geitenmelk op hun hoofd in balans moesten houden, of een takkenbos zo breed als een koe, en de jongens waren buiten in de wildernis, waar ze kleine verwondingen opliepen.

Mijn moeder vond het nooit prettig als we te veel tijd doorbrachten met de plaatselijke kinderen. Als we vroegen waarom wilde ze het niet zeggen, maar ze raakte geobse-deerd door de noodzaak alles te ontsmetten en haalde om de haverklap de Dettol te voorschijn. Als een Afrikaans kind met ons speelgoed had gespeeld kookte ze het uit of gooide het weg. Ze liep altijd te klagen over de wonden op hun benen die nooit leken te genezen en over het pus in hun ooghoe-ken, het witte spul rond hun mond en hun kleine vooruit-stekende penissen. Ze vond het akelig dat ze naakt rondlie-pen. De kleine jongens droegen meestal alleen een lapje voor hun genitaliën en de meisjes hadden soms alleen een blau-we kralenketting om hun hals. Hun uitpuilende navels er-gerden haar. Waarom hadden ze de navelstreng niet korter afgeknipt? Waarom moesten ze overal zo'n rommeltje van maken? Ze had zelf best wat eenvoudige medische hulp kun-nen verlenen, zoals sommige andere Engelse dames deden, maar ze bood het nooit aan. Ze sloeg elke deur dicht die mis-schien voor haar openstond; ze draaide alles de rug toe wat haar uit haar isolement had kunnen halen en haar bij de we-reld om haar heen had kunnen betrekken. Later legde ze dit uit door nuffig te zeggen: Maar begrijp je, liefje, ik heb nooit hóéven werken, waarmee ze duidelijk maakte dat voor haar een werkende vrouw een bewijs van armoede was, van ge-brek aan opvoeding. Dit bleef ze haar hele leven beweren, niet alleen in Afrika. Het leek wel alsof ze niet in staat was te begrijpen dat ze, als ze niet zo afhankelijk was geweest, ervandoor had kunnen gaan en had kunnen ontsnappen met mij en Angela onder haar armen en Susan balancerend op haar hoofd.

Naarmate haar eenzaamheid en verdriet toenamen, werd mijn vader steeds afstandelijker; maar misschien was het ei-genlijk omgekeerd. Ik kan het onmogelijk bepalen. Ze had niets anders te doen dan zeuren over huishoudelijke zaken, vooral over het schoonmaken – alles moest smetteloos en wit zijn en ze doordrong de bedienden meedogenloos van haar eisen. Mijn vader was vertrokken op een van zijn geheimzinnige reizen in het binnenland. Als hij niet bezig was zijn macht als magistraat uit te oefenen of zich te bemoeien met zaken die de inboorlingen betroffen, of toezicht te houden bij een ophanging, wat onderdeel was van zijn takenpakket, waadde mijn vader diep in de moerassen rond op zoek naar de tseetseevlieg. Hij ondernam langdurige expedities naar de delta en naar de eilanden in de Okavango, de schaduwrijke plekken waar de tseetseevlieg graag koelte zocht, neergestreken in de bomen, zich voorbereidend om het bloed uit elk wild of tam dier te zuigen dat in de buurt was, waarbij hij slaapziekte op de mens overbracht en tseetseeziekte op het vee. De wilde dieren boden meer dan genoeg bloed voor de vlieg maar ironisch genoeg werden alleen de mens en zijn vee geïnfecteerd door de ziekte – nooit het wild.

De eerste maatregelen tegen de vlieg werden genomen in de jaren veertig: het idee was de vlieg zijn schaduw en bloed te ontnemen en op die manier het probleem te verhelpen. Bomen werden ontschorst en stierven ter plekke af, er werd een enorme hoeveelheid wild afgeslacht, maar toch kon er natuurlijk maar een klein stukje land worden opgeofferd – een streepje land ten westen van Maun, dat ons redelijk beschermde. In de rest van het gebied vlogen de tseetseevliegen vrolijk verder en namen het overblijvende land in bezit, dat zich al snel overgaf aan hun overheersing: de Afrikaners verhuisden, de dieren gingen dood, de graslanden werden verlaten. Het was een strijd die de vlieg keer op keer moeiteloos won. Tegenwoordig worden ze onder controle gehouden met insecticiden, daar waar men zich een dergelijke luxe kan veroorloven, maar in onze tijd moest de mens wijken voor de vlieg.

Op een keer zag ik een man in onze voorkamer die slaapziekte had. Twee vrouwen dwongen hem heen en weer te lopen, hij was uitgemergeld en liep te rillen, en zij sleepten hem rond in een poging te voorkomen dat hij in slaap zou vallen en nooit meer zou ontwaken. Ze praatten luid tegen hem, sloegen hem in het gezicht en bespatten hem met water, schudden hem door elkaar en probeerden hem wakker te houden. Ik weet niet meer of hij het overleefde of waarom hij zich eigenlijk in onze woonkamer bevond. Het tafereel had een Victoriaanse sfeer, wat waarschijnlijk de reden is dat ik het me herinner. Het leek zo on-Afrikaans – de trance waarin hij verkeerde, de dreigende overgang naar de dood – het paste niet in een omgeving waar de dood plotseling toesloeg, zonder mededogen en zonder veel vertoon.

Tot de jaren vijftig was Bechuanaland een land zonder begrenzingen geweest. Er waren geen barrières tussen het ene Afrikaanse land en het andere en de wilde dieren zwierven onbelemmerd rond; ze kwamen en gingen als ze er zin in hadden, ze bepaalden hun eigen seizoenen en gaven het gras de tijd om zich te herstellen. De Kalahariwoestijn was beroemd vanwege zijn gouden gras en doorvoede rundvee. De graslanden waren in harmonie met de migratiepatronen en het tere evenwicht werd in stand gehouden. Toen de koloniale regering aan de macht kwam greep die haar kans en vestigde rundveeopslagplaatsen op de open grasvlakten, waar men grote kuddes vetmestte alvorens die naar de slachthuizen af te voeren. Na een paar decennia was het grasland verdwenen, hadden miezerige doornstruiken de gouden planten vervangen, verzamelden zich stofstormen aan de horizon en nam de woestijn het over. Aan het eind van de jaren vijftig werd de vee-industrie een halt toegeroepen door ernstige uitbraken van mond- en klauwzeer. De koeien stierven als vliegen. Dierenartsen trokken erop uit, schoten de dieren af en schoven ze in diepe massagraven, waarna ze ongebluste kalk over de kadavers gooiden. Boeren gingen binnen een dag failliet. Je kon de ontbindingsstank ruiken. De runderen hadden het grasland bedwongen en werden nu vernietigd door mond- en klauwzeer.

Er werd over gepraat dat men afrasteringen zou aanbrengen – een ondoordringbare barrière die ze de Kuki-omheining noemden en die het land in vier quarantainegebieden zou verdelen om de uitbraak van mond- en klauwzeer in te perken. Ze zetten de afrastering neer en toen die er stond kwam er een einde aan het vrije zwervende bestaan van de Kalahari-kuddes. De omheining maakte de trek van het zuiden naar het oosten onmogelijk en scheidde de kuddes wilde dieren van het water. Britse veeartsen grendelden het land af met de prioriteiten van de regering voor ogen, die erop neerkwamen dat de prikkeldraadafrastering en de omheining zo spoedig mogelijk moesten zijn voltooid. Als gevolg hiervan galoppeerden alle grote zwervende kuddes – de olifanten in koninklijke optocht, de buffels, de impala's in korte galop, de zebra- en giraffetroepen – die via de oude migratiesporen onderweg waren naar het water, recht in de prikkeldraadversperring en bleven daar liggen tot ze dood waren.

Toen we in Maun woonden leek het alsof de pracht en overvloed van wilde dieren nooit zouden verdwijnen. Je kon ze het beste zien vanuit een vliegtuig als je naar beneden keek en het door elkaar lopende netwerk van wildsporen over de delicate graslanden zag, die nu tot stof zijn vergaan. Duizenden, honderdduizenden gnoes begonnen halverwege de jaren zestig te verdwijnen toen het grasland veranderde, waardoor de gnoes eerst sterk in aantallen toenamen en uiteindelijk met zovele waren dat ze gedoemd waren hun eigen bron van voedsel te vernietigen en vervolgens te verhongeren. Het vee dat werd binnengebracht door de kolonialen nam de rest van het grasland in beslag en verdreef de kuddes galopperende antilopen, de gemsbokken en zebra's die het grasland sinds mensenheugenis gezond hadden gehouden.

Dat was in de tijd toen er geen wegen liepen over de enorme onafzienbare savannes, waar je het spoor in het zand volgde en je leven in handen van de Voorzienigheid legde. Als de Okavango stroomde en het water zachtjes naar beneden kwam, kwamen ook de kuddes, die het water roken en de geheimzinnige weg van de rivier volgden om te kunnen grazen in het cypergras en te proesten en te dartelen in het water. Als het nijlpaard en de springbok met gebogen kop dronken, sloop de leeuw zachtjes naderbij en viel aan; hij deed zijn werk, hij hield de gieren tevreden. Dan waren ze ogenschijnlijk in één nacht allemaal weer verdwenen en het binnenland in getrokken om de ondiepe waterpoelen in de wildernis te zoeken, eindeloos gravend in hun geheugen, steeds weer terugkerend op hun schreden en weerkerend naar de plaatsen vanwaar ze vertrokken waren en waar ze onvermijdelijk zouden terugkomen.

Vijf

Ook onze tijd zat erop. Op een dag werd ons medegedeeld dat we Maun zouden verlaten. Het werd niet uitgelegd: we werden ergens anders naar toe gestuurd en dat was dat. Bevelen van meerderen, een nieuwe post en een nieuw huis. Een andere districtscommissaris zou mijn vaders werk overnemen en hijzelf werd naar een plaats gestuurd waar men een andere blanke nodig had om vrijwel hetzelfde werk te doen als wat hij zojuist vaarwel had gezegd. Van de ene dag op de andere hadden we onze spullen ingepakt en waren gereed om te vertrekken. Ik weet niet wat mijn vader ervan vond. Ik wist alleen dat ik het verschrikkelijk vond: ik zou Maun niet meer hebben, de woestijn en de delta zouden verdwijnen en de rivier zou ik nooit meer terugzien. Dat gevoel had ik – alsof het na mijn vertrek allemaal zou wegzinken zonder een spoor achter te laten – maar eigenlijk wist ik wel dat ook zonder mij alles gewoon zou doorgaan en dat het, als we eenmaal weg zouden zijn, zou lijken alsof we er nooit geweest waren – alsof mijn gezicht nooit weerspiegeld was in het gevlekte glasoppervlak van de rivier en Ange en ik nooit theepartijtjes hadden gehouden boven in de takken van de boomhut of de maan hadden zien opkomen boven de doornstruiken en vervolgens zien verdwijnen in de wolken. Diep in mijn hart wist ik dat de woestijn me geen moment zou missen en dat mijn voetafdrukken zouden verdwijnen zodra de wind opstak, die geen enkele herinnering zou achterlaten aan de weg die ik had afgelegd met mijn stuurloze gedachten, bevangen door eenzaamheid.

Toen we Maun en de rivier achter ons hadden gelaten was er alleen nog maar wildernis. Van Maun reisden we naar Francistown, dat een stad was en zelfs op een échte stad leek omdat er een spoorlijn doorheen liep, die via Rhodesië helemaal was doorgetrokken naar Zuid-Afrika. Er waren een soort school en een paar winkels, een garage, een Barclaysbank, een begraafplaats en misschien zelfs een ziekenhuis en een kerk. En niet één, maar twee hotels: het Grand Hotel en het Tati Hotel, die allebei aan de hoofdstraat stonden. Volgens mij hebben we een tijdje in een van deze hotels gelogeerd, toen we pas waren aangekomen. Er was een rivier, de Tati, die traag overging in de Shashe, en de Shashe-dam was niet ver weg, dus er was in ieder geval water, al stond de rivier meestal droog.

Ik zie mijn moeder zoals ze was in Francistown, nog duidelijk voor me. Ik hield haar uiteraard nog steeds met argusogen in de gaten. Na een kleine hoopvolle opleving voelde ze zich hier korte tijd prettig. Ze deed weer wat pogingen in de tuin en omdat de grond iets vruchtbaarder was had ze meer succes. Ze slaagde er zelfs in een slakrop tot volwassenheid te brengen en ze liet hem vol trots aan mijn vader zien. Hij was ermee ingenomen en at de sla bij zijn diner. Maar haar saaie leven maakte haar sloom en al snel lag ze weer elke middag onder de klamboe met de gordijnen dicht, de zoemende ventilator aan en haar gezicht naar de muur gekeerd. Als ik hoopvol vroeg of ze had geslapen zei ze altijd dat ze een beetje had liggen doezelen. Als ik vroeg of ik iets voor haar kon doen zei ze dat niets haar kon helpen. Ze werd nu geplaagd door zenuwpijn, een geheimzinnige aandoening die zijzelf, of een of andere arts, voor haar had bedacht. Het uitte zich in ondraaglijke hoofdpijn, aanvallen van duizeligheid – die op de gekste momenten konden optreden – en de neiging flauw te vallen, of te denken dat dat zou gebeuren. Er kon niets aan deze symptomen gedaan worden, die haar jarenlang plaagden. Als ik iets tegen haar zei negeerde ze me vaak of haalde haar schouders op, of draaide zich om en liep weg. Haar zwijgen was vervuld van een ingehouden, machteloze woede die zich alleen kon ontladen door de verwoestende hoofdpijn, die ze nu zenuwpijn noemde.

Toen ze jaren later terug was in de beschaving en nog steeds aan deze pijnen leed raadpleegde ze allerlei artsen om achter de oorzaak van de zenuwpijn te komen, de aanvallen van duizeligheid en het flauwvallen. Ze dachten ongetwijfeld dat ze een hysterica was. Ze wilde wanhopig een reden en een diagnose hebben voor haar ellendige toestand en uiteindelijk kwam ze op het idee dat haar baarmoeder verwijderd moest worden – dit speelde zich af in de tijd dat artsen de vrouwelijke voortplantingsorganen met groot enthousiasme en met grote regelmaat weghaalden. Het duurde lang voordat ze van de operatie was hersteld maar het voorzag haar tenminste van een geloofwaardige reden om in bed te blijven en om van ons rust en consideratie te verlangen. Veel, veel later kreeg ze last van epilepsie; daarna kreeg ze de ziekte van Alzheimer en al die lange, eenzame jaren was ze depressief. Depressiviteit was haar trouwste metgezel, net als ik op mijn hulpeloze manier.

Ik bleef naast de klamboe de wacht houden, maar nu doorbrak ik af en toe de schijn dat ze sliep. Als ze bewoog trok ik het net opzij en ging op de rand van haar bed zitten. Ze bleef me negeren maar we wisten allebei waar ze mee bezig was. Op een keer wachtte ik een hele tijd terwijl ik moed verzamelde om mijn vraag te stellen. Ik probeerde te spreken maar ik kon het niet. Eindelijk deed ze haar ogen open. Wat wil je? vroeg ze terwijl ze haar ogen toekneep vanwege het schelle licht, en de rug van haar hand, met gekromde vingers, tegen haar voorhoofd hield. Ik vroeg me alleen af of u iets nodig had, mompelde ik. Jij zult nooit kunnen begrijpen wat ik nodig heb, zei ze terwijl ze haar hoofd afwendde. Ik wachtte en wachtte. Toen gooide ik het er opeens uit. Houdt u van me? Ze draaide zich met een ruk om en keek me aan alsof ik een of ander vreemd insect was dat vlam had gevat op haar bed. Doe niet zo gek, snauwde ze en draaide zich weer naar de muur.

Het duurde daarna een paar maanden voordat ik het risico weer durfde te nemen om een gesprek met haar aan te gaan. Ze was niet in staat geweest me ervan te verzekeren dat ze gevoelens voor me had en om de een of andere reden leidde dat mijn gedachten naar haar eigen moeder. Had die van haar gehouden? Was het houden van, of het ontbreken daarvan, de oorzaak van al die problemen die we hadden? Ze had ons een keer verteld dat haar moeder dood was en dat ze was overleden toen mijn moeder negen was. Ik had nu bijna diezelfde leeftijd en woonde in een omgeving waar andere kinderen grootmoeders hadden, en ik wilde meer te weten komen over de mijne. Op een dag, toen ze iets vrolijker was, vroeg ik haar naar haar moeder. Ze is dood, zei ze. Maar hoe heette ze? O, heb ik je niet verteld dat ze Anne heette? Nee, zei ik verbaasd. Anne was mijn tweede naam. Nou, zei ze, jij bent naar haar vernoemd. Naar iemand die dood was? Ik was ontzet. Dat maakt toch niets uit, zei ze. Ik probeerde het nogmaals. Waar is ze gestorven? In India natuurlijk. Waaraan is ze gestorven? Dat weet ik niet, zei ze terwijl ze geërgerd begon te raken. Ik ging door hoewel ik wist dat ik haar irriteerde. Wat voor ziekte had ze, waaraan stierf ze? Ik wéét het niet, snauwde ze, hoe moet ik dat nou weten? En toen ontstak ze in woede. Waarom, riep ze beschuldigend, probeer jij altijd van alles te weten te komen? Denk je soms dat ik niet weet wat je uitspookt, dat je in mijn kisten op de veranda zit te graaien en mijn laden en kasten doorzoekt. Je sluipt altijd rond, je zit altijd te gluren en vragen te stellen. Wat is er toch met je aan de hand? Wat zoek je eigenlijk? Waar probeer je achter te komen?

Mijn vader had het moeilijk in Francistown. Als kind had ik geen idee wat hem dwarszat maar nu ik er op terugkijk is het me wel duidelijk. Nu hij weg was uit Maun was hij zichtbaar geworden en hadden zijn daden gevolgen. Hij bevond zich niet langer ergens in de wildernis, weggestopt in het binnenland. Hij woonde nu in een stadje met een bepaalde structuur waar de bestuurders konden zien wat hij deed en hem tot de orde konden roepen als hij al te ijverig werd. De wilde dagen van een man met onbeteugelde kracht die het opnam tegen de natuur en alles vernietigde wat hem in de weg stond, behoorden na Maun tot het verleden. Toen we in Francistown waren gearriveerd had Tarzan zijn meester gevonden. Geen gebanjer meer door moerassen, met het krokodillengeweer in de aanslag, geen rondzwerven meer in de woestijn, beschermd tegen teken en slangen, op jacht naar dodelijke insecten of ziek vee. In Maun leek de werkdag een beetje op een safari: mijn vader trok elke dag met de inboorlingen de wildernis in en riskeerde altijd zijn leven. Zijn tochten in de wildernis en door de moerassen verliepen niet volgens een draaiboek: er stonden geen koele tent en gestreken lakens klaar, er stond onder de bomen geen gedekte tafel met een damasten tafelkleed, wildbraad met een fles mooie bordeaux en een veilig uitzicht op de wilde dieren, die omstreeks zes uur werden verwacht. Als hij in Maun na zijn tripjes thuiskwam schudde het huis bij zijn aankomst op zijn grondvesten. Hij stormde dan de keuken binnen en smeet een koppel dode eenden op de tafel, zette zijn geweren in het rek en schopte zijn bemodderde laarzen uit op de gewreven vloer. Dan liep hij naar zijn slaapkamer terwijl hij zijn bezwete kaki uniform uittrok en iets te eten en schone kleren eiste. De meester is thuis, fluisterden de bedienden. Wij zorgden dat we uit zijn buurt bleven of sprongen, net als de bedienden, in de houding.

Mijn moeder stond dan in een deuropening te kijken naar de chaos die zijn thuiskomst veroorzaakte, naar de lege rode patroonhulzen die naast haar Spode-theekopje waren neergegooid, naar zijn verbrande gezicht dat een witte strook vertoonde op de plek waar zijn hoed hem had beschermd tegen de zon. Ter hoogte van de zoom van zijn shorts waren zijn knieën knalrood en zijn dikke sokken waren bedekt met vliegen en insecten. Met de uitbundige, vermoeide zelfvoldaanheid van een man die de duisternis te slim af was geweest en nu thuiskwam bij zijn IJskoningin struinde hij rond. Mijn moeder wierp hem dan een hooghartige blik toe en ging weer naar haar kamer. Vreemd genoeg kan ik me ondanks alle slangen, krokodillen en ziektes niet herinneren dat hij ooit ziek of gebeten was of op een of andere manier was geraakt door de gewelddadige omgeving, maar mijn moeder kon hem in twee seconden het zwijgen opleggen.

Ik had mijn vader al die tijd weggestopt in een ver hoekje in mijn geest, had hem bijna onzichtbaar gemaakt, maar in Francistown nam hij voor mijn gevoel vastere vormen aan. Ik kan me hem vanaf die tijd duidelijk herinneren, of in ieder geval zie ik zijn uiterlijk leven helder voor de geest. Hij ging 's morgens vroeg weg om naar een kantoor te gaan, netjes gekleed in een geperst kaki uniform en met glimmende schoenen. Een chauffeur, Peter, haalde hem op; hij stond in de houding naast het achterportier van de Chevy, hield het portier open en tikte kort aan zijn pet. Mijn vader stapte in en werd snel weggereden om zijn werk als districtscommissaris te doen. Ik geloof dat hij niet de enige DC was en dat er mensen waren die hem niet mochten. Hij was niet in staat orders te accepteren of in een team te functioneren en hij weigerde zich aan het gezag te onderwerpen. Ik voelde dat hij een strijd voerde en als hij 's morgens het huis verliet was hij erg gespannen. Ik observeerde hem, niet zoals ik mijn moeder in de gaten hield, maar ik besefte al snel dat ik zo op hem lette omdat ik bezig was een plan te beramen, iets te verzinnen waarmee ik hem ten val kon brengen.

Ik herinner me zijn gewelddadige uitbarstingen uit die tijd, de lichamelijke kant ervan. In Francistown manifesteerde zijn woede zich op een beangstigender manier dan daarvoor. Als hij in de buurt was waren we zeer op onze hoede en zorgden dat we niet te dicht bij hem kwamen, terwijl we net als de bedienden in het huis rondslopen en probeerden niet op zijn zenuwen te werken of voor zijn voeten te lopen. Zijn zenuwen waren rechtstreeks verbonden met zijn woede en hij kon elk moment ontploffen. Angela was onderdaniger dan ik en was vooral doodsbenauwd voor zijn getier, dat uren achtereen kon duren. Zij bleef altijd zo ver mogelijk bij hem uit de buurt, terwijl ik me dicht langs hem heen bewoog, gereed om ervandoor te gaan als dat nodig was. Als de huisbediende was vergeten zijn schoenen te poetsen schopte mijn vader hem; als de kok de soep te heet opdiende werd hij uitgefoeterd. Mijn vader kon een man met de rug van zijn hand neerslaan en hij vond het heerlijk om dat te doen. Ik kreeg het meest van zijn lichamelijke en geestelijke geweld te verduren omdat ik hem een grote mond teruggaf. Ik deed dat met plezier; het schonk me bevrediging. Meestal sloeg hij erop los als iets hem ergerde – bijvoorbeeld een deur die te hard werd dichtgeslagen – maar als hij zich om de een of andere reden inhield klemde hij zijn kaken op elkaar en liep hij rood aan. Hij was niet in staat dit lang vol te houden en ontplofte dan al snel. Soms had zijn geweld een terloops karakter. Op een keer zat ik een mango te eten; hij liep op zijn gemak langs en sloeg de mango met één klap uit mijn mond, waarbij mijn lip openspleet.

Susan, die nog klein was, wekte niet zijn interesse op de manier zoals ze dat later zou doen, maar ze was groot genoeg om veel contact met haar Afrikaanse kindermeisje te mogen hebben. Met haar blonde krullen verplaatste ze zich op een sterke, zwarte rug, was gewikkeld in een zachte deken en werd heen en weer gewiegd terwijl het kindermeisje de vloer schrobde, de was ophing of stond te strijken. Vanuit mijn perspectief leek het de meest hemelse plek op aarde en ik wilde haar plaats innemen, maar daar was ik te groot voor. Ik hoorde nu bij de volwassenen.

In Francistown gingen de feesten en wilde nachten door en mijn moeder kon nog steeds tot leven komen als haar maatschappelijke positie in het stadje dat van haar verlangde. Als de verjaardag van de koningin werd gevierd stond ze charmant te glimlachen en nam een boeket van een kind in ontvangst, en als er een hoogwaardigheidsbekleder op bezoek was kon ze nog steeds een uitstekend diner geven. 's Avonds kon ze haar mooie jurken aan en danste ze op de rode gewreven *stoeps*, de varanda's van de oudere huizen, die eleganter waren dan het onze, maar haar hoge namaaklach klonk niet meer en haar glimlach had iets wanhopigs. Wij woonden in een huis met een glanzende parketvloer waar dierenhuiden op lagen. De mooiste was een leeuwenhuid met de kop die omhoog stak en de bek die openstond zodat je zijn gevaarlijke slagtanden en dreigende ogen kon zien. De kogelgaten waren zichtbaar waar de vacht eromheen kaal was. Maar ondanks de huiden, de koedoehoorns aan de muur, de houten maskers en Afrikaanse ornamenten was het een Engelse kamer, toevluchtsoord en troostrijke omgeving voor de bannelingen, met meubels uit Londense warenhuizen, gebloemd behang, met chintz gestoffeerde stoelen en stapels oude kranten en tijdschriften. Dit soort kamers gaf duidelijk weer dat de Engelsen zich niet thuis voelden – midden in de wildernis, duizenden kilometers van huis; altijd in onzekerheid over het moment waarop ze moesten vertrekken of wanneer het land tegen hen in opstand zou komen en zou aanvallen.

Francistown kende een rijker sociaal leven, bij zonsondergang werd er geborreld, men gaf er tuinfeesten en er kwamen Scandinaviërs op bezoek, die gefascineerd waren door de Bosjesmannen. Er kwamen nieuwe mensen langs die het saaie leven een beetje opvrolijkten met hun aanwezigheid en roddels. Je had er iets te doen. Bulawayo was dichtbij en we gingen naar de Victoriawatervallen; we zijn daar een aantal keren heen gegaan maar het was nooit meer als de eerste keer, toen de pracht en indrukwekkendheid van die verticale watermassa me de adem benamen. Ik was toen vervuld van ontzag en van een overweldigende notie van het goddelijke: we bevonden ons in Gods waterpaleis en Hij was bij ons. Op het standbeeld van David Livingstone, dat over de watervallen uitkeek, was een uitspraak van hem gegraveerd:

Vliegende engelen hebben ongetwijfeld op dit schitterende schouwspel neergekeken. Ik vergat deze zin nooit meer omdat het voor mijn gevoel op heel Afrika van toepassing was, of in ieder geval op het gedeelte waaraan ik me uit alle macht vastklampte. Want Afrika was nu helemaal omheind: het ene deel bevatte de schoonheid en het andere deel was in duisternis gehuld – een onwerkelijk oord, waar plotselinge beelden konden oplichten en waar geesten je konden besluipen en bespringen als je er niet op bedacht was.

Ik hield mijn blik gericht op het landschap en aanbad het met een passie die bijna gelijk stond aan religieuze extase. In de wildernis kon ik mezelf verliezen, in het zand zinken zoals ik vroeger één werd met de rivier: mijn ziel was onaantastbaar en ongeschonden en buiten, in de zuiverende hitte, loste ook mijn lichaam op. Ik denk niet dat ik ergens anders, buiten Afrika, ditzelfde gevoel had kunnen ervaren. Midden op de dag in de Afrikaanse wildernis, in de volkomen en onwerkelijke stilte, hing een sfeer die wel visioenen móést oproepen. Ik denk dat het de samenstelling van de lucht was. De lucht had een unieke eigenschap die ik onmogelijk kan beschrijven; het leek alsof hij was geladen met kwik of bliksem, of gin – hij leek vloeibaar en rimpelde over de woestijn en liet een zilveren stroom achter. Rond het middaguur deed het scherpe, intense licht pijn aan de ogen en tegen twee uur 's middags vibreerde het als de kop van een cobra. Rond die tijd op de dag zie je de lucht letterlijk pulseren; hij doet vormen veranderen, duwt de ronde heuvels omhoog, vlakt de doornboomtoppen af en egaliseert alles daartussen. Maar hij kan je ook opeens omvatten en je knettergek maken. Dan springen er vonken in je haar en weet je niet meer waar je heen moet. En terwijl je door dit gevoel van waanzin bent bevangen kijk je omhoog en zie je een giraffe waarvan de kop boven een boomtop uit steekt en dan lijkt het alsof het dier samen met de boom omhoog is gestegen en daar nu woont. Het is een Afrikaanse fata morgana die je soms de adem beneemt en prachtig is, maar ook vaak beangstigend en onwerkelijk. Er waren dagen dat ik zenuwachtig en bang was in de wildernis en dan zag ik in de verte iets bewegen, een eenzame, donkere gestalte, spookachtig, bijna bovennatuurlijk. Aanvankelijk leek het of de gestalte in de lucht liep maar toch verplaatste hij zich niet en dan kreeg ik het idee dat hoewel de gestalte recht op me afliep, hij me toch nooit zou bereiken. Op dezelfde manier zag je een kleine blauwe heuvel voor je en dacht je dat je er zo naar toe zou kunnen lopen, maar als je dat echt zou hebben geprobeerd zou je er anderhalve dag voor nodig gehad hebben.

Na zo'n tocht in de wildernis, waar ik onbeschrijflijke dingen zag en gevoelens had die ik niet onder woorden had kunnen brengen, voelde ik me altijd vreemd. Als ik dan weer naar huis kwam bekeek mijn moeder me alsof ik uit het gekkenhuis was ontsnapt. Ik had geen schoenen aan en mijn voetzolen waren ruw en gebarsten. Mijn gezicht was roodverbrand en vaak had ik een zonnesteek opgelopen of was bevangen door een merkwaardige, reddende staat van genade. Ik voelde me koortsachtig en afwezig en liep in trance het huis binnen. Schiet op, zei ze dan terwijl ze met haar handen gebaarde, schiet op, ga je wassen. Je bent smerig, je bent helemaal stoffig en je stinkt als een inboorling. Zo kun je niet aan tafel. Neem een bad, borstel je haar, trek je schoenen aan, pak de kalamijnlotion en vraag het meisje om je schouders in te smeren. Wat een toestand! Wat is er toch met je? Waarom doe je zo raar?

Ik geloof dat Angela een normaler leven leidde, maar ik

heb niet zo'n duidelijk beeld van haar als in Maun. Ik weet niet meer precies met wie ze speelde, maar ik denk niet dat het met mij was. Ik weet wel dat ze in deze periode de kant van mijn moeder begon te kiezen. Zij vond dat ik een onruststoker was, mijn moeder van streek maakte en mijn vader tot razernij bracht. Ze wilde dat ik gewoon mijn mond hield en me normaler zou gedragen. Ze probeerde met me te praten en me te zeggen wat ik moest doen: Blijf gewoon uit zijn buurt, wees niet zo brutaal en kijk niet zo vol haat naar hem, daar wordt hij alleen maar bozer van. Dan wendde ik mijn blik af en staarde in de verte zonder haar te antwoorden. Hou op met dat mokken, zei ze dan, ga mee zwemmen. Ik kan je leren tennissen als je wilt. Ik deed niets van dat alles. Oké, zei ze dan terwijl ze wegliep, als je mama maar niet lastig valt.

Soms probeerde ik me onder de mensen te begeven als ik uit de wildernis terugkwam, maar de blanken verveelden me en ik werd aangetrokken door de kraal, waar de Afrikaners woonden. Het dorpsleven speelde zich nog niet af in de barakken van later, in huizen die waren gemaakt van planken en stukken golfplaat, met stenen op het dak om het op zijn plaats te houden. Waar afgedankte kratten dienstdeden als tafels en stoelen en wieldoppen als kookpan werden gebruikt. Aan het eind van de jaren vijftig woonden de Afrikaners nog in ronde hutten met strooien daken, die in een cirkel stonden en werden afgeschermd door een lange lemen muur, versierd met rode strepen en halvemanen. Ze kookten in driepotige zwarte potten; de vrouwen hurkten bij het vuur en voegden al roerend water toe aan de maïspap die ze net zolang lieten koken tot hij dik en droog was en er een korst aan de binnenkant van de kookpot zat. Hieraan voegden ze wild konijn toe en het weinige vlees dat ze van ons kregen, hoewel wij vlees in overvloed hadden. De kinderen trokken eropuit met de koeien en geiten, brachten ze weer terug als de avond inviel en het dorp leefde in een oeroud ritme dat de rest van de wereld op een afstand hield.

Onze bedienden, zoals onze kok Mpanda, die uit Nyasaland kwam en nooit genoeg geld bij elkaar heeft kunnen schrapen om terug te gaan en zijn familie te bezoeken, woonden in een ruimte achter in de tuin. Er waren meerdere bediendenverblijven en er stond een buiten-wc met een wasbekken. De bedienden mochten geen bezoek in hun kamer ontvangen, maar ze zaten onder de bomen of buiten bij de keuken, samen met de bedienden van huizen aan de overkant of verderop in de straat. De kamers waren gemeubileerd met spullen die wij niet meer gebruikten, doorgezakte bedden met bevlekte, gestreepte matrassen en ladekasten die niet meer goed sloten. Mpanda had een hele verzameling van mijn vaders oude kleren; ze pasten hem niet goed zodat zijn broek flapperde in de wind als hij liep. Aan de muur had hij foto's van zijn pin-upgirl, Elizabeth ii, de jonge koningin, en samen met zijn bijbel vormde dit zijn grootste bezit. Wij mochten niet naar ze toe en als ik het toch deed en Mpanda vroeg me te helpen met het maken van een katapult of het repareren van een lekke band, overtrad ik de regels.

We werden ons langzaam vaag bewust van de barsten die de strak gehandhaafde koloniale structuur ging vertonen door de storm van verandering die in Afrika woedde. In 1951 hadden de Engelsen in Ghana de grondwet aangepast ten gunste van Nkrumah. Hij had de verkiezingen gewonnen terwijl hij in de gevangenis zat wegens insubordinatie en de Engelsen hadden hem vrijgelaten en hem tot premier benoemd, waarbij ze de kolonie grotere vrijheid tot zelfbestuur toestonden. Iedereen was dol op Nkrumah omdat hij kon denken als een blanke – hij had wat Engelse trucs geleerd waardoor hij de macht kon behouden en een beetje stabiliteit in West-Afrika kon brengen. Het was de start van het zelfbestuur in de kolonies en de mensen zeiden dat het binnenkort tijd zou zijn om de macht over te dragen. De inboorlingen werden zelfbewuster en de mensen begonnen hun deur op slot te doen en meer geweren aan te schaffen. Meisjes kregen schietles. Later gingen ze hun witte huizen met elektrische hekken en afrasteringen als een fort beveiligen. Deze gebeurtenissen werden in gang gezet door de burgeroorlog in Rhodesië, toen Ian Smith en de zijnen het niet eens waren met de meerderheidsregering en de onafhankelijkheid van de kolonie uitriepen. De beveiligingskoorts verspreidde zich ook naar Zuid-Afrika, waar het leven steeds gevaarlijker werd.

De zwarten in het BP wisten dat we steeds nerveuzer werden en ze vonden het heerlijk; ze konden ons tot het uiterste tergen, zich hooghartiger gedragen en minder hard werken zonder bestraft te worden. En toen de resoluutheid eenmaal uit de structuur was verdwenen stortte die in elkaar. Je kon het voelen in de wind, en 's nachts als de lichtval onbekende vormen in de verte creëerde; de kleine heuvels werden donkerder en de maan stak als een slagtand door de wolken heen. We voelden het als we oorlogje speelden in de maïsvelden; vroeger renden we rond en schreeuwden dat de Duitsers in aantocht waren, nu verbeeldden we ons dat de zwarten ons achternazaten met hun kapmessen en Russische geweren. De zwarten wisten wat we dachten. Ze hadden het altijd al geweten en ze waren ons ver vooruit; ze wachtten rustig hun tijd af.

Achter de nette straten van Francistown, waar de blanken zich bedronken en zichzelf voor gek zetten, lag de verborgen, donkere zijde van het leven. Ik mocht daar natuurlijk absoluut niet komen. Het was 's nachts bijzonder gevaarlijk om de kraal te dicht te naderen. Vanuit mijn bed kon ik de zwarten horen zingen en trommelen op de avonden dat ze feestvierden; ik werd ernaar toe getrokken als de feesten aan de gang waren en ik wist dat niemand zou merken dat ik weg was. Dan sloop ik voorzichtig naar de kraal en verstopte me achter een hut om naar ze te kijken terwijl ze rond het vuur dansten. Bitter, gegist bier in kalebassen of jampotten ging van hand tot hand en het dansen werd steeds wilder. Soms kwam de medicijnman en dan keek ik gefascineerd toe terwijl hij neuriede en bezweringen zong en zich over zijn beenderen en bloed boog, en wachtte ik op het moment dat hij een toeval zou krijgen en voorover zou vallen in de modder, waarbij hij zijn tong in het zand zou steken. Ik heb nooit geweten wat hij probeerde op te roepen – regen of bloed, doorvoed vee of de huid van de blanken.

De blanken werden geïntimideerd door de feesten. Ze hadden het vermoeden dat zelfs de goede Afrikaners – die onze vloeren schrobden en aan het eind van de tuin woonden – werden aangestoken door de onafhankelijkheidskoorts die uit West- en Centraal-Afrika kwam overgewaaid. Een nationalistisch virus verspreidde zich snel over het continent en de Europeanen probeerden zich ertegen te wapenen. In Bechuanaland had je echter nog het gevoel dat het ver weg was, achter de heuvels, over de donkere rivieren en ver over de grens. De Britten rekenden erop dat de lange periode van vrede zou aanhouden, die de langzame maar onafwendbare vooruitgang van Bechuanaland mogelijk had gemaakt. Er leek geen reden te zijn om onze overzeese bezittingen op te geven: waarom zouden we vertrekken als het zonder ons allemaal naar de verdommenis zou gaan? Als er al ooit de vraag opkwam welk recht we hadden daar te zijn, werd die onmiddellijk tegengesproken door de heersende opvatting dat we het recht niet hadden om weg te gaan. Wij hadden tenslotte Seretse Khama, hij had zijn opleiding aan Cambridge gevolgd en was getrouwd met Ruth, een blanke vrouw. Zijn kinderen hadden een aangenamere huidskleur en hij was praktisch een aristocraat. Hij was de Big Chief, de zwarte man aan de top. Je kon hem thuis uitnodigen voor een whisky-soda. Ons zou niets kunnen gebeuren.

Eigenlijk waren we banger voor polio dan voor de onafhankelijkheid. Ik in ieder geval wel. De gedachte aan polio en slangen was voor mij een nachtmerrie. Een van onze buren, die heerlijke cake kon bakken, keek op een middag toevallig op en zag dat haar zoontje werd gebeten door een groene mamba. Ze zag het gebeuren: ze was aan het werk in haar tuin, ze was bezig met snoeien; ze keek op en zag een prachtig gifgroen lichaam, een slingerend touw dat onderdeel leek te zijn van de bougainville, er niet van te onderscheiden was, dat zich ontvouwde tot zijn gehele lengte zichtbaar was en zich langzaam voortbewoog, tot de slang verstijfde en haar met zijn zwarte ogen aanstaarde. Toen richtte zijn afschrikwekkende, prehistorische kop zich op het doel en vloog hij zo recht als een stok de jongen aan, die met een autootje in het zand speelde en helemaal geen erg had in de opengesperde, zachtblauwe muil die op hem afkwam. De twee giftanden doorboorden zijn been. In de seconde die zijn moeder nodig had om bij hem te komen trok het bloed weg uit zijn gezicht en stiet hij een doodskreet uit. Ze rukte de ceintuur van haar overhemdjurk los, bracht een tourniquet aan om de dij van de jongen, perste haar lippen over de twee wondjes die door de giftanden waren gemaakt en zoog er het vergif uit, ze zoog en spuugde het uit en toen droeg ze het jongetje naar de eerstehulpdoos, wat op zichzelf geen enkel nut gehad zou hebben. Ik kan me herinneren hoe we daarna naar hem keken terwijl hij gewoon weer rondliep, niets aan de hand. En hoe ik naar haar keek, een moeder die in de buurt was geweest zodat ze haar kind kon redden van de dood.

Deze bijnadoodervaringen met slangen kwamen vaak voor: de koele opgerolde slang in het bad; de zwarte mamba die niet te zien was in het duister onder het bed; de zes meter lange python waarvan de buik uitpuilde door een jong kippetje, dat hij voor later bewaarde. Of als je de slang probeerde te doden: je hakte met een mes op zijn keel in en sneed hem met een bepaald soort opgetogenheid aan stukken, je overreed hem met een jeep, naar voren en weer naar achteren, waarbij je voelde hoe je over een afschuwelijke bobbel rolde. Was hij al dood? Kon je hem eigenlijk wel doden? Nog wekenlang droomde je erover en als je hoorde dat er eentje was gesignaleerd bij iemands achterdeur of zijn nest had gemaakt in een kippenhok verderop gingen je haren recht overeind staan. Er was het verhaal over het jongetje dat in de mangoboom was geklommen en zijn handje op een mamba had gelegd in de veronderstelling dat het een natte tak was. En over de jaloerse echtgenoot die een pofadder had opgesloten in een kookpan, als verrassing voor zijn vrouw als ze terugkwam van het veld. Ik ging een keer bijna op een slang zitten toen ik van een zandheuvel wilde afglijden; de slang stak zijn kop op om eens om zich heen te kijken op die hete, hete dag en mijn zusje greep mijn benen, schaafde daarbij mijn dijen en sleurde me naar de veiligheid. Zelfs nu nog kan ik geen tuinslang op een gazon zien liggen zonder voor mijn leven te vrezen.

Polio leek echter erger, veel erger te zijn dan dit: je kon op een ochtend wakker worden en dan had je het. De test was: kun je met je kin je borst aanraken? Kon je dat niet, dan had je polio. Je zou binnen korte tijd sterven en je kon misschien wel je hele familie met je meesleuren. Het was dé plaag, dé epidemie van die tijd. Als er in Amerika een uitbraak van polio was sloten ze de stranden af en ging er niemand het water in. In Afrika kon je niet spreken over een uitbraak: polio was altijd aanwezig, het werd verspreid door het riool-water dat elk meertje en elke rivier in stroomde. Polio dringt het lichaam via de mond binnen en infecteert de ingewanden; het verplaatst zich rechtstreeks via de bloedbaan en tast het centrale zenuwstelsel aan. Binnen vierentwintig uur raak je misvormd en kreupel of kun je niet meer ademhalen. Je gaat krom lopen, je wordt blind, je ledematen moeten worden geamputeerd of je gaat gewoon dood. Je stikt in je eigen braaksel of je wordt in een ijzeren long gelegd, waar je lichaam in een nauwe drukcabine ligt die je ademhaling overneemt. Alleen je hoofd steekt eruit: het is een ademhalende doodskist waar je altijd in moet blijven, levend begraven. Er waren een paar ijzeren longen in Kenia, maar bij ons niet en we hadden ook vrijwel geen ziekenhuis waarin ze zouden kunnen staan. Na 1956 kwam het Salk-vaccin in de wildernis beschikbaar en omdat wij blank waren werden we gevaccineerd. Maar toen was het voor veel kinderen al te laat; die waren al aan een van de verschijningsvormen van polio overleden.

Ik kan me herinneren dat ik zo doodsbang was voor polio dat ik dacht dat al het water besmet was, in elk meertje, elke rivier, elk zwembad en elke badkuip. Het is moeilijk het allesoverheersende gevoel van panische angst te beschrijven dat gepaard ging met dat woord. Je kon het zo makkelijk oplopen. Baby's kregen het en waren in een mum van tijd dood. In onze wereld was de dood op zoveel verschillende manieren dichtbij en toch was polio anders: de ijzeren long was nog afschrikwekkender dan de dood. Volgens de jezuïeten bereikten kinderen de leeftijd van de rede als ze zeven waren en waren dan in staat het doodgaan te bevatten. Ik kon me op die leeftijd het idee van de dood helemaal voorstellen en niet een of andere willekeurige dood, maar de mijne. Ik had een morbide angst voor het donker. Ik was al een aantal keren bijna verdronken. Ik was het meest bevreesd voor verstikking en polio belichaamde deze nachtmerrie op een bijzonder levendige manier. Ik wist hoe het voelde om te stikken. Ik werd weer geplaagd door nachtmerries, net als in Swaziland, toen ik zes was. Ik werd rechtop in mijn bed wakker met wild bonkend hart en opengesperde mond, snakkend naar adem. Ik had gedroomd dat iemand een kussen op mijn gezicht had gedrukt en het vasthield en op het moment dat ik dacht dat ik zou sterven raakte ik buiten westen. De droom herhaalde zich, werd steeds echter en 's morgens dacht ik vaak dat het echt gebeurd was en kon niet begrijpen dat ik nog leefde.

Ik dacht steeds vaker aan mijn grootmoeder Anne. Waarom wist mijn moeder niet waaraan ze was overleden? Als mijn moeder toen pas negen was, kon haar moeder niet oud geweest zijn en ouderdom was de enig goede reden om dood te gaan. Leed mijn moeder aan dezelfde ziekte als haar moeder? En als dat zo was, had ik het dan ook, zonder het te weten, zoals mijn moeder niet wist wat haar moeder mankeerde? Had Angela het? En Susan? Waren we allemaal gedoemd te sterven aan deze geheimzinnige ziekte? Als het tyfus of tbc was geweest had ze het vast wel verteld. In mijn gedachtegang vormden polio en slangen de manifestatie van de dood, maar gaandeweg werd er nog iets anders net zo beangstigend – het idee van krankzinnigheid. Mijn moeder keek soms naar me alsof ze dacht dat ik gek was. Ik dacht zelf dat ik gek was geworden op de momenten dat mijn geest zich in tweeën leek te splitsen en ik een gedeelte ervan niet meer kon terugvinden, of als ik me niet meer kon herinneren waar ik urenlang was geweest, of als ik 's morgens wakker werd en mijn bed er heel anders uitzag dan toen ik erin was geklommen, alsof ik de hele nacht als een idioot tekeer was gegaan.

Ik klampte mezelf als een bloedzuiger vast aan een van onze bedienden, Elizabeth, die uitzonderlijk vriendelijk en moederlijk was en ik dwong Angela om voor me te zorgen. Plotseling werd ik hopeloos afhankelijk en was ik niet meer het kind van de wildernis, de onderzoeker, de spion in het Afrikaanse kamp. Angela nam me onder haar hoede; ze was streng tegen me maar ze stond me toe haar vriendin te zijn, ondanks mijn angsten. Ze had er geen zin in om voor me te zorgen, dat maakte ze wel duidelijk, maar ze had het gevoel dat het haar plicht was. We deelden een geheim dat ons verbond op een manier die haar woedend maakte, maar ze kon er niet aan ontsnappen. Misschien was ze bang dat ik op mijn moeder ging lijken, één bonk zenuwen en een hopeloos geval.

Ik deed hetzelfde bij Susan, ik zorgde voor haar hoewel ik het niet wilde. Ze was een lief kind maar ook lastig, ze was de schaduw die ik met me meesleepte en eigenlijk in de bosjes wilde duwen. Ik moest op haar letten, ze was het kleine zusje, zo breekbaar als een ei en ik wist precies wat haar boven het hoofd hing. Ik moest haar beschermen. Maar zolang Angela in de buurt was deed ik er niet veel moeite voor. Omdat we zoveel ouder waren en slechts twee jaar in leeftijd verschilden lieten we Susan zo veel mogelijk aan de kindermeisjes over. Ik was te druk bezig met bij Angela rondhangen om steeds maar over mijn schouder naar Susan te kunnen kijken. Binnenkort zou Angela naar kostschool vertrekken en dan zou het leven veel eenzamer zijn.

Ondertussen gaf Angela me tips die me mijn hele leven zouden bijblijven. Ze leerde me hoe ik perfecte roerei en Marmite-soep moest maken op het licht ontvlambare kinderfornuisje waarop ik zo gesteld was. In de achtertuin speelden we urenlang met het paraffinefornuisje en bestrooiden de glanzende eieren met peterselie, die overvloedig groeide onder een druppelende kraan. We zaten met gespreide benen onder de citroenbomen roereieren te eten. Angela leerde me om een eenvoudige citroen-schuimtaart te maken, waarbij ze biskwietjes verkruimelde voor de bodem en citroensap mengde door de dikke, glimmende citroenvla. Hiervoor gebruikte ze de echte oven en ze liet me zien hoe ik kon voorkomen dat ik me brandde en wat ik moest doen als het toch gebeurde. Ze had haar taak als verpleegster al opgevat en zou er haar hele leven steeds op teruggrijpen.

Die lange hete dagen die we spelend doorbrachten, de laatste dagen dat we altijd samen waren, dag en nacht, lijken niet zo lang geduurd te hebben. In mijn gedachten passen ze in een klein hokje dat zich van Maun tot een stukje Francistown uitstrekte en eindigde toen we in Gaborone waren gearriveerd. We liepen en renden blootsvoets onder de citrusbomen en bouwden huisjes tussen de wortels van de frangipanibomen, we holden naar de rivier en brachten uren door hoog in de boomhut, uitkijkend over de rivier. In mijn gedachten zie ik haar dikke, korte donkerbruine haar voor me. Ze was een mooi kind, glimlachend maar bedachtzaam. In mijn herinnering lijkt het alsof ze veel tijd doorbracht met iemand anders, maar misschien was dat alleen maar in Maun, met Barbara Riley. Ik heb het gevoel dat ik gedoogd werd aan de rand van haar vriendschappen en dat ik haar in de gaten hield zoals ze dat mij ook deed. Het lijkt of ik haar haar hoofd zie omdraaien en zenuwachtig over haar schouder kijken om te zien of ik in orde ben, of ik het zonder haar kan redden.

Onze zusterlijke band was niet erg hecht, voornamelijk omdat onze ouders het zo wilden, die ons tegen elkaar opzetten om ons beter onder controle te kunnen houden. De band verdiepte zich later, toen we onze eigen dochters hadden, die een maand na elkaar waren geboren. Toen Ally en Amanda opgroeiden trokken we er samen op uit met onze mannen en dochters, gingen samen eten of dronken thee in onze tuintjes in Londen. We konden altijd bijzonder goed met elkaar opschieten als we in de keuken waren. Een sterk gevoel van zusterlijke genegenheid openbaarde zich rond het fornuis, waar we in pannen roerden en bezig waren net als in onze jeugd; de een gaf de ander een mes aan of pakte het dringendste karweitje aan zonder er woorden aan vuil te maken. Het koken en maaltijden bereiden herinnerde ons eraan waar we vandaan kwamen en wie we waren.

Angela was al vroeg zelfstandig, maar dat kwam niet door haar moeders koesterende aandacht. Angela en onze moeder stonden elkaar niet op een normale manier na en kwamen ook later niet dichter tot elkaar. Angela weet het moment nog dat ze onze moeder afschreef. Het gebeurde in Gaborone. Angela was zeven en op kostschool toen iemand haar onverwacht een lift naar huis gaf. Ze stond bij het hek, dolblij om thuis te zijn en ging het huis in, waarop onze moeder alleen maar kortaf zei: Wat kom je hier doen? Angela kreeg sterk het gevoel dat ze ongelegen kwam, dat ze een lastpost was en op dat moment gaf ze het op en ging haar eigen weg.

Angela paste op mij als ze thuis was en later moest ze over me waken toen ik bij haar op kostschool kwam. Het was geen makkelijke opgave. Het oppassen was begonnen in Swaziland, vlak voordat we naar Goedgegun werden gestuurd, toen ze 's avonds laat naar mijn gedeelte in de slaapkamer kwam, waar ik lag te huilen en ze me zei dat ik weer moest gaan slapen. Hoe vond ze het om met z'n tweeën in dezelfde kamer te slapen, in smalle bedden, het ene tegen de ene muur, het andere tegen de muur daartegenover, terwijl we elkaar hoorden slapen en ademen of een gedempte gil hoorden slaken als we een nachtmerrie hadden? Waarover droomde ze in die diepe stilte die het huis overviel wanneer de generator met veel horten en stoten was afgeslagen en het huis in duisternis gehuld was? En als het maanlicht door het venster kroop, over de vloer, en dan omhoog over de smetteloos witte sprei op ons bed gleed en ons zusterlijk leven verlichtte, deed Angela dan ook alsof ze sliep, net als onze moeder en ik?

Zes

Na een kort verblijf in Francistown werden we naar de hoofdstad van het BP gestuurd en daar, in Gaborone, slaagde mijn moeder erin een beetje tot zichzelf te komen. Hoofdzakelijk omdat mijn vader hier een belangrijker positie bekleedde; hij was districtscommissaris van de grootste stad in het BP en aangezien de overplaatsing naar Gabs voor hem een promotie betekende had ze het gevoel dat zij zelf ook belangrijker was geworden. In die tijd was Gabs niets meer dan een sjofel plaatsje met een paar overheidsgebouwen: een gerechtsgebouw, een gevangenis, een ziekenhuis, een school en een politiebureau, verder nog wat winkels en straten en nog meer huizen en boerderijen in de buitenwijken. Er stonden een paar oudere huizen met goed onderhouden tuinen, grote oleanderstruiken tegen de muren en Australische bomen met rode pluimen en platte boomtoppen die een oase van schaduw boden voor de honden en katten. In Gabs zouden passerende roofdieren onze huisdieren tenminste niet meenemen. Je kon in Gabs sla verbouwen; eigenlijk hadden we een zeer vruchtbare tuin met Kaapse kruisbessen, harde kleine perziken, erwten, bonen, witte aardappels en grote tomaten naast de gebruikelijke mango's, citrusvruchten, maïs, pompoenen en zoete aardappels. Mijn moeder kweekte wat bloemen; ze kreeg zelfs een rozenstruik tot bloei en er stond een wilde druif met dicht op elkaar gepakte druiventrossen die zwarte drie-hoekjes vormden tussen het groen. Af en toe zag je een slang die tussen de bladeren door tuurde en pas te voorschijn zou komen na zonsondergang.

Ik denk dat mijn moeder zich in Gabs thuis ging voelen dankzij de tuin, het normalere leven en het feit dat we weg waren uit het uitgesproken barbaarse bestaan. We bleven er een paar jaar; dat was lang voor ons doen en het moet haar tot troost geweest zijn. We woonden in een mooi huis met een vlaggenstok in de tuin en we hesen altijd de Union Jack als we de kans kregen, die dan vrolijk wapperde in de wind. In Gabs herstelde mijn moeder zover dat ze Mpanda leerde een *babootie*-taart te maken, die een beetje lijkt op een *shepherd's pie* met kerrie, en *mulligatawny*-soep. Ze bestelde kruiden en pappadums uit de Republiek en maakte haar eigen kerrieschotels waarbij ze het vlees van plaatselijke schapen en kippen gebruikte, en ze probeerde zelf *paratha's* en *nans* te bereiden. Ze maakte chutney van limoenen en mango's en hierdoor kwam er een stukje terug van haar leven in India en werd Afrika iets aanvaardbaarder.

In Gabs konden we zelfs naar de bioscoop. Je zat dan in de openlucht onder de bomen naar een gammel scherm te kijken of in een hotelkamer, waar iemand 'Licht!' riep, iedere keer als er iets misging. We keken naar het *Pathé Nieuws*, dat werd gevolgd door een beschadigde versie van *Zeven bruiden voor zeven broers* of naar iets dat van nóg langer geleden dateerde – we kregen de films jaren nadat ze in Amerika hadden gedraaid. Meestal begaf de projector het een aantal malen en zaten we rusteloos te schuifelen terwijl we wachtten op dat vreemde onderwatergeluid dat je hoorde als de projector weer langzaam tot leven kwam en de spoel weer ging draaien. Er was ook een keer een circus, het Boswell Circus meen ik, compleet met tent, zaagsel, mensen die door de lucht vlogen en suikerspinnen. Het was heel vreemd om in Afrika leeuwen en olifanten op die manier te zien – ze waren allemaal netjes getraind en werden met slechts een zweep in bedwang gehouden. De olifanten zaten beleefd op een kruk met hun poten te zwaaien, de leeuwen brulden voor het effect, niet uit bloeddorst, en ze sprongen door hoepels in plaats van de keel van een impala open te scheuren of een kind voor de ogen van zijn ouders te verslinden.

Ik zat op school en mijn lerares heette juffrouw Klopper. Het was een grote, zweterige Afrikaanse vrouw die naast de school woonde en die twee jongetjes in huis had genomen en verzorgde, die verweesd waren omdat hun familie te ver weg was of door gezinsproblemen. Ik herinner me dat ik leerde netjes en met ronde letters te schrijven en dat ik voor het eerst een ballpoint gebruikte. Ook leerde ik een beetje rekenen en Afrikaanse geschiedenis: juffrouw Klopper wist alles over de Grote Trek en aanbad de patriot Paul Kruger; ze had een uitgesproken voorkeur voor de Slag bij Inniskop en de verpletterende nederlaag van de Engelsen. Ze leerde me wat Afrikaans en dit keer vond ik het leuk; ik herinner me een gedicht in die taal dat over moord ging: 'Bloed in die water en bloed in die laan, wie is dit dat daar so skuld-gewees gaan?' Op Valentijnsdag tekende ik een kaart voor Dawie Swart, het jongetje met gezinsproblemen, en hij gaf me op zijn beurt mijn eerste bos bloemen. We wisten na-tuurlijk allemaal waaruit de gezinsproblemen bestonden – de moeder was krankzinnig en de vader woonde samen met een zwarte vrouw – maar niemand zei er iets over. Aan de dingen die met Dawie in het gezin waren gebeurd had hij een soort catatonie overgehouden; hij zat vaak beweging-loos en zonder een woord uit te brengen, was onbereikbaar en niet aanspreekbaar en ik kon niets voor hem doen, net zomin als voor mijn moeder.

Angela was weer naar kostschool gegaan, dit keer naar een klooster in Mafeking vanwaar ze later weggestuurd zou worden. Ik voelde me verloren zonder haar, maar het gaf me ook de kans om net als mijn moeder een beetje tot mezelf te komen. Ik had een eigen kamer met een roodbetegelde *stoep* ervoor; op deze *stoep* stond een tinnen kist die van India naar Engeland en daarna naar Afrika was meegereisd. Hij bevatte mijn moeders satijnen bruidsjurk. Die was vergeeld zoals een teint van kleur verandert en was voorzichtig in mousseline gewikkeld; er zat een doosje met liefdesbrieven bij dat in de plooien van de jurk zat weggestopt. Ik had de inhoud van al die hutkoffers en reiskisten doorzocht – op zoek naar een aanwijzing die zou leiden tot een beter begrip van ons merkwaardige gezin. In een van de kisten vond ik een foto van mijn naamgenote en grootmoeder Anne Webb die ik een dag of twee bij me hield tot ik haar gezicht uit mijn hoofd kende. Als ik haar ogen met mijn hand bedekte leek de rest van haar gezicht griezelig veel op dat van mijn moeder. Ook zij zag er zeer ongelukkig en futloos uit. Toen ik me haar gezicht had ingeprent glimlachte ik daarna veel, alsof ik daardoor zou kunnen ontsnappen aan de familieziekte, wat dat dan ook mocht zijn.

Mijn moeder nam in Gabs haar moederlijke rol iets meer op zich, met als resultaat dat ik me weer overdreven sterk aan haar hechtte. Ze gaf geweldige verjaarspartijtjes voor ons en omdat er meer kinderen waren kregen we meer en mooiere cadeaus. Een aantal van die verjaarscadeautjes gaf ik aan mijn moeder – zoals manicuursetjes en badschuim – dingen waarvan ik wist dat zij ze leuk vond. Ik koesterde altijd een beetje de hoop dat ze ze terug zou geven. Ik hoopte dat ze zou zeggen: Houd het zelf maar, liefje, het is voor jou. Ze deed het niet, maar in ieder geval kon ik ze altijd op haar kaptafel zien liggen. We hadden feesthoedjes op en we hadden confetti en ballonnen. Mpanda maakte heerlijke cake en kleine Engelse sandwiches zonder korst. Er waren saucijzenbroodjes, Cadbury-chocoladekoekjes en chips. Alle kinderen uit Gabs kwamen naar die partijtjes en dus werden alle bedienden opgetrommeld om sinaasappels doormidden te snijden, waarbij ze er een hengsel van de schil aan lieten zitten zodat het eruitzag als een oranje mandje. Nadat het vruchtvlees en de pitten waren verwijderd werden ze gevuld met gelatine. De mandjes oogstten alom bewondering.

Mijn moeders tevredenheid was van korte duur. Er was niet genoeg afleiding om die in stand te houden en voordat ik het wist was ze weer achter de klamboe verdwenen en bracht ze haar dagen slapend door, waarbij ze een regelmatig terugkerende hoofdpijn achter de hand had om haar afwezigheid te rechtvaardigen. Ik zag hoe ze dieper en dieper wegzakte en al snel zat ik zelf ook diep in de put. Gabs stimuleerde me veel minder, omdat er niets moois te bekennen viel: het was niets meer dan een lelijk klein dorp, neergestreken aan de hoofdweg bij de spoorlijn, vlak bij de grens met de Republiek. Ik had natuurlijk langzamerhand vrienden moeten maken, maar dat gebeurde niet. Ik was eenzaam als altijd – niet in staat spontaan contact te maken en niet bereid om genegenheid te riskeren; ik meed de mensen, bang dat ze iets over me te weten zouden komen als ik te dicht in de buurt kwam.

Ik herinner me dat ik in Gaborone ontdekte dat er zoiets als seks bestond en ik was van afschuw vervuld toen ik erachter kwam dat iedereen het deed, inclusief de koningin. De Afrikaanse vrouwen hadden kinderen van verschillende mannen: de mannen gingen de mijnen in en de vrouwen voedden de kinderen op met de hulp van hun moeders en zusters. Het leek mij wel een goede manier – een huis vol met kinderen, elk met een eigen vader die niet te lang bleef hangen. Mijn moeder gaf me een voorlichtingsboek, dat in feite ging over de reproductieve cyclus van kippen – goed genoeg om een en ander duidelijk te maken, denk ik. Het onderwerp werd niet meer ter sprake gebracht. Tegen die tijd had ik een grote afkeer van seks ontwikkeld en wilde er niets meer over horen. Ik kon mezelf er niet toe brengen erover na te denken en als de kinderen erover begonnen te praten ging ik onmiddellijk weg.

Een groepje jongens, die bijna allemaal uit hetzelfde gezin kwamen, begon hun seksualiteit tentoon te spreiden. De Cawoods vormden met z'n elven een bende en om zoveel kinderen te verklaren had het gezin niet eens het excuus dat het katholiek was. Een aantal kinderen uit het gezin moet getuige zijn geweest van de daad zelf, want ze wisten precies wat ze deden. Samen met een paar andere jongens namen ze een paar meisjes mee naar de platte rotsen, waar kleine schildpadden zwommen in de waterpoelen, en begonnen ze hen te betasten. Ik ging altijd graag naar de platte rotsformatie en zag ze daar vrolijk in hun blootje rondrennen; verward en walgend reed ik met halsbrekende snelheid op mijn fiets naar huis. Ik popelde om het mijn moeder te vertellen, om te verklappen wat daar aan de gang was. Zodra ik thuiskwam smeet ik mijn fiets in de modder bij de achterdeur en holde naar binnen om haar te zoeken. Wat is er in vredesnaam aan de hand? vroeg ze terwijl ze haar hand ophief alsof ze een aanval wilde afweren. Waarom ben je zo opgewonden? En kom niet zo dicht bij me, je transpireert en je bent helemaal stoffig. Ze trok zich terug in haar stoel en toen ik het hele verhaal eruit gooide zag ik haar gezicht vertrekken. Ze wilde het niet horen, ze wilde geen details weten en ze snoerde me zo snel mogelijk de mond. Ik wil niet dat je hierover nog praat, zei ze. Hoor je me? Geen woord meer. Ze ging verder met het lezen van haar tijdschrift, maar haar afwerende houding raakte me niet. Ik voelde me triomfantelijk. Ik had het zwijgen doorbroken en een misdaad aan de kaak gesteld. Ik had het gezegd. Toen ik de kamer verliet keek ik achterom en zag dat ze me nakeek. Er hing een vreemde, geladen spanning tussen ons, schuldbewust, bijna heimelijk; en toen keek ze met een ruk de andere kant op en ik deed hetzelfde.

Ze speelde de informatie door aan mijn vader. Hij vroeg me er niet naar, probeerde het voorval niet eens bij me te verifiëren, beschuldigde me er niet van dat ik het verzonnen had of dat ik loog, wat ik verwacht had. In plaats daarvan raakte hij helemaal door het dolle heen en stormde het huis van de Cawoods binnen, waar hij met zo'n morele verontwaardiging tegen meneer Cawood tekeerging dat de hele stad op zijn grondvesten schudde. Hij heeft er tegen mij nooit een woord over gezegd. Maar de gebeurtenis ontnam me elke kans op vriendschap in dat stadje. Ik was een misbaksel en een onderkruiper en niemand wilde daarna nog iets met me te maken hebben.

Maar toen kwam Mally in beeld. Ze was afkomstig uit een plaatsje waar één huis stond, Molepolole geloof ik, en logeerde zes maanden bij ons zodat ze naar juffrouw Kloppers school kon gaan. Ik was erg blij met haar. Haar aanwezigheid 's nachts in mijn slaapkamer betekende veiligheid en troost en we lagen samen te fluisteren nadat de elektriciteit om elf uur was afgesloten. Zolang Mally in mijn kamer was had ik geen nachtmerries. Het viel me op dat mijn vader Mally anders behandelde dan mij – misschien omdat ze geen buien en woedeaanvallen had; het was een blond, plomp meisje met ruwe wangen met kuiltjes erin, een ronde kin en een vriendelijk karakter. Ze giechelde veel. Mijn vader begon met Mally een spelletje te spelen dat elke avond plaatsvond wanneer we samen in bad waren geweest en onze pyjama aanhadden. Ze had een nachthemd met kleine zijsplitten. Deze splitten werden gedurende haar verblijf bij ons steeds groter omdat mijn vader haar achternazat in de lange gang van het huis in Gabs en omdat haar nachthemd scheurde tijdens het rennen. Ze gilde en giechelde tegelijkertijd en de splitten in het nachthemd scheurden steeds verder uit bij haar dijen totdat het zowat in tweeën was gescheurd. Hij achtervolgde haar en probeerde haar te grijpen met een stompzinnige, wellustige uitdrukking op zijn gezicht. Ik staarde hem dan onbegrijpend aan: wie was deze man in relatie tot mijn koele vader? Wie was hij als hij deze rare, onkarakteristieke dingen deed? Ik probeerde mezelf ervan te overtuigen dat hij niets met mij te maken had, dat we helemaal geen familie waren. Als ik geadopteerd zou zijn geweest zou hij mijn vader helemaal niet geweest zijn. Ik had een andere vader, ergens anders, een vader die je kon aankijken en voor wie je respect kon hebben.

Toen Mally weer vertrokken was verviel ons huishouden weer in de oude routine. Ik was 's avonds weer alleen in mijn slaapkamer en mijn angst voor het donker werd zo chronisch dat ik mijn nachtlampje weer aan mocht laten. Ik leed aan slapeloosheid en als ik erin slaagde in slaap te komen had ik nachtmerries – dezelfde nachtmerries als vroeger, een hand die een kussen op mijn gezicht drukte of me met een mes probeerde te vermoorden, gezichten die door mijn raam keken en handen die over de vensterbank heen en weer kropen. Ik begon te slaapwandelen en werd soms in opgekrulde houding wakker in de logeerkamer, of verborgen achter de stoel in de zitkamer, bij de gordijnen. Al snel was ik weer een wrak; elke avond wauwelde ik hardop 'The Child's Prayer' en was ervan overtuigd dat ik de ochtend niet zou halen.

Ik was elf, bijna twaalf toen mijn haat voor mijn vader voor het eerst goed tot me doordrong. Het intense gevoel hielp me om iets minder bang te zijn in zijn aanwezigheid. Maar nu ik wist hoezeer ik hem haatte werd ik nerveus, schrikachtig en haalde ik de gekste streken uit. Ik had voortdurend visioenen waarin ik een mes in hem stootte of hem doodschoot en voelde me dan krankzinnig en onbeheerst. Ik begreep totaal niet waarom ik me zo voelde maar ik had er geen controle over en al gauw leek deze gesteldheid me in haar macht te hebben.

Als ik in mijn huiswerk verdiept was of een beetje zat te dromen had mijn vader de gewoonte om me te besluipen en plotseling keihard aan mijn oor te trekken of er met zijn duim en wijsvinger een tik tegen te geven. Als ik me dan vliegensvlug omdraaide in het verlangen zijn gezicht open te krabben lachte hij en liep rustig de kamer uit. Hij deed zulke dingen ook bij mijn hond Jasper, een kleine maar stevige zwart-witte Schotse terriër, die het heerlijk vond om tegen de maan te janken. Soms, op een willekeurige middag, viel mijn vaders oog op de hond; dan tilde hij hem bij zijn voorpoten op, sprak hem toe in een raar soort hondentaaltje en smeet hem met grote kracht op zijn rug op de grond. Hij bekeek Jasper terwijl die jankend en kronkelend aan zijn voeten lag, hulpeloos en vernederd als een tor, en dan wandelde hij weg met een afwezige blik in zijn ogen.

Als ik 's nachts slapeloos in het donker lag, begon ik de moord op mijn vader te beramen. Er waren twee mogelijke wapens: het dubbelloops olifantengeweer, dat een enorme ravage zou aanrichten, of het keukenmes. De moordfantasie werd steeds sterker en al snel werden mijn gedachten er ook overdag door in beslag genomen. Ik zat eraan te denken als we met z'n allen rond de eettafel zaten en uitgebreide maaltijden verorberden in de smorende middaghitte. Mijn vader at heel snel; hij schoof het voedsel in zijn mond zonder het te proeven. Zijn tafelmanieren waren barbaars en onbeschoft. Als hij klaar was gooide hij zijn gesteven en gestreken witte servet zo op het vuile bord en stond op van tafel. Op die momenten wilde ik hem te lijf gaan, maar iets waarschuwde me dat het nog niet zover was. Ik had nog niet voldoende moed verzameld om hem te vermoorden, maar ondertussen trok ik een glazen muur om me heen op en al spoedig had ik mezelf zo volledig afgeschermd dat ik hem niet meer zag en hem niet hoorde als hij sprak. Ik werd er zo bedreven in hem uit te vlakken dat ik hem op een avond niet hoorde toen we in de eetkamer zaten en wachtten tot het diner zou worden opgediend.

Mijn ouders kleedden zich altijd voor het diner; ze verschenen fris en welriekend aan tafel voor het etensritueel en namen hun positie in, elk aan een hoofd van de tafel, tegenover elkaar, gescheiden door een scherm van bestek, glanzend zilver en kristal. Ik zat zwijgend in het midden, maar eigenlijk was ik volkomen afwezig. Dus keerde ik met een schok terug tot de werkelijkheid toen mijn vaders harde en kwade stem eindelijk tot me doordrong. Ik keek hem wazig aan; ik had niet gehoord wat hij had gezegd. Ik kwam bij mijn positieven en hoorde hem snauwen: Ga naar je kamer en probeer kleren te vinden waarin je er minder afstotelijk uitziet. De atmosfeer bekoelde. Mijn moeder zei: Ga maar gauw, kindje. Laat het eten niet koud worden. We zaten in die tijd maar met z'n drieën aan tafel: Angela was op school en Susan kreeg eerder te eten in de keuken. Hij begon te brullen: Kijk me aan als ik tegen je praat, jij stom rund! Ik bewoog me niet; ik haalde nauwelijks adem. Hij sloeg met zijn vuist op de tafel, die omhoogwipte. Mijn moeder schrok. Ze begon haar mond te deppen met haar servet, waarbij haar knalrode lipstick fel afstak tegen het witte linnen. Ik hield mijn ogen op het servet gericht, dat ze in een gebaar van overgave op de tafel liet vallen.

Hij sprong op terwijl hij me uitfoeterde, klemde razendsnel mijn kaak tussen zijn duim en wijsvinger en draaide mijn hoofd in zijn richting. Ik zei dat je me moet aankijken als ik tegen je spreek! Mijn moeder deinsde terug in haar stoel en fluisterde: De bedienden... moet dat nou?... Kunnen we niet gewoon rustig eten? Vanaf mijn vastgepinde positie bleef ik hem aanstaren tot hij me een dreun gaf en ik op de vloer viel.

Ik was nog steeds te bang om hem rechtstreeks aan te vallen, te bang dat hij mij eerst zou vermoorden, dus in plaats daarvan begon ik mijn kleine zusje te martelen. Ik was bijna twaalf, wat betekende dat Susan bijna zes was – dezelfde leeftijd die ik had in Swaziland – en misschien knapte er daardoor iets bij me, sloegen de stoppen bij mij door omdat ik besefte dat zij net zo oud was als ik geweest was toen mijn leven in elkaar was gestort. Tot op dat moment had ik normaal met haar gespeeld: ik duwde haar op de schommel, leerde haar zich met haar benen af te zetten, liet haar zien hoe je net als Angela en ik huisjes kon bouwen aan de voet van de bomen, verlaagde mezelf ertoe moddertaartjes met haar te maken. Langzamerhand veranderden de spelletjes. In het begin plaagde ik haar alleen maar, maar het werd zo erg dat ik haar aan het huilen maakte en al snel jammerde ze dat ik haar terug naar huis moest laten gaan om Elizabeth te zoeken. Ik liet haar niet gaan. In plaats daarvan nam ik haar mee naar een groepje sinaasappelbomen en dwong haar haar kleren uit te trekken. Toen ze begon te huilen en probeerde te weigeren sloeg ik haar. Ze maakte me razend door een handvol aarde te pakken en het in mijn gezicht te gooien. Het kwam in mijn ogen en ik verloor bijna mijn zelfbeheersing: voor mijn geestesoog zag ik mezelf aarde in haar mond proppen tot ze erin stikte, maar het beeld beangstigde me zo dat ik stopte. Toen bedacht ik iets anders. Ik zag het levensecht voor me en kon het beeld niet meer loslaten. Ik raapte een stok op. Zie je die, zei ik met een Schots accent, ik ga hem keihard tussen je benen rammen net zolang tot hij door je smoel naar buiten komt. Ze keek naar me op, met opgezwollen gezicht en open mond, en de doodsangst in haar ogen bracht me met een schok bij mijn positieven. Ik werd weer normaal. Ik begreep niet wat er gebeurd was. Ik wist niet wie ik was – was ík dat die met een Schots accent had gesproken? Of bestond er nog een andere ik? Of was het een krankzinnig meisje, dat op de een of andere manier mijn kleren had aangetrokken? Ik hielp Susan zich weer aan te kleden en maakte haar gezicht schoon. Ik hoefde haar niet te zeggen dat ze me niet mocht verklikken. Ze wist wel beter. Ik wist alleen dat ik in grote problemen zat en dat ik iemand zou ombrengen als ik niet door iets of iemand zou worden tegengehouden.

Zeven

Als je Gaborone via de hoofdweg in zuidelijke richting rijdt kom je bij twee witte gewelfde muren, waartussen een vee-spoor loopt en waar een bord staat met BONNINGTON erop. Verderop loopt een lange zandweg die naar een L-vormig huis leidt. Aan je rechterhand rijzen grote graansilo's op als torens, die uitkijken over een verdord en troosteloos land-schap. De silo's wasemen vreemde doordringende geuren uit: zuur bier en gist met een vleugje rottende bloemen. Knorrende varkens zoeken naar voedsel in hokken naast de silo's. Voor het huis ligt een rechthoekig stuk gras, dat aan de ene kant abrupt ophoudt bij een lage muur, die bedekt is met bougainville, en aan de andere kant bij een smalle ve-randa die over de lengte van het huis loopt. De tuinsproei-ers staan aan en je kunt op het gazon een paar diepe voet-afdrukken zien waar iemand op blote voeten de sproeiers heeft verplaatst. Bruine en goudkleurige schildpadden kui-eren door de borders die volstaan met Oost-Indische kers, margrieten, dieprode geraniums en wat blauwe tuberozen. In de verte staan moerbeibomen, er ligt een tennisbaan en daarachter strekken de velden zich uit, die met elkaar ver-bonden zijn door lange slingerende paden.

Als je daar een stukje gaat wandelen kom je bij een dam in het bruine water met in het midden een groepje bomen, waar wilde vogels broeden. Jongetjes plonzen van de rotsen af in het water met hun knieën tegen hun borst geklemd of trekken met hun stokken sporen in het zand onder de wilgen die rond de dam staan. Vlakbij vind je een grote kraal die is omgeven door heggen van doornstruiken om het vee binnen en de hyena's buiten te houden. Binnen deze muren, die wegwaaien bij een zandstorm, biedt een rommelig dorpje met strooien hutten en stenen bouwsels onderdak aan mensen. De vrouwen stampen de *mealies* onder de doornstruiken en drinken hete, zoete thee terwijl hun baby's slapen op hun rug. Een jongen blaast op een fluitje en woelt met zijn voeten in het zand. Strontvliegen vervoeren grote ladingen en vliegen onverschrokken heen en weer tussen de geitenhoeven. Kippen klauwen de gebarsten aarde open in de hoop iets eetbaars te vinden en de hanen kraaien de hele dag door.

Dit is de boerderij van le Cordeur, of in ieder geval zag het er zo uit toen ik er kwam. Het was niet ver rijden van Gabs, maar als je er eenmaal was voelde alles wilder en droger aan. Zodra je de Engelse enclave met zijn straten en beschaafde tuinen achter je liet, bevond je je weer in de wildernis en de boerderij van le Cordeur lag daar als een oase middenin. Het leek op Maun, maar zonder rivier. Elke morgen schoot de zon de lucht in en bleef daar dreigend hangen, overal was zand, de insecten zoemden onophoudelijk, klagend, en er was geen zuchtje wind. Vaak sloegen de droogtes toe, het water moest worden opgeslagen in reservoirs en tanks en je moest er zuinig mee omgaan. Als de regens kwamen was de aarde de volgende dag overdekt met wilde bloemen en waren we allemaal door het dolle, zwart en blank; we schreeuwden het uit van blijdschap, we hadden grote pret, we vingen de regendruppels op onze tong. Als het onweerde vlogen de Afrikaners onder hun bed en verstopten zich daar tot het voorbij was en als je binnen zat luisterde je naar de slagregen die zo hard op het golfplaten dak neerkwam dat het leek of er een dronkenman boven je hoofd heen en weer stommelde.

En dan te bedenken dat we misschien nooit op de boerderij terecht waren gekomen als Angela niet zoveel problemen had gehad in het klooster van Mafeking. De nonnen maakten het haar moeilijk. Ze vonden het onbegrijpelijk dat een Iers katholiek meisje niets van de katholieke Kerk wilde weten. Angela weigerde pertinent om naar de mis te gaan, te biechten of het heilig vormsel aan te nemen en de nonnen waren vastbesloten haar weerstand te breken en haar weer in het gareel te krijgen. Ze zaten haar op haar huid en intimideerden haar, dreigden met hel en verdoemenis en legden rozenkransen op haar neer als ze sliep. Angela kon niet tot andere gedachten worden gebracht: het was haar wil tegen die van hen en ze gaf niet toe. Mijn moeder was woedend op haar en mijn vader kon wel met haar meevoelen, maar het ging de verkeerde kant op. Het leek onvermijdelijk dat ze uit het klooster geschopt zou worden.

Volgens mij was de vriendschap tussen onze ouders en de le Cordeurs – die een goede kostschool wisten in Johannesburg – terug te voeren tot dit probleem van Angela met het klooster. Ik kan me geen andere reden voor die vriendschap voorstellen. De le Cordeurs waren niet het soort mensen dat mijn ouders aansprak – niet Ons Soort Mensen, zei mijn moeder ferm. Het waren boeren, afstammelingen van de hugenoten die in de zeventiende eeuw vanaf de Kaap landinwaarts waren getrokken om aan de Engelsen te ontkomen. Deze vroege hugenoten trouwden met Hollandse kolonisten en verhuisden naar de buik van Zuid-Afrika, waar ze boerderijen en kerken vestigden in het land waarvan ze intens hielden. Dat deze mensen zich zo thuis voelden in Afrika was voor de Engelsen onbegrijpelijk, die Engeland met zich meesleepten waarheen ze ook gingen. Voor mijn vader en moeder vormden de le Cordeurs dus een mysterie waarin ze zich niet wensten te verdiepen.

Toen we ons eerste bezoek aan de boerderij brachten en mijn moeder een snelle blik had geworpen in wat zij de zitkamer noemde, snoof ze en trok haar neus op. Erg Hollands, zei ze, maar ze vond het helemaal geen probleem om ons een paar maanden bij de familie le Cordeur te stallen terwijl zij en mijn vader met Susan op een Union Castle-schip naar huis voeren. We hebben meermaals in de zomervakantie op de boerderij gelogeerd, maar die eerste keer veranderde mijn leven. Op het moment dat ik mijn koffer uit de auto pakte en mijn ouders zag wegrijden, achtervolgd door een roedel schurftige, grauwende honden, wist ik dat ik een veilig toevluchtsoord had bereikt. Rena le Cordeur omhelsde en kuste ons. Angela ging er meteen vandoor met Myfanwy, die een jaar of vijftien was, en ik bleef achter bij Rena. Ze keek me vorsend aan en nam me bij de hand het huis in. Meer had ik niet nodig: als ik had gekund had ik me op datzelfde moment op haar schoot genesteld en me niet meer verroerd.

Ze bracht me naar een donkere, koele kamer met zware stoelen, dikke gordijnen en een piano. Alles in de kamer straalde ernst uit. Het was er een beetje benauwd, de gordijnen hielden de zon en het licht grotendeels tegen, en er lagen wollen kleden op de vloer. Het rook er naar bijenwas. Het meubilair kwam me onbekend voor. Er stonden geen met chintz beklede stoelen en Queen Anne-tafels; er hingen geen opgezette dieren aan de muur en er lagen geen huiden op de vloer. Het had meer weg van een ontvangstkamer die zelden werd gebruikt. Rena leidde me naar de foto's van haar kinderen die uitgestald stonden op de pianoklep. Ze vertelde me het een en ander over de oudste twee meisjes, die niet meer thuis woonden, en toen over al die jaren die ze had gewacht op een zoon. Na mijn vier meisjes, zei ze, kreeg ik een zoon en we noemden hem Danny-boy. Hij was precies de zoon die ik wilde, hij had rood haar en sproeten. Rena was lang, met slanke armen en benen, maar ze had een vrouwelijk figuur met aangenaam zware borsten en heupen. Ze had bruin, krullend haar, donkere ogen en een olijfkleurige huid. Toen ze me over haar kinderen vertelde had ik het gevoel dat ook ik haar kind zou kunnen zijn. Haar hart was groot genoeg om me op te nemen en ze wist wat het betekende moeder te zijn. Ze had de vormen van een moeder en de glimlach van een moeder. Bij de gedachte alleen al dat ik misschien een echte moeder had ontdekt – niet de rivier, niet de wildernis – maar een menselijke moeder, voelde ik me al veel rustiger.

Vanuit de keuken, waarvan de deur halfopen stond naar het erf, kon ik Afrikaners horen lachen. In de oven stond wildbraad langzaam gaar te worden en de vleesgeuren vermengden zich met de tere, aromatische geur van het buitenleven. Zit er rozemarijn op het vlees? vroeg ik haar. Ah, zei ze verrukt, je kunt al koken. Ik doe er altijd rozemarijn op en een laurierblaadje. Mijn moeder heeft rozemarijn, legde ik uit, in onze tuin. Aha, zei ze, heeft je moeder je leren koken? Nee, zei ik terwijl ik mijn blik afwendde, ik heb het van mijn zusje geleerd. Uit een radio klonk Afrikaanse muziek die bij ons thuis nooit getolereerd zou worden. Ik keek om het hoekje de keuken in, de vrouwen keken op, glimlachten me toe en gingen weer aan het werk. Er waren geen huisjongens op de boerderij, alleen Damara-vrouwen die in de keuken werkten. Ze waren zo opvallend als pauwen in hun katoenen, Victoriaanse jurken met strakke lijfjes en wijde, gelaagde rode, blauwe en gele zwaaiende rokken. Ze waren een eeuw geleden, in de tijd van de Duitse overheersing, uit Namibië gekomen en droegen nog steeds de kleding van hun onderdrukkers. Ze waren hard aan het werk in die keuken en zagen eruit alsof ze zo uit een ander tijdperk waren gestapt. Ze hadden mooie en serene gezichten en ingewikkeld gevouwen *doeks* op hun hoofd, die waren vastgezet met grote, glinsterende broches.

Kom, zei Rena, je leert ze wel kennen en ze verzinnen wel een naam voor je. We liepen samen een lange gang door waar de ene na de andere kamer op uitkwam – langs de slaapkamer van Rena en Dan le Cordeur, langs een ander slaapkamertje naar een lange slaapzaal, waar vier lage bedden op een rij stonden. Naast elk bed stond een ladekast met een gehaakte onderlegger in het midden van het lichte hout. Je zag de lucht en het zonlicht door smalle, hoge ramen, waardoor er blauwe vierkantjes op de witte muren werden geprojecteerd. Het huis was gewoon opgebouwd uit een lange stoet kamers die met elkaar waren verbonden door een gang en het leek op een pakhuis, wat het ook ooit geweest was. De poot van de L was er later aangebouwd – om de naam van de bewoners eer aan te doen en om geluk te brengen.

Vanaf de eerste dag leek het me toe dat Rena mijn wonden verzorgde. In het begin kon ik haar vriendelijkheid en zelfs haar zachte stem moeilijk verwerken en om haar te waarschuwen flapte ik eruit dat ik een slecht kind was, of zei ik zwakjes dat ik de cadeautjes niet verdiende waarmee ze me overstelpte: een doosje van zeeschelpen, een smalle ivoren armband, een kleine gouden koe met een groen oog. Ze draaide zich naar me om met een niet-begrijpende blik in haar ogen en zei: Maar hoe kan er een kind bestaan dat slecht is?

Het was lunchtijd en ze sloot de winkel voor een uur af en kwam terug om te kijken of ik me in het huis een beetje vermaakte. We stonden samen in de keuken en ze maakte een sandwich voor me klaar van dik zelfgebakken witbrood, rijkelijk besmeerd met boter en chutney. Ze observeerde me terwijl ze er plakken koud wild, uienringen en komkommer op legde. Ik stond naast haar en voelde me een beetje ongemakkelijk. Ze liet de bedienden altijd naar hun huis in de kraal gaan om te lunchen en de grote keuken leek erg stil zonder hen. De zware, ouderwetse oven straalde enorm veel hitte uit. Wij tweeën waren de enigen die thuis waren. De drie meisjes – Myfanwy, Angela en Vyvyan, die van mijn leeftijd was, waren met Dan le Cordeur op het land. Ik had besloten achter te blijven. Ik wilde zelfs niet met Rena mee naar de winkel toen ze het vroeg. Ga zitten, zei ze, je bent de hele ochtend hier alleen geweest. Waarom ben je niet met de anderen meegegaan? Ik heb het nodig om alleen te zijn, zei ik. Ze knikte maar zei niets. Ik ben niet gewend om met mensen om te gaan, zei ik voordat ik mijn gezicht diep in de sandwich begroef. Ja, zei ze vriendelijk, maar je raakt wel aan ons gewend, maak je maar geen zorgen.

Ik kon er niet aan wennen dat er zoveel mensen om me heen waren. Ik wist niet zo goed hoe ik me moest opstellen ten opzichte van Vyvyan, die best wel rustig en lief was, maar iemand als Myfanwy, haar oudere zusje, had ik nog nooit gezien. Ze was donker, mooi en zeer indrukwekkend. 's Morgens deed ze een bh om haar middel, deed de bandjes over haar schouder, leunde voorover en duwde haar grote borsten in de cups. Het feit dat ze zich zo op haar gemak voelde met haar lichaam schrok me af. Haar sterke, heldere stem, haar lach en haar grote zelfvertrouwen waren overweldigend. Ik bekeek haar met open mond. Ze kon met een geweer schieten, met een tractor of met welke truck dan ook rijden, in het gras rollen met de honden, het vee brandmerken en castreren en ze kon alles net zo goed als haar vader. Ze was als een zoon voor hem, zonder op welke manier dan ook mannelijk te zijn.

Vergeleken bij Myfanwy viel de echte zoon van het gezin in het niet. Danny-boy – de lang verwachte en zeer beminde zoon van zijn moeder – was klein voor zijn leeftijd en heel stil. Hij leek te vertoeven in een droomwereld en hij hield zich van ons afzijdig. Ik kan hem in mijn geheugen moeilijk terugvinden, alsof hij zich aan de rand van ons leven bevond, uit het zicht. Hij vertoonde geen enkele gelijkenis met de overige gezinsleden en hij paste er emotioneel niet bij: hij was introvert en op zijn hoede, hij leefde in zijn eigen wereld en leek bang te zijn voor zijn vader. Ik vond de manier waarop Dan met hem omsprong niet zo prettig; je kreeg de indruk dat hij probeerde de jongen de grond in te boren. Toen Rena en ik in de keuken bezig waren wist ze niet waar Danny-boy was en dat verbaasde me. O, dat zit wel goed, zei ze, hij gaat vaak een tijdje de wildernis in. Hij gaat niet graag naar het land, hij houdt niet van het brandmerken en castreren – dat zijn ze vandaag aan het doen. Hij gaat ervandoor vlak voordat zijn vader met de vrachtauto opduikt om de anderen te halen. We zijn er langzamerhand aan gewend.

Ze richtte haar blik op mijn afgeknipte haar. Vind je het leuk, zo kort? vroeg ze. Haar dochters hadden haar dat tot hun middel reikte. Vyvyan had lang blond haar, dat ze elke ochtend naar voren zwiepte en in twee minuten vlocht. Mijn moeder wil mijn haar kort hebben, zei ik zenuwachtig, ze vindt het niet goed dat we ons haar laten groeien. Knipt ze het zelf? vroeg ze, terwijl ze aan de punten voelde en daarna met haar hand over mijn achterhoofd aaide. Als je hier bij ons bent, zei ze langzaam, moet ik dan je haar zo laten zitten, want ik ben niet zo goed in haarknippen? Ze keek me aan en ik ging er meteen op in. O, nee, nu ik hier ben kan ik het beter laten groeien. Ze knikte. Nou, goed dan, als dat je besluit is zullen we het iedere ochtend en avond moeten borstelen om te voorkomen dat het gaat klitten. Kijk eens hoe fijn en mooi je haar is, glimlachte ze. Het heeft alleen nog nooit de kans gekregen om tot uiting te komen. En, zei ze, ongetwijfeld omdat ze rook dat ik stonk als een bunzing, ik heb nog wat dennenolie. Waarom ga je niet heerlijk in bad nu je het huis voor jezelf hebt, en gooi je er lekker veel olie in?

Ik wilde alleen maar bij Rena zijn. Als ik bij haar was leek ze me dicht tegen zich aan te trekken en over me te waken. Ik liep elke dag met haar mee het slordige pad af, dat werd geflankeerd door doornbosjes en jonge acaciabomen en dan deden we samen de winkel open. De winkel had een lage *stoep* met uitzicht op de hoofdweg waar de Afrikaners op haar zaten te wachten met hun kinderen en bundels spullen. Als de Afrikaners eenmaal in de winkel waren bleven ze er uren hangen, uit de zon en omgeven door spullen die ze dolgraag zouden willen bezitten. Ze betastten en vergeleken de balen heldere katoen, rolden de stof als tabak tussen hun vingers, pakten de zware dekens en potten en pannen en bestudeerden die zorgvuldig. Ze wilden kijken, aanraken en bewonderen. De vloer was bijna helemaal bedekt met zakken maïsmeel, pinda's, suiker en poedermelk. Aan het plafond hingen fietsbanden, emmers en wasborden. Kinderen

holden in en uit en gluurden naar de potten snoep in de eta-
lage. De dagen duurden lang en aan het eind van de dag zag
Rena er moe uit en had ze donkere kringen om haar ogen.
Waarom moet je hier elke dag werken? vroeg ik haar. Omdat de winkel anders in een mum van tijd zou zijn leegge-
roofd: mensen die niets hebben, stelen. Ja, dat zou ik ook
doen.

Ik zat naast haar in de hoek terwijl zij aan het breien was.
Ze had een bol witte wol die ze in een kleine katoenen tas
bewaarde. Haar vingers gleden met grote snelheid over de
tikkende naalden en af en toe hield ze even op en strooide
wat Johnson's Babypoeder op haar vingers. Dit ritueel hield
de vliegen op een afstand, het stof dat zich op elk oppervlak
afzette, het lawaai, de stank en de dagelijkse verveling. Ik had
die dag een hele tijd op mijn krukje in de hoek bij haar gezeten en we hadden beiden niet veel gezegd – zo zwaar was
de dag, zo slaapverwekkend waren de droge hitte en de muf-
heid van de winkel – toen ik het er plotseling uit gooide, kijkend naar haar zachte huid en haar ontspannen gezicht. Ik
wou maar dat jij mijn moeder was, zei ik met gesmoorde
stem. Ze keek niet op van haar breiwerk maar glimlachte een
beetje en zei met haar trage, zachte stem: Hoezo, je hebt toch
juist zo'n leuk moedertje? De manier waarop ze het zei en
waarop ze naar me lachte, zo onvoorwaardelijk dat het overkwam alsof ze me vergaf, maakte de enormiteit van mijn
verraad iets minder.

Op een dag parkeerde er een blanke man voor de deur en
kwam de winkel binnen. Dat zal Willie Swart wel zijn, zei ze
zonder op te kijken. Ik keek hem nieuwsgierig aan. Blanken
kwamen alleen in de winkel als ze vreemdelingen waren die
de weg kwamen vragen. Hoe gaat het, missus? zei hij in het
Afrikaans tegen Rena. Aan de vorm van zijn hoofd kon je

zien dat hij Afrikaans was: het was plat aan de bovenkant en zijn kaak was smal en stak vooruit. Mijn vader beweerde altijd dat deze vorm aangaf dat de hersenen erg klein waren. Hij had kleine, ongelukkig kijkende ogen, omringd door diepe rimpels, en zijn huid was erg donker en droog. Hij begon te klagen – over de zwarten, en de Engelsen – over het uitblijven van de regen, over het feit dat hij geen voer had voor zijn koeien en toen hij eenmaal begon leek hij niet meer te kunnen stoppen.

Rena informeerde naar zijn vrouw. Hoe is het met Bunny? vroeg ze, ik ben al een tijdje van plan om haar eens op te zoeken. Als ze thuis is ga ik vandaag even langs. Ze is thuis, snauwde hij, ze is altijd thuis. Rena vroeg of hij iets nodig had uit de winkel en hij ratelde zijn lijstje af en vroeg haar toen om het op de lat te schrijven. Ze schudde haar hoofd. Er staat nog een heel bedrag open, Willie. Hij begon zich op te winden. Moet je horen, man, ik betaal je eind van de week, zowaar als ik hier sta. Ik ga een paar koeien verkopen. Ik kan het geld ieder moment binnenkrijgen. Rena keek hem beschaamd en tegelijkertijd medelijdend aan en wendde haar blik af. Op scherpe toon zei ze tegen de zwarte man die stond te luisteren: Schiet op, zet de spullen van de baas in zijn jeep. De zwarte man glimlachte spottend en begon op zijn dooie gemak de spullen bij elkaar te rapen.

Later op die dag, toen het wat koeler was, gingen we Willie Swarts vrouw opzoeken. Ik wilde graag mee omdat ik hun zoon, Dawie Swart, kende. Hij had met mij in Gabs bij juffrouw Klopper in de klas gezeten en woonde bij haar in omdat het bij hem thuis zo'n puinhoop was. Ik had er wel iets over gehoord maar kende de details niet. Hij was de jongen die me mijn eerste bos bloemen had gegeven, maar hij sprak nooit, ofschoon ik wist dat hij wel kon praten. Rena nam het *bakkie*, we reden een eindje de wildernis in en toen via een hobbelige weg naar een roestig hek. Nadat ik het hek had opengedaan kwamen we op een pad vol wielsporen dat overwoekerd was met onkruid en zwarte eiken. Aan het eind van het zandpad stond een eenzame boerderij waar mealies werden verbouwd en waar wat vee stond. Er was bijna geen vee meer over, er stonden nog maar een paar broodmagere koeien. We konden zien dat de mealies aan de ene kant van het huis werden overwoekerd en verstikt door onkruid; het zag er onvolgroeid en klein uit en zou waarschijnlijk tot niets leiden. De paar kippen die nog niet waren gestolen renden kakelend in het rond. Een dode klimplant hing met zijn bruine slierten langs de ramen van een vervallen huis met een verveloze *stoep* ervoor. Een paar wilde honden begonnen naar ons te grommen maar gingen ervandoor toen ik een steen naar ze gooide. Uit een van de open ramen kwam pianomuziek, die klagelijk en verdrietig klonk. Ze speelt de hele dag piano, zei Rena. We gaan even naar binnen, maar je moet niet bang zijn. Ze is Dawies moeder en ze is niet in orde. Dat weet ik, zei ik, ze zeggen dat ze krankzinnig is. Ja, ach, de mensen zeggen zoveel, zei Rena bedachtzaam, maar we kunnen iemands denkwereld niet beoordelen of hoe ze door hun leed zijn veranderd.

Rena riep een paar keer maar er kwam niemand, dus pakte ze mijn hand, we duwden de halfvergane hordeur open en liepen in de richting van de muziek. Mevrouw Swart, of Bunny – waarvan ik wist dat het een Engelse naam was – zat op een kruk voor een vleugel. De klep van de vleugel werd opengehouden door een tak van een mopaniboom. Er zat een vrouw in een smerige, donkere jurk over de toetsen gebogen; ze zwaaide een beetje heen en weer en hield haar hoofd schuin. Wij stonden in de deuropening naar haar te kijken en ik zag dat de muren op instorten stonden en dat er overal bergjes keutels lagen. Er was zand naar binnen gewaaid dat zachte hoopjes in de hoeken vormde en hier en daar lagen pluizige bosjes doornstruik. Rena boog zich naar me toe en fluisterde: Ze speelde vroeger in de kerk en op kinderpartijtjes, maar nadat het voor het eerst gebeurd was kon ze dat niet meer en toen het alsmaar doorging kon ze geen mensen meer om zich heen hebben en daarna kwam er niemand meer. Na wat? siste ik. Rena leek me niet gehoord te hebben. Ik denk dat ze speelt om zich hier in leven te houden terwijl de wildernis oprukt, de mealie afsterft in het zand en de doornstruiken bij de weg steeds hoger worden. Willie komt hier niet meer; er komt helemaal niemand meer. Rena praatte over de vrouw alsof die haar niet kon horen, alsof ze niet bestond, en dat zat me dwars.

De vrouw aan de piano draaide zich om. Rena hield mijn arm vast, bijna alsof ze me een beetje op afstand wilde houden, achter zich, terwijl ze zelf dichter bij de vrouw kwam en haar geruststellend toesprak. Het is in orde, Bunny, we komen gewoon even langs, maak je niet ongerust. Bunny leek het niet te horen. Haar haar moest eens net zo blond als dat van mijn moeder geweest zijn, maar nu liepen er witte strepen door en het was pluizig en dun. Haar huid was vaal en haar ogen leken op de ogen van een heel oude zwarte man die ik een keer had gezien, kleurloos en blind. De blik in haar ogen was vreselijk eenzaam en verslagen, maar toen ze sprak bleek ze een Engelse stem te hebben, verfijnd, met een opgewekte toon en muzikaal. Wat aardig van jullie om te komen, zei ze. Willen jullie niet gaan zitten? Toen we om ons heen keken – er was niets waarop je kon zitten – stond ze op en bood ons haar pianokruk aan. Ik vloog naar buiten terwijl mijn hart tegen mijn ribben bonkte en mijn hoofd tolde. Haar lege blik die duizend kilometer de verte in staarde was meer dan ik kon verdragen.

Toen Rena uit het huis naar buiten de zon in kwam zat ik in de truck en staarde uit het raam. Ze bleef even zitten voordat ze het contactsleuteltje omdraaide. Schrok je van haar? vroeg ze me terwijl ze zachtjes over mijn arm wreef. Ik knikte. Het spijt me, zei ze, ik besefte niet dat ze zo achteruit was gegaan. Haar stem klonk effen en definitief. Ik aarzelde een volle minuut voordat ik haar vroeg: Ziet een Engelse krankzinnige er zo uit? Ik hield mijn blik op haar gericht terwijl ze de vraag overdacht. Wat denk je dat krankzinnigheid betekent? Denk je dat er een bepaald uiterlijk bij hoort? Ik kon haar geen antwoord geven, ik had eigenlijk geen idee; ik wist alleen dat ik doodsbang was.

Toen we het hek door waren gereden en de vergane klimplanten en de haveloze stoep achter ons hadden gelaten kwamen we bij de kraal waar Willie Swarts arbeiders woonden met hun gezinnen. De honden blaften en renden achter onze truck aan en een paar Afrikaners richtten hun hoofd op en keken ons met uitdrukkingsloze gezichten na. Een groepje *piccanins* rende zwaaiend en schreeuwend achter de truck aan. Geschokt zag ik dat een van de kinderen blank was en even daarna zag ik nog een blank kind, een klein meisje dit keer, met de zwarte kinderen meerennen. Hé, zei ik tegen Rena terwijl ik krampachtig mijn hoofd omdraaide om achterom te kijken, er zijn ook blanke kinderen bij. Nee, zei ze, het zijn geen blanke kinderen. Ik keek nog een keer. Ze zagen er niet uit als de albino's die zich in de *koppies* verborgen hielden en die werden gestenigd als ze het dorp durfden in te gaan. Die had ik weleens gezien. Dit waren blanke kinderen. Maar, protesteerde ik, ze zijn net zo blank als ik. Nee, zei ze, ze zijn niet blank. Ze zijn niks. Ik draaide me naar haar toe en staarde haar aan. Hoe kan er een kind bestaan dat niks is? vroeg ik haar. Ze keek eerst omlaag en wendde toen haar gezicht af om te verbergen dat ze een kleur had gekregen.

Ze moest vaart minderen omdat de weg vol met diepe kuilen zat. De hollende kinderen waren ons nu dichter genaderd en een van hen, een jongetje van een jaar of acht, rende een eindje mee naast de truck en bleef toen staan; zijn gezicht was vertrokken van haat, hij raapte een steen op en gooide die met een woest gebaar naar de truck. De steen raakte de truck aan mijn kant met een holle dreun. Rena bleef doorrijden maar haar mond en kaak verstijfden. We zeiden niets. We reden door, langs een andere kraal waar zich een vredig avondritueel afspeelde. De kinderen brachten de koeien en geiten binnen, er brandden vuren en de zon zakte lager aan de hemel. Willie Swart is alcoholist, zei Rena op een toon alsof dat alles verklaarde. Toen ik haar bleef aankijken zei ze: Die kinderen zijn van hem. Hij slaapt met Kaffervrouwen.

Acht

Om de een of andere reden vond Dan le Cordeur mij wel leuk. Hij werkte Angela vrijwel meteen op de zenuwen, maar hij had een bepaalde energie die mij aansprak – en bovendien deed hij aardig tegen me. Hij moedigde me aan om met hem mee te gaan naar het land en de boerderij te bekijken, elke keer dat ik me kon losrukken van Rena. Hij noemde me groen oogies. Op een dag, meiske, zei hij, zullen die groene ogen van je jongemannen tot wanhoop drijven – kijk maar uit, hè? Als ik naast hem in de truck zat vertelde hij me hoe hij de boerderij vanaf de grond had opgebouwd – hij had geploegd en geplant, vee gekocht, opgefokt en vervolgens weer verkocht, zodat hij langzaam een goede kudde kon opbouwen. Dit is het enige stuk land, zei hij, alleen dit kleine strookje aan deze kant, dat iets waard is, verder krijg je hier niets aan het groeien. Ik heb het allemaal met veel moeite voor elkaar gekregen, echt waar, en om zover te komen heb ik dingen moeten doen die ik liever niet aan je vader en zijn rooinekken zou vertellen. Ag nee, dan zou ik grote moeilijkheden krijgen. Hij kneep zijn ogen toe en keek me aan. Er is geld in andere handen overgegaan, zei hij, op zijn hoede, en er gebeurde nog meer. Ik kon zien dat hij mijn vader en zijn soort niet mocht. Hij wilde in zijn eigen domein precies doen waar hij zin in had en was niet van plan zich te storen aan welke Engelse beperkingen en regeltjes dan ook.

In het begin dacht ik dat hier niets zou kunnen groeien, zei hij, en de runderen die ik kon bemachtigen waren waardeloos. Gedurende die eerste jaren, ik zweer het je, je kon het niet eens armoede noemen; we zaten in hetzelfde schuitje als de Kaffers. Er stond niets in het huis dus sliepen we op de vloer, ja, ik lieg er geen woord van, we bezaten niets. Ik had slechts één hemd en een vrouw die altijd probeerde me dat afhandig te maken zodat ze het aan iemand anders kon geven. Ik zeg je, ik zou niet graag naar die tijd terugkeren. De Kaffers waren brutaal en lui; we ploegden het land met zo'n antiek geval dat werd getrokken door ossen – ja, net als vroeger. Hij lachte. Als ik tegenwoordig over die tijd vertel gelooft niemand me. Ik denk niet dat we het gered hadden, God is mijn getuige, we hadden het nooit voor elkaar gekregen zonder mijn engel, we waren die tijd niet doorgekomen zonder Rena. Ze werkte net zo hard als ik, zat op haar knieën in het zand om de eerste mealies te planten terwijl ze God smeekte de droogte te laten ophouden en ze was ook nog zwanger, ja, die baby's bleven maar komen en ze bleef gewoon met me meewerken, net als nu, alleen werkt ze nu in de winkel. Op een keer, toen de dokter kwam om de bevalling te doen, dachten we dat ze zou sterven, ja, dat scheelde niet veel, en de dokter wendde zich tot mij en zei: Dan, wie moet ik in leven houden, je vrouw of het kind? Ik keek hem aan en zei: Je moet ze allebei redden, en schiet een beetje op. Mijn engel, mijn liefste ligt daar krimpend van de pijn, haar gezicht helemaal nat en blauw, en dan stelt hij me zo'n stomme idiote vraag. Ik zei hem dat hij ze allebei moest redden. En hij keek wel uit om het niet te doen.

Hij reed hard over de gammele weggetjes terwijl hij een constante gespreksstroom op gang hield; hij keek over zijn land uit alsof hij nog steeds niet kon geloven dat het hem toebehoorde. Zijn elleboog lag op de rand van het portier, het raampje was naar beneden gedraaid en hij tikte met zijn hand op het dak. Hij had blond krullend haar, priemende amberkleurige ogen en een brede, aanstekelijke glimlach die kuiltjes in zijn wangen te voorschijn bracht. Eens in de zoveel tijd hield hij stil voor een hek en dan sprong ik uit de truck, maakte de lus van ijzerdraad los, duwde het hek open, liet mezelf meezwaaien naar de andere kant, maakte het weer dicht en sprong weer in de truck. Heb je het góéd dicht gedaan? vroeg hij iedere keer, bij elk hek. Dan knikte ik bevestigend. Ik hoop het voor je, anders ben je nog niet jarig. Soms kwamen we tijdens het rijden over de slingerende wegen Afrikaanse kinderen tegen met een paar geiten en dan stopte hij en sprak met hen in het Setswana, informeerde waar ze heen gingen. Hij wist altijd uit welk dorp ze afkomstig waren en hoe ze heetten. Ik ken al mijn Kaffers, zei hij, we vormen samen een gemeenschap, net als een familie. Zij houden van mij alsof ik hun vader was, en ik hou van hen alsof ze mijn kinderen waren.

Af en toe klom er een kind op de truck; soms werd hij aangehouden door een vrouw die een lading op haar hoofd droeg en die gaf hij dan een lift. Als hij een loslopend dier zag, controleerde hij of het zijn brandmerk droeg en als het dier ziek was of erg jong tilde hij het op de laadbak van de truck. Hij ontdekte een keer een koe met een gebroken poot en stapte toen uit de truck om haar af te maken. Een andere keer, toen we in een ravijn op zoek waren naar een geit die had gejongd, schuifelde er een mamba voor zijn voeten en schoot hij die zonder omhaal aan flarden.

De *sjambok* die aan mijn voeten lag schoof heen en weer in de hotsende truck. De dunne zweep, die was vervaardigd van neushoornhuid, was voorzien van een stijf handvat en had aan het uiteinde een knoop, die een stuk vlees uit je lichaam kon scheuren ter grootte van een erwt. Als de reis begon was de sjambok altijd stijf om het handvat gewonden, maar al snel liet dat los en lag de zweep onopgerold aan mijn voeten en rolde heen en weer door het schudden van de truck. Ik trok er mijn voeten steeds van terug en dit ontging hem niet, oplettend als hij was, en hij moest erom lachen. Je bent bang voor dat ding, hè? Ik zal je leren hoe je ermee om moet gaan en dan zul je je angst kwijt zijn. Ik moet je ook leren schieten en als we dan 's nachts het land op gaan kun je je eigen wilde dieren schieten. Ja, is dat geen goed idee? Je eigen wild.

Dan legde me tijdens een van die trips naar het land uit hoe het leven in elkaar zat, hoe hij het zag. Kijk, meisje, in een land als dit, met dit soort mensen, moet er iemand de baas zijn. Ja. Je kunt het vergelijken met de Kaffer-honden die naar je toe komen – de ene dag leeft hij buiten in de wildernis en dan opeens staat hij aan de rand van mijn erf te kijken, bijna stervend van de honger, je kunt zijn ribben tellen. Hij heeft al dagen geen water of voedsel gehad en hij komt alleen de wildernis uit omdat hij wel moet, anders gaat hij dood. Dus wat moet ik dan met die hond beginnen? Hij is nog niet volgroeid en hij heeft nog een heel leven voor zich. Daar staat hij dan, op mijn erf, en kijkt me met wilde ogen aan, hij is krankzinnig van de honger, zijn bek staat open en hij laat zijn kop hangen. Ik zie hem en ik haat hem om wat hij is. Ik verafschuw zijn uiterlijk. Hij haat mij ook. Hij zou me doden als hij ertoe in staat was, maar hij weet dat ik de sterkste van de twee ben. En als hij mij niet aanvalt, moet ik hem laten zien wie de baas is.

Dus wat moet ik doen? Hij is een stukje wildernis dat

probeert binnen te dringen. Wat moet ik dan doen? Hij draaide zich om en keek me aan en toen ik niet antwoordde, gaf hij het antwoord zelf. Ik moet hem temmen, dat moet ik doen en ik kan hem alleen maar temmen door met hem te vechten, door hem te breken, door hem duidelijk te maken wie de meester is. Ja, ik moet met hem vechten met mijn blote handen, hem onderwerpen en dan is er vrede tussen ons. En, meisje, dat doe ik dan niet uit wreedheid maar omdat hij als hij te dichtbij komt, een gevaar vormt zolang hij niet gebroken is. Hij zal mijn kippen vermoorden en de piccanins bijten, hij zal met mijn honden vechten en de varkenskotten vernielen om bij de varkens te komen. Nee, als hij mijn domein betreedt moet ik zorgen dat hij eraan onderworpen is en om dat voor elkaar te krijgen moet ik hem met blote handen bevechten. Ik keek hem aan. Hoe kun je met je blote handen met hem vechten zonder dat hij je bijt? Ag, man, zei hij, ik moet hem eerst muilkorven en zijn poten kluisteren of hem met de sjambok ervan langs geven, maar het belangrijkste is dat ik hem zoveel angst aanjaag dat er al iets in hem gebroken is voordat ik hem zelfs heb aangeraakt. Maar dan, als hij gebroken is, vroeg ik hem, wat gebeurt er dan? Ag, zei hij, breed grijnzend, dan heb ik een beest dat ik op mijn erf kan laten rondlopen.

Soms, zei hij zachtjes, ja, soms doet hij net alsof hij van me houdt, maar God weet dat dat niet waar is. Als hij mijn hand likt gaat het hem om het zout, meer niet. Er is geen liefde tussen ons, alleen gehoorzaamheid. En dan komt de dag dat het hek openstaat en zijn buik propvol is en dan gaat hij weer terug naar waar hij vandaan kwam. Hij gaat diep, diep de velden in, waar hij werkelijk vrij is, net als de oude Boeren deden toen ze voor de *Englishers* vluchtten. Ook hij moet teruggaan omdat hij daar thuishoort en daar altijd moet terugkeren.

We kwamen bij het land aan. Onafzienbare rijen mealieplanten sidderden in de heldere lucht als in de grond gestoken speren. Het was verzengend heet, het was bijna twaalf uur. Er zaten zwarte mannen met hangend hoofd, gehurkt onder de schaarse bomen. We reden naar ze toe en wierpen grote stofwolken achter ons op. De banden knarsten in het zand en ze tilden even hun hoofd op. Dan stond in een oogwenk op de grond en keek naar de hurkende mannen. Sommigen stonden op en veegden het zand van zich af, anderen bogen zich voorover om hun schoffel te pakken. Dan struinde op zijn karakteristieke manier op hen af, als een bokser, met zijn armen door de lucht pompend. Waar is mijn voorman? riep hij. Waar heeft hij zich verstopt? Met een ruk draaide hij zich naar de mannen die nog zaten. En waarom zitten jullie Kaffers nog steeds in de schaduw? Dachten jullie soms dat ik jullie eten en bier zou brengen? Hij gedroeg zich vrolijk in een poging hen in beweging te krijgen. Hij bleef heen en weer lopen. Of zijn jullie vergeten dat de trucks om één uur hier zullen zijn? Of misschien dachten jullie Kaffers dat het zondag was, hè? Ze waren mat en apathisch, uitgeput – in een trance die niet door zijn woorden kon worden doorbroken.

De voorman kwam aangelopen vanaf de rand van het veld, waar het groen in de vale aarde overging. Hij liep langzaam. Hij was lang met zwabberende ledematen, naakt tot het middel, met bezwete huid en een gezicht dat grijs was van de hitte. Om zijn hoofd had hij een zakdoek gebonden, die ooit wit was geweest en hem moest beschermen tegen de zon. De zakdoek, die nu smoezelig was en zacht door het vet, zat strak over zijn hoofd getrokken en was aan de punten vastgeknoopt. Hij bleef voor Dan stilstaan. Baas? zei hij. Dan gaf hem zijn onverdeelde aandacht. Johannes, wat is hier aan de hand, man? Hij wees in de richting van het groene veld dat trilde in de hitte. Dit veld is nog niet gewied en ik wil dat jullie Kaffers straks helpen met brandmerken. De man zei: We zullen het afmaken, baas. Hij had zijn handen losjes voor zijn buik in elkaar geslagen. Hoe denken jullie het af te krijgen als jullie op je luie kont blijven zitten? Kun je me dat uitleggen, man? We zullen het afmaken, baas, herhaalde de man, maar hij sprak op korzelige toon, hield zijn ogen neergeslagen en zijn gezicht afgewend, bijna beledigend. Dan sloeg naar een vlieg achter in zijn nek. Tussen zijn schouderbladen had zich een driehoek van zweet gevormd die steeds groter werd en de stof donker kleurde. Hij was blootshoofds en de korte krullen achter in zijn nek waren vochtig. Hij was kleiner dan de andere man maar hij begon op een soort zwalkende manier te bewegen, terwijl hij van het veld naar Johannes keek. Plotseling struinde hij naar het veld en ging erin, zodat hij omgeven was door het groen. Hij zakte door zijn knieën en begon aan iets te trekken, waarbij zijn brede rug de mealieplanten deed schudden. Hij stond op en kwam terug met een handvol droog onkruid en bladeren van de zwarte eik en hield die onder de neus van de andere man. Hij deed nog een stap dichterbij. Moet ik deze planten soms ook besproeien? Hè? Moet ik soms mijn goeie water helemaal oppompen om dat hele nutteloze veld met al dat onkruid te bewateren? De zwarte man zweeg. Toen herhaalde Johannes: We zullen het afmaken, baas.

Dan ontplofte vol ergernis. Ja, ja, je belooft me om aan het werk te gaan als de dag al half voorbij is en de zon op zijn hoogste punt staat. Hij wees naar de anderen. Wil je me wijsmaken dat je die daar aan het werk krijgt? Dacht je dat ik een domkop was? Ze hebben de hele nacht kafferbier zitten drinken; die worden pas morgen weer wakker. Het is al te laat voor dit veld. En vrijdag, als het betaaldag is, dan kom je bedelen, ag, alsjeblieft, baasie, of zie ik dat verkeerd? Hij stond dicht tegen de zwarte man aan, die nog steeds leek te slapen, en hij gaf hem een duw, waarbij hij de glimmende, natte schouder aanraakte en er een droge, vage handafdruk op achterliet. Er trok een rillinkje door Johannes heen. Dan deed een stap terug maar nam tegelijkertijd een gevechtshouding aan: zijn vuisten opgeheven, zijn voeten schuifelend in het zand, zijn knieën gebogen – een bokser, gereed voor de strijd. Het vuur in de zwarte man doofde, zijn lichaam ontspande zich en hij sloeg zijn ogen neer.

Wie is de baas hier? Wil je mijn werk soms doen? Hè? Is dat het? Kom op dan, probeer het me maar af te pakken. Laat zien dat je een man bent. Dan ging achteruit, maar bleef in de gevechtshouding staan. Kom op, laten we het uitvechten, man tegen man, en er een einde aan maken. Dan danste een beetje rond in het zand. De ander stond over het land uit te kijken dat hem niet toebehoorde, het vee dat niet van hem was, de mealies die groeiden in de zon en nooit in zijn maag zouden belanden maar in plaats daarvan zouden worden verkocht over de grens. Hij haalde nauwelijks zichtbaar zijn schouders op. De mannen onder de bomen stonden nu allemaal overeind, dicht bij elkaar, toekijkend. Er hing een verwachtingsvolle en opgewonden sfeer – van het soort dat een rilling langs je ruggengraat veroorzaakt, net als wanneer je naar een leeuw kijkt die op het punt staat de keel van een impala open te scheuren. De vliegen gonsden en de minuten verstreken terwijl de twee mannen daar in de almachtige zon stonden. Toen deelde Dan een klap uit, lichtjes, bijna vriendelijk, alsof hij het alleen maar uitprobeerde, alsof het een spelletje was, en raakte de borst van de ander. Kom op dan, vecht als een man, bromde hij zachtjes, maar niet op de manier zoals jullie Kaffers graag vechten – door een man te vermoorden, door zijn hersens in te slaan. Vecht als een blanke en ik zal je niks kwalijk nemen. Johannes tilde zijn hoofd op. Zijn ogen waren helder en scherp. Baas, ik ken maar één manier om te vechten: door een man te vermoorden en hem de hersens in te slaan.

Toen ik weer durfde kijken, hadden ze elkaar vast in een stevige omhelzing; de lange zwarte man torende boven de blanke uit met zijn zwarte arm als een stang tegen de achterkant van de dikke, blanke nek geklemd. Dan dook vlug weg en nam voldoende afstand om Johannes tegen zijn gezicht te slaan, waarna hij ook zijn maag en borst met een storm van stompen belaagde. Johannes vocht niet terug. Het leek alsof hij alleen maar probeerde Dan af te weren, bijna zonder hem aan te raken, alsof de intimiteit van zijn nabijheid nog minder te verdragen was dan de klappen die hij kreeg. Dan sloeg hem keer op keer, steeds harder en met meer kracht. Ik keek gefascineerd toe en ik kon niet geloven dat de zwarte man niets terugdeed. Ik was woedend op hem, bitter jegens hem omdat ik wist dat hij makkelijk kon terugvechten. Naarmate Dan de weerstand voelde afnemen leek het alsof hij op een andere manier ging vechten en op datzelfde moment realiseerde ik me dat hij nu vocht zoals de Kaffers deden, hij vocht om de man te vermoorden en hem de hersens in te slaan.

Daarna durfde ik niet meer te kijken en toen ik weer tussen mijn vingers door gluurde lag Johannes uitgestrekt in het zand, bedekt met bloed. Toen ik het rood tegen het zwart zag vond ik dat erg mooi en kon ik mijn ogen er niet van afhouden. Even leek het of Johannes op zou staan. Hij draaide zijn lichaam en duwde zichzelf met één arm op terwijl hij het bloed uit zijn ogen veegde. Het bloed had zich zo gelijkmatig met de zwarte glans van zijn huid vermengd dat het één kleur leek. Ik zag zijn gezicht dat een bloeddorstige uitdrukking had, ik zag het, ik zag het, en mijn hart begon wild te bonken, ik wilde hem aanmoedigen, fluisteren, doe het, doe het nu. Maar opeens bewoog Dan. Hij stak zijn arm uit en hees Johannes omhoog. De twee stonden elkaar even aan te kijken en toen bukte de zwarte man om zijn zakdoek op te rapen en die weer om zijn hoofd te binden. Door het bloed dat uit een schram boven zijn oog droop leek zijn gezicht vloeibaar, en hij keek naar de grond, waar kleine rode druppels bij zijn voeten vielen.

Dan liep terug naar de truck en naar mij. Hij startte de motor, leunde toen uit het raam en riep: Jullie zorgen dat het veld gewied is voordat de truck komt, hoor je me? Ik hoor u, baas, zei Johannes. De mannen onder de bomen schoven een beetje heen en weer en liepen toen langzaam naar het veld met hun rug gebogen tegen de hitte. Voor in de truck keek ik niet naar Dan, en hij niet naar mij. Hij was niet om aan te zien. Hij moest ook neergeslagen zijn, want zijn kleren waren smerig en er zat bloed op zijn mouw, ofschoon ik niet wist wiens bloed het was, er zat immers geen verschil in. Ik was zo kwaad dat ik hem wilde slaan. Wat zit je dwars? vroeg hij met lage stem. Er was iets aan hem wat anders was. Hij leek gekrompen en het beviel me niks. Hij herstelde zich snel, hervond zijn goede humeur, haalde zijn hand door zijn haar en liet een snel, triomfantelijk en vol lachje ontsnappen. Dat veld zal gewied zijn tegen de tijd dat de vrachtwagen arriveert, maak je maar geen zorgen. Ik heb hem een aframmeling gegeven die hij niet licht zal vergeten. Hij haalde een keurig gestreken zakdoek te voorschijn en veegde zijn gezicht af. Hij liet u winnen, zei ik, terwijl ik uit het raam keek. Dan bleef lange tijd zwijgen en toen zei hij: Je gaat me toch niet vertellen, meisje, dat jij een van die Kaffer-*boeties* gaat worden? Hij wierp me een waarschuwende blik toe. Als je van die Kaffer gaat houden, ga dan maar met hem mee, maar bedenk wel dat er geen weg terug is. Ik schudde mijn hoofd: ik was niet anders dan alle anderen, dan hij, maar dat weerhield me er niet van hem te haten.

Ik wilde hem zo graag haten maar het lukte me niet en al gauw was mijn affectie voor hem weer terug, puur door zijn uitgelatenheid. Hij was zo vol leven, zo één met zijn omgeving dat hij er deel van uitmaakte, dus hoe kon ik hem haten zonder alles te haten? Laten we naar de dam gaan, zei hij, en een duik nemen. Ik kan niet naar huis naar mijn engel zoals ik eruitzie. Ik werd meteen gespannen; ik vond hem op slag eng. Ik wist wat een duik nemen betekende. Op een dag waren we onderweg naar huis bij een van de reservoirs gestopt. Dan zwom graag naakt en hij zwom graag naakt samen met zijn dochters. Hij deed dat al toen ze klein waren en misschien was het niet erg zolang ze klein waren. Toen ze die dag hun kleren uittrokken en die in de bomen hingen, liep ik in mijn eentje weg. Ik bleef beneden terwijl zij de ladder op klommen in de ronde cementen tank, die ongeveer drie meter hoog was. Ik kon ze alle drie – Myfanwy, Vyvyan en hem – horen lachen en spetteren terwijl ze zwommen en afkoelden. Angela wilde ook niet gaan zwemmen. Ze liep bij me vandaan en ging onder een boom zitten. We negeerden elkaar. Ze riepen dat we ook moesten komen, maar wij bleven waar we waren. Nu hij het weer voorstelde raakte ik in paniek. Ik heb mijn badpak niet bij me, zei ik. Hij snoof als een paard. Nou zeg, wat heb jij, hé? Wat voor probleem hebben jij en je zusje dat je niet in je blootje wil net als wij? Kom op, hij trok zachtjes aan mijn arm. Laten we er even in springen zodat ik wat van dat Kafferbloed van me af kan wassen. Hij lachte. Je kunt je *broeks* aanhouden als je wilt. Ik perste mezelf in de hoek, tegen de deur en reikte naar de deurkruk. Jullie Englishers, lachte hij, jullie zijn maar een raar stelletje. Hij ging van de weg af en parkeerde onder een wilg vlak bij de dam en was in een mum van tijd de truck uit en in zijn blootje. Hij dook recht in het bruine water en zijn armen maaiden door het water terwijl hij zich een weg baande naar het eiland in het midden. De zwarte jongetjes gingen door met stenen over het water gooien en de wilde eenden vlogen gewoon door aan de wolkeloze hemel. Alleen ik zat met mijn rug naar hen toe zielig in het zand terwijl ik met een steen in de harde aarde hakte, kriebelig door de hitte en bijna stikkend in de zon – woedend op hem en op de hele verdomde stinkwereld.

Negen

Op de boerderij werd iedere avond een lange schragenta-fel gedekt op het gras voor de veranda, waar we ons verza-melden voor de maaltijd. We zeiden een dankgebed – of ei-genlijk deed Dan dit – en dan lag er een groot stuk vlees klaar, dat hij aansneed. De plakken wild of rundvlees wer-den geserveerd met rijst en gepofte gewone en zoete aard-appels, bonen en pompoen, maïs, dikke sneden witbrood en jus. We praatten over de boerderij of over familieaangele-genheden, met boven ons de sterren, die een voor een aan de hemel verschenen. En als de duisternis inviel, de muggen rond de lichtpeertjes op de stoep zoemden en het wat fris-ser werd moest je soms naar binnen om een vest of een trui te halen en af en toe zelfs om sokken aan te trekken. Bij de-ze gelegenheden was Danny-boy er ook. Hij was stil en vaak hing er een spanning tussen hem en zijn vader. Soms nam Dan hem onder vuur. Waarom ben je vandaag niet meege-gaan naar het land? Hij gebaarde met zijn mes. Ik wil graag dat je eens ziet hoe we castreren. We hebben er vijfhonderd gedaan. Danny at gewoon door, langzaam en zonder en-thousiasme. Je luistert toch wel, jongen, ik heb het tegen jou. Ja, pa, ik heb u gehoord. Nou dan, je weet dat ik je niet zal dwingen om bij het brandmerken en castreren aanwezig te zijn, niet nu, omdat je nog jong bent, maar later zullen die dingen deel van je leven uitmaken. Wie zal er voor de boerderij zorgen als ik er niet meer ben? Vertel me dat eens?

De jongen leek zo onbewogen, zo dromerig en toch straalde hij een enorme woede uit, ik zag het aan de manier waarop hij zijn handen op zijn schoot in elkaar klemde en zijn knieën tegen elkaar hield. Hij wilde met rust worden gelaten; de aanwezigheid van zijn vader alleen al ontmande hem. Hij was er niet in geïnteresseerd om de Kafferhonden op te jagen, te leren schieten, paard te rijden of het vee te brandmerken en te castreren. Als Dan te lang doorging met zijn aanvallen op Danny-boy fronste Rena, die aan het andere eind van de tafel zat, haar wenkbrauwen en hield hij ermee op, maar pas nadat hij een opmerking had gemaakt over moederskindjes en mietjes. Altijd als hij daarover begon probeerde Vyvyan het gesprek in een andere richting te leiden, maar hij kwam er steeds weer op terug. Kijk naar je zusjes, zei hij dan tegen Danny, je zou meer op hen moeten lijken. Ik had nooit gedacht dat ik dát tegen mijn eigen zoon zou zeggen. Maar na de citroenschuimtaart, de melktaart of de koeksusters maakte Dan het zich gemakkelijk op de lange, groen beklede schommel en vroeg aan Danny-boy of hij zijn ukelele wilde halen. Terwijl de Damara-vrouwen de tafel afruimden begon hij te tokkelen en dan was de spanning allang verbroken. Dan's stem galmde luidkeels 'My Old Man Says Follow the Band', en 'Sally' en 'Sarie Mareis' en het geluid van de krakende schommel in combinatie met het getokkel van de ukelele klonk in de nacht en overstemde de zang van de krekels en het gehuil van de hyena's buiten de kraal. Hij en Rena zaten naast elkaar, heup aan heup en als je naar ze keek, hij zo blond, zij zo donker en rustig, leek het alsof ze hun universum in tweeën hadden gedeeld zodat zij, zijn engel, zijn lieveling, hem in haar goedheid en eenvoud kon toestaan om te doen waar hij zin in had.

Er waren ook avonden dat we de maaltijd snel naar binnen werkten en gingen jagen op het land. We kleedden ons dik aan en klommen in de laadbak van de blauwe vrachtwagen met geweren, dekens en een heupfles met brandy. Rena ging nooit mee; ze bleef wachten tot iedereen weer thuis was en zette ons dan hete koffie en biscuitjes voor. Als de truck rammelend naar het land vertrok – Myfanwy voorin met haar vader – zat de rest van ons achterin, ons vastklampend aan de grille en tegen elkaar aan rollend bij het schudden van de truck op de hobbelige weg. Dan reed als een gek en wij vieren, Angela, ik, Vyvyan en Danny-boy keken over de cabine van de truck heen naar de maanverlichte weg en sprongen er om beurten af om de hekken open en dicht te doen. En hij zei tegen hen hetzelfde als tegen mij. Heb je het goed dichtgedaan? Ik hoop het voor je, want anders zwaait er wat. Als we op het land kwamen minderde de truck vaart en haalde Danny-boy een groot zoeklicht te voorschijn dat hij op de achterste velden liet schijnen zodat we konden zoeken naar hertenogen. Je hoefde niet lang te wachten. Impala-ogen zagen er heel anders uit dan de verdwaasde en sluwe rode ogen van de krokodillen bij nacht in Maun, dat waren monsterlijke ogen die leken op vurige kooltjes in een ijzeren masker. Hertenogen waren klein en glansden als robijnen of als een granaatappelzaadje. Als de lichtstraal door de duisternis gleed, op zoek naar een slachtoffer, waren de oplichtende speldenknopjes alles wat je kon zien van hun driehoekige koppen en fluweelachtige oren.

Af en toe ging Dan langzamer rijden en maakte grapjes over het feit dat we ons in leeuwenland bevonden of remde af om ons te vertellen dat iemand verderop bij de kloof een olifant of een cheetah had gezien. Dat bracht ons tot zwijgen. We keken omhoog naar de donkere en maanloze hemel. Til dat licht in vredesnaam op, riep Dan, ze hebben hun ogen niet in hun knieën zitten. Dan richtte Danny het licht hoger of, wat vaker gebeurde, nam Vyvyan het van hem over. Maar juist als we slaperig begonnen te worden door de duisternis en de sterren zagen we in het kreupelhout twee zilveren vonkjes die gevangen werden gehouden door de lichtstraal. Een van ons bonsde dan op de cabine van de truck en de motor werd afgezet. Het licht had de gazelle gehypnotiseerd en hem op zijn plaats bevroren en we konden zijn omtrek zien, zelfs het zachte wit van zijn buik, terwijl hij wachtte, alsof hij wist wat er ging gebeuren. Myfanwy trok haar schouder omlaag, hief het geweer op, legde aan en vuurde. De nacht barstte open, de vonken doofden en dan hoorde je de bons. Ik heb hem, zei Myfanwy met achteloze voldoening. Een eland, denkt u niet, pap? Ja. Een stier, zei hij. Myfanwy stapte uit de truck en liep heupwiegend naar het kreupelhout terwijl het licht van de toorts een gouden spoor achterliet in het donkere veld. Angela volgde haar en haalde haar al snel in. Ga met ze mee, zei Dan tegen Danny-boy, ga ze helpen hem hier te brengen. Vyvyan sprong omlaag. Ik ga wel, zei ze. Nee, drong Dan aan, Danny moet het doen. De jongen liep het veld in maar probeerde niet de twee anderen in te halen. Ik zweer bij God, zei Dan getergd, die jongen wordt nog eens vegetariër als hij zo blijft doorgaan.

Terwijl zij het beest terugsleepten leerde Dan me hoe ik met een geweer moest schieten. Hij richtte het licht op het tegenovergelegen veld en we wachtten tot de ogen verschenen. Het was erg droog en het wild was dichterbij gekomen, dus al snel zag ik vlak bij ons een klein hert waarvan de omtrek door het licht zichtbaar werd gemaakt. Dan overhandigde me een geweer. Houd je ogen op hem gericht. Beweeg niet, beval hij. Hij trok me dicht tegen zich aan en verplaatste zich zodat hij half achter me stond, terwijl hij ondertussen mijn arm vasthield, het geweer tegen mijn schouder zette en me in de juiste houding duwde. Oké, nu moet je door het vizier kijken en het geweer een beetje optillen, zoals ik je heb laten zien. Doe één oog dicht – nee, het andere, domkop. Sta stil, blijf bij me staan, ik zal je heus niet bijten. Jezus, wat een zenuwachtig ding ben jij. Sta stil, anders zul je missen. Oké, zo is het goed. Nu. Vuur. VUUR, in 's hemelsnaam. Wil je soms dat ik hem vraag om een beetje dichterbij te komen? Ik miste. Hij lachte. Jezus! Heb ik je gezegd dat je allebei je ogen moest dichtdoen? Als ik vanavond met een blinde had willen jagen had ik de *oubaas* wel meegenomen.

Ik kon niet schieten als hij zo tegen me aan stond, maar ik begon in mijn eentje te oefenen of soms samen met Vyvyan, die behoorlijk goed kon schieten, op de schietschijf die op het gazon stond. Ik vond het leuk om te schieten, ik vond het gewicht van het geweer prettig, en na een tijdje had ik geen last meer van de terugslag. Als ik naar de schietschijf keek stelde ik me een gezicht voor in plaats van de cirkels en op die manier leerde ik tamelijk precies te richten. Al spoedig kreeg ik een gevoel van opgetogenheid bij het afvuren van het geweer; het gaf me het idee dat ik behoorde tot een lange traditie van jagers, krijgers – een dappere mensensoort. Ik dacht dat als ik een goed schutter zou worden, ik misschien mijn vader in het hoofd zou kunnen schieten en het afdoen als een ongeluk, zoals de blanken dat deden in het BP. Aanvankelijk was het een geintje, of maakte ik mezelf dat wijs, maar na verloop van tijd, naarmate ik meer oefende en het steeds beter ging, was het niet meer zo grappig.

We zaten midden in een periode van droogte. De boerderij was stoffig en naargeestig – er was in meer dan een jaar tijd geen druppel gevallen. De Afrikaners keken voortdurend naar de hemel en soms werden we allemaal opgewonden als de lucht elektrisch geladen was en de wind opstak. Wolken stapelden zich op en dreven weg en kleine, rafelige bliksemschichten doorkliefden de sidderende hemel of je hoorde een donderslag. De kippen reageerden er ook op en beklommen hun hanen midden op de dag. Alles werd stil. In de kraal gingen de vrouwen door met hun regendansen en de medicijnman maakte overuren, al zingend en biddend. Het zand werd weggeblazen, eenzame doornstruiken tolden rond en kwamen tot rust onder de bomen. Maar er viel geen regen. De voortekenen verdwenen en het leven sleepte zich voort. De zigzaggende barsten in de aarde werden dieper tot het leek of je over rotsen liep. Het water in de dammen en reservoirs stond gevaarlijk laag, het veevoeder in de silo's was al half op en de doornstruiken waren fragiel en dor als verbrande stokjes. Dan was zo prikkelbaar als een horzel.

Ik had mijn eigen problemen. Mijn tijd zat er bijna op; mijn vader en moeder stonden op het punt terug te keren en al die tijd dat ze weg waren had ik geleefd alsof ik ze nooit meer zou terugzien. Ik was ze vergeten. Ik had dat andere leven verdrongen; het was verdwenen alsof het nooit had bestaan. En toen liet Rena me tot mijn grote schrik een brief van mijn moeder zien. Ze zullen snel thuis zijn, zei ze, over een dag of drie. Ze zouden de Blauwe Trein uit Kaapstad naar Johannesburg nemen, zouden dan naar Gabs rijden en ons komen halen. Wil je de brief lezen? vroeg Rena me. Wat zielig, je moeder zal je vast missen. Toen ik mijn moeders handschrift op de envelop zag werd ik met een werkelijkheid geconfronteerd die ik opzij had gezet. Ik wilde de brief niet lezen. Ik kon me mijn moeders gezicht bijna niet meer voor de geest halen en als ik aan mijn vader dacht zag ik alleen de schietschijf op het gazon, met de doorboorde groene en gele cirkels en de roos in het midden. In die korte tijd – het had slechts twee armzalige maanden geduurd – was er een ander leven opgebloeid, een andere wereld die, net als Maun, spoedig zou zijn vervaagd.

Ik had de illusie gekoesterd dat ik mijn andere leven gewoon zou kunnen vergeten tot het zich weer zou aandienen. Maar dit keer raakte ik het niet zomaar kwijt. Ik bleef flitsen zien van mijn moeders afgewende, gespannen gezicht, of van mijn vaders handen, het haar op zijn armen, de bovenkant van zijn schedel. Als ik deze beelden zag kreeg ik kramp in mijn maag, werd ik duizelig en dacht ik dat ik flauw zou vallen, of raakte ik ervan overtuigd dat ik duizelingen had of neuralgie. Ik moest weg en alleen zijn: ik moest het lek dichten dat zich had gevormd in mijn gedachten. Ik ging de wildernis in, zonder schoenen en zonder hoofdbedekking, ik liep langs de schuurtjes en opslagruimtes, langs de woestijndam, door de hekken en nog verder, verder tot ik in het barre niemandsland was aangekomen. De bomen in de verte deinden heen en weer, voor mijn ogen kabbelde denkbeeldig water, dat steeds leek te verdwijnen en weer te voorschijn leek te komen, maar dat uiteindelijk helemaal niet aanwezig bleek. Ik bleef doorlopen zonder de stekende zon te voelen of de scherpe botjes van kleine dode wezens die half in het zand begraven lagen. De hitte steeg op uit de aarde en brandde vanuit de hemel en ik liep net zolang tot ik niet meer kon. Ik zakte onder een boom door mijn knieën en liet mijn hoofd vallen zoals de Afrikaners dat deden. Ik voelde me duizelig en zwak en ik dacht dat ik daar gewoon zou kunnen blijven liggen en uitdrogen, tot stof zou verworden en dan zou wegwaaien.

Maar opeens, terwijl het verblindende licht op me neerscheen en de zon het hoogste punt aan de hemel bereikte, keek ik omhoog en leek het me toe alsof de hemel zich opende en het werkelijk ging regenen, omdat ik zomaar, zonder reden, wist dat ik naar huis moest gaan. Er was iets veranderd en ik was niet meer degene die ik daarvóór was geweest. Ik was nu sterk en vrij. Ik kon een geweer hanteren en mijn doel raken. Ik kon mezelf verdedigen met de sjambok. Als mijn vader me te na zou komen zou ik misschien zelfs in staat zijn hem om te brengen. Voor het eerst vervulde de gedachte dat ik hem zou doden me met medelijden – omdat ik zo'n vader had, omdat ik zo'n dochter was. Maar nu was ik erachter gekomen dat ik ook een ander soort dochter kon zijn, de dochter die ik bij Rena was geweest op de boerderij, die dicht bij haar bleef in de winkel, haar de dingen overhandigde die ze nodig had, die terugrende naar het huis om meer wol voor haar te halen, of een thermosfles thee. En ik herinnerde me dat zij haar gezicht nooit naar de muur draaide en dat de ogen waarmee ze me aankeek nooit de afwezige blik hadden van een vrouw die net deed alsof ze sliep.

Als ik deze tederheid in me voelde was ik krachtig. En het leek alsof er nu goed, sterk Afrikaans bloed door mijn aderen stroomde, alsof ik buiten in de wildernis een inboorling werd en dat maakte me heftig en levend en echt. Op deze plek hadden miljoenen zwarte krijgers vertoefd die lichtvoetig onder dezelfde hemel hadden gerend, hun blote voeten hadden opgeheven, hun gepluimde speren omhoog hadden gehouden terwijl ze zwijgend reisden over het kale zand met zijn korst van juwelen. Ik zag ze voor me terwijl ze langs me heen renden, zwart als bloed, afschrikwekkend als slangen. Ik wilde een van hen zijn – een vrouwelijke krijger met een zachte, glanzende huid en een speer in elke hand. Ik wilde door de lucht rennen als een Bosjesman, kilometers lang zonder te stoppen, op weg naar wat er vóór me lag en de wereld achter me laten.

Ik rukte mijn kleren van mijn lichaam en gooide ze weg, ook mijn witte *broeks*, en daar stond ik, spiernaakt in mijn eigen droomwereld. Ik begon rond te draaien, traag, koninklijk en liet de hitte mijn lichaam doordringen, wensend dat het in brand zou vliegen. Ik bewoog me voort over diamanten, liet me doorboren door hun scherpe pracht en me eens en voor altijd van het kwaad verlossen. De enorme leegte van de woestijn bedwelmde me zo sterk dat ik begon te dansen, rond te tollen en te stampvoeten, mijn armen ten hemel geheven. Ik stond in brand. Ik was thuis. Niets en niemand kon me ooit nog kwaad doen.

Toen ik terugkwam op de boerderij wierp Rena één blik op me en nam me snel mee naar het bad, liet me tegen het koele emaille aan liggen en zette de koudwaterkraan wijd open. Ze gooide er ijs bij en de inhoud van een buisje aspirines en roerde alles door elkaar. Ze was bezorgd en teder toen ze me in bed legde en een ventilator over mijn naakte lichaam liet blazen. Ze smeerde me voorzichtig in met kalamijnlotion en ik deed mijn best het niet uit te schreeuwen. Toen ze het op mijn lichaam goot en het over mijn knalrode huid uitsmeerde was het eerst een heerlijk gevoel, roze en koel als ijs maar na een minuut, amper een minuut, maakte de lotion geen verschil meer – ik was in brand gevlogen en nu was mijn vlees gekookt. De pijn was zo hevig dat ik flauwviel. Ik zakte af en toe weg door de koorts of ik viel in slaap en werd dan weer wakker. Ik zag geestverschijningen. Ik schrok wakker en gilde. Ze stelde geen vragen en al had ze dat wel gedaan, mijn lippen waren zo gezwollen en gebarsten dat ik niet eens kon fluisteren. Ze bleef koude natte doeken op mijn voorhoofd leggen totdat de koorts zakte, en ik hoorde haar een keer tegen Vyv fluisteren: Ze ijlt. Denk je dat ze weer beter wordt? Ze zat de hele nacht bij me maar ik kan me er niet veel van herinneren, behalve het gevoel van een beschermende aanwezigheid naast me of een zachte hand op mijn voorhoofd en iemand die de spoken van mijn bed verjaagde.

Als er overdag iemand binnenkwam die licht door de deur liet komen zei ze: Snel, doe het gordijn dicht, schiet op, anders wordt ze blind. Ik lag dagenlang in het donker en iedere keer als ik mijn hoofd van het kussen oprichtte zat ze naast me te breien of haalde ze een katoenen lap uit een kom, wrong die uit en legde hem op mijn voorhoofd. De medicijnman had haar een drankje gegeven dat was gemaakt van kruiden en walgelijke andere dingen en ze liet me het opdrinken. Als je een beetje zou huilen, zei ze, zouden de tranen je gezicht genezen. Maak je niet ongerust, maak je niet ongerust. Ik laat je niet alleen. Terwijl ze zich dichter over me heen boog fluisterde ze met haar zachte, duidelijke stem: Je wordt wel beter, slaap maar. Ik blijf bij je tot het ochtend is. Ze zei niet één keer: Hoe heb je dat nou toch kunnen doen? En juist nu je moeder thuiskomt? Niet één keer.

Toen ik een beetje was opgeknapt kwam Angela me bezoeken. Ze wierp een blik op mijn huid, waar nu de flarden aan hingen, en kromp in elkaar. Ze stond aan het voeteneinde van mijn bed. Ik lag niet in de slaapzaal, maar in een kleine kamer vlak bij de opslagruimtes en schuurtjes. Ik zou nog éénmaal terugkeren in deze kamer, vlak voordat we Afrika zouden verlaten, maar nu, terwijl ze daar stond met een ongeruste en ietwat verloren blik in haar ogen, vroeg ze me vermoeid: Waarom moet je dat nou doen? Denk maar niet dat ze je hier laten blijven alleen maar omdat je ziek bent. Toen ik geen antwoord gaf zei ze bitter: Nou, zorg maar dat je snel weer beter bent. Mammie zal er geen zin in hebben meteen voor je te moeten zorgen als ze net terug is uit Engeland. Ze zullen hier over een dag of twee arriveren en ze zal vast en zeker een slechte bui krijgen als ze je zo ziet.

Het ging allemaal veel te snel. Ik wilde de dagen tegenhouden. Ik probeerde mezelf weer in die droomachtige staat te krijgen en niet aan de toekomst te denken, zoals ik dat vroeger deed. Maar het lukte me niet. Het leek erop dat mijn verblijf in de wildernis dat onvermogen had veroorzaakt. Ik was verbrand geweest en ik kon niet naar mijn dromen terug. Mijn ouders zouden binnenkort komen en ons meenemen en alles zou weer zijn als voorheen. Angela en ik waren alweer aan het ruziën, zij had haar weerspannige rol weer opgenomen, zorgelijk en angstig, trachtend de dingen glad te strijken voordat we zelfs maar thuis waren. Tijdens mijn verblijf op de boerderij was ik Angela en mijn ouders bijna vergeten. Nu zat ze weer met me opgescheept. Ze moest haar plicht weer doen. Ze had het van Rena overgenomen op het moment dat ze hoorde dat onze ouders op komst waren.

Tien

Uiteindelijk bleek mijn moeder in opperbeste stemming te zijn toen ze terugkwam. Ze droeg haar haar in bobstijl en had roze lippenstift op, niet het gebruikelijke donkerrood, en haar zomerjurken – gekocht, niet handgemaakt – waren zijdeachtig en dun of gemaakt van lichtgekleurd linnen. Als je zo'n jurk draagt, liefje, zei ze, kun je gewoon niet blijven zitten. Ze had rechte jurken met elegante knopen en jurken met een verlaagd middel. De rokken waren korter. Dat staat veel leuker als je goede benen hebt, zei ze terwijl ze een zijdelingse blik in de spiegel wierp. Ze had een crèmekleurig pak met een kort jasje en ronde gouden knopen, dat ze kon dragen als er hoogwaardigheidsbekleders op bezoek zouden komen. Ze had drie paar nieuwe schoenen met hoge hakken, die ze graag 's middags aantrok als er iemand op de thee kwam. Dan zat ze in haar met chintz beklede stoel met over elkaar geslagen benen en hield de conversatie gaande terwijl ze aan haar thee nipte. Ze was volkomen veranderd. Haar bed bleef nu 's middags leeg, het muskietennet opgerold en losjes geknoopt in de vorm van een wrong, de ventilator geluidloos op zijn plaats. Als ze mijn gehavende gezicht al opmerkte, zei ze er niets over.

Ik hoorde haar neuriën in de tuin en zag haar glimlachen naar mijn vader, met hem babbelen in de zitkamer, terwijl ze een foto rechtzette of met haar vinger lichtjes over het tafeloppervlak gleed op zoek naar stof. Ze had het druk, druk, druk, bracht uren door met haar hoofd in haar kast gedoken, smeet er kleren en schoenen uit die ze, vergezeld van strenge vermaningen, aan de bedienden gaf. Je moet hier zuinig op zijn, Elizabeth, het komt bij Harrods vandaan en je kunt er je hele leven plezier van hebben, als je ze tenminste niet verpest zoals je meestal doet met mooie dingen. Ze dook weer in haar kast en haalde een of ander harig dood beest te voorschijn. O, ik kan me niet voorstellen dat ik dit ooit nog zal dragen, zuchtte ze terwijl ze een vossenbontje ophield waar de kop nog aan zat. Vroeger was het zo elegant, maar tegenwoordig, tja, is het niet meer in de mode. Leg het maar terug in de mottenballen als je wilt.

Ik zat gewoonlijk met mijn benen over de zijrand van een stoel te bungelen. Ga alsjeblieft normaal zitten, zei ze dan, je zult de armleuning nog breken. Ik weet werkelijk niet wat ze je op die boerderij te eten hebben gegeven, maar het is in ieder geval in je heupen gaan zitten. Ik ging rechtop in de stoel zitten en vuurde allerlei vragen op haar af, hoewel ze het te druk had om ze te beantwoorden, zoals: Waarom gooit u al die kleren weg? Wat is er aan de hand? Gaan we weer verhuizen? Ik kreeg geen antwoord want ze had me nauwelijks in de gaten. En dan leek het alsof ze me plotseling opmerkte, alsof mijn aanwezigheid tot haar doordrong en richtte ze haar aandacht op mij. Waar heb je die chocola vandaan? Je mag pas na de lunch zoete dingen eten. Nee, leg het daar niet neer in godsnaam, straks zit de hele stoel onder. En kijk je haar nou eens. Mijn god, ik had niet gezien hoe lang het is. Ga onmiddellijk de schaar halen. Ik wil niet dat je er nog langer zo bij loopt. En hoe komt het dat je huid er zo raar uitziet? O, dat zal wel door die zonnesteek komen, wat idioot om dat te doen, wat haalde je je in je hoofd? Heb ik je verteld over het gemaskerde bal op het schip, liefje, het was zo geweldig; we zijn tot twee uur 's morgens opgebleven en de band speelde maar door en door.

Er werd gepraat. Er deden allerlei geruchten de ronde. Speculaties. Allerlei mogelijkheden passeerden de revue. Was het waar dat onze tijd in het protectoraat tot een einde was gekomen? Dat we misschien zelfs terug zouden gaan naar huis, naar Engeland? Niemand wilde veel zeggen om de goden niet te verzoeken, maar er werd gefluisterd in Whitehall en hooggeplaatste tongen roerden zich. Er werd gesuggereerd dat we ons beter konden terugtrekken voordat we het land uit gesmeten zouden worden. Mijn moeder was buiten zichzelf: was het mogelijk dat haar duivelse tijd in de hel binnenkort voorbij zou zijn? Het ging goed met Afrika en dat betekende dat we weg konden, sterker nog, we moesten weg, we hadden onze plicht gedaan. Ze ging naar een plek die ze nauwelijks kende en ze kon haar ongeduld haast niet bedwingen. Ze was opgetogen en vol energie en dat was het enige wat ertoe deed: eindelijk naar huis. Lieve god, wie weet is het eindelijk achter de rug. Laten we het hopen.

Mijn vader deelde haar enthousiasme niet. Wat moest hij in vredesnaam in Engeland doen? Hij had het al een keer meegemaakt. En wat dachten die stomme zwartjes te beginnen zonder ons? Het zooitje zou binnen een week in elkaar storten, binnen een maand zou alles stilliggen en voordat je het wist zou het weer één grote wildernis zijn. In het andere kamp werd een heel ander verhaal verteld. De onafhankelijkheid zou worden uitgeroepen. De vrijheid was nabij. Er werden boodschappen verstuurd door de jungles en over de vlaktes, die de rivieren overstaken en de dorpen bereikten; via trommels, de ene nam het over van de andere, zo werd de boodschap verspreid. De blanken hadden verloren. De tijd was verstreken. Het was 1958, amper twee jaar voordat de Kongo tot uitbarsting kwam.

Gedurende die laatste twee maanden in Gabs voelde mijn vader dat de toekomst hem ontglipte en zijn woede zat maar net onder de oppervlakte, gereed om bij de geringste provocatie tot uitbarsting te komen. Het is mogelijk dat hij niet wist wat er met hem zou gebeuren na zijn post in Gabs en in die tijd moet hij in onzekerheid hebben verkeerd over het vervolg van zijn tweede koloniale loopbaan. Zou hij uit Afrika geplukt worden en zonder enig vooruitzicht naar huis gestuurd worden – zou hem dat nogmaals overkomen? Ooit had hij de hoop gekoesterd om te worden bevorderd tot residentieel commissaris. Daar was er maar één van, in tegenstelling tot de districtscommissarissen, van wie er een stuk of twaalf waren. En hij had erover gedroomd dat hij misschien na afloop van zijn lange dienst voor de Engelse overheid tot ridder geslagen zou worden. Niets van dit alles zou werkelijkheid worden. Hij had problemen met zijn meerderen. Ze wilden hem niet hebben, omdat hij te onberekenbaar was.

Hij had het er moeilijk mee en reageerde zich zoals gewoonlijk op mij af. Na die korte periode van evenwichtigheid op de boerderij, van het gevoel dat ik leefde en bewust aanwezig was, splitste mijn persoonlijkheid zich weer: het ene deel sloot zich 's avonds af terwijl het andere 's morgens opstond en haar dagen als een zombie doorbracht. Toen ik eenmaal weer in mijn vaders huis was verloor mijn geheugen scherpte, vervaagde en trok ik me terug in de schaduwen. Ik keerde terug naar het leven dat ik had uitgebannen toen ik op de boerderij woonde. Ik ging naar school bij juffrouw Klopper, waar ik Davie Swart weer tegenkwam. Maar nu negeerde ik hem, ik wist te veel over hem en over zijn ouders en over die blanke kinderen die niet blank waren, maar toch zijn broertjes en zusjes waren. Ik wilde niets met hem te maken hebben. Ik wilde niet dat hij te weten kwam dat ik ervan op de hoogte was en het met eigen ogen had gezien. Ik sloot me van iedereen af. Ik deed of Susan niet bestond, raakte haar nooit aan. Angela was weg naar kostschool, dus zette ik haar uit mijn hoofd. Ik werd weer lelijk en bitter, mijn haar was weer afgeknipt, mijn gezicht betrokken. Ik geloofde niet in mijn moeders goede humeur, dit keer niet. Ik wendde me van haar af, overmand door mijn teleurstelling, woedend en dodelijk als een slang.

Maar doordat ik mijn vaders zwakte kon ruiken en mijn eigen haat weer naar boven was gekomen wist ik dat dit mijn moment was om toe te slaan. Mijn vader had een paar succesjes geboekt in Gabs; hij had de organisatie van de bouw van een club geregeld en ook had hij een rapport geschreven over de koloniale vee- en vleesindustrie. Hij was erg trots op dit rapport en dus maakte ik op een dag, met de achteloze gemeenheid die ik aan zijn voeten had geleerd, de opmerking dat zijn rapport waardeloos was. Hij kreeg ter plekke een toeval. Ik had hem diep geraakt op de plek die hem maakte tot wat hij was. Hij was niet in staat zich van de schok te herstellen. Hij kon niet geloven dat ik zoiets zou kunnen verzinnen. Ik moest het van iemand gehoord hebben en zo dachten de mensen dus in werkelijkheid over zijn rapport; zijn werk werd niet gerespecteerd en hij ook niet. Hij kon zich niet losmaken van het gevoel dat hij vervolgd werd en kon het niet accepteren. Hij tierde maar door, ervan overtuigd dat de mensen hem achter zijn rug uitlachten. Het was net als in die periode in Engeland, toen hij het gazon maaide tot hij er bijna bij neerviel of een boom omhakte alsof die hem persoonlijk had aangevallen.

Het incident met het rapport was zo'n grote overwinning voor me dat ik eigenlijk medelijden met hem had. Ik wilde vertellen dat ik had gelogen, maar dat kon natuurlijk niet. Ik begreep voor het eerst dat ik een dreiging voor hem vormde en dat hij zich als een machteloze, aan een boom genagelde cobra voelde als hij ons niet allemaal met geweld kon onderwerpen. De situatie in Gabs werd steeds onhoudbaarder. Iets vrat hem vanbinnen op en de spanning in huis was ondraaglijk. Ik werd langzamerhand wanhopig: mijn persoonsverandering ging steeds ongemerkter, zo sterk zelfs dat ik een moord aan het beramen was – met gevoelens die zo primitief en bloeddorstig waren dat ik het voor me zag alsof het echt was – zonder werkelijk te begrijpen waarom. Ik begreep niets van mijn sterke haat voor hem. Het leek overdreven, zelfs in mijn eigen ogen. Ik was doodsbang voor hem maar ik begreep eigenlijk niet waarom ik hem zo haatte. Ik was zijn dochter, zijn eigen vlees en bloed, maar ik kromp in elkaar als hij langs me liep. Ik kon niet naar hem kijken. Ik walgde van zijn handen. Ik werd kotsmisselijk van het haar op zijn armen. Als ik zijn gezicht zag, zijn stem hoorde, hem zag eten kreeg ik de neiging een mes tussen zijn ribben te steken. Maar hij was mijn vader. Het was toch de bedoeling dat ik van hem hield? Ik was niet in staat het woord liefde met hem in verband te brengen, maar toch hield ik van hem. Of niet? Ja toch zeker? Mijn verwarde gevoelens voor hem had ik al gehad zolang ik me kon herinneren en hoe ouder ik werd, hoe groter de verwarring.

De enige verklaring die ik kon bedenken voor het verslechteren van de situatie was dat ikzélf steeds slechter was geworden. Dat klonk tenminste logisch. Soms probeerde ik hem te helpen of hem een plezier te doen, maar het probleem was te groot. En oppervlakkig gezien was er in de ogen van andere mensen niets met hem aan de hand, dus er was slechts één antwoord mogelijk: ík was het probleem. Het was zonneklaar. Mijn moeder had haar handen afgetrokken van mij en van de explosieve woede die tussen mij en mijn vader hing. Ze concentreerde zich op Susan. Susan was een lief kind met een mild karakter en blond haar en mijn moeder kon haar in de hand houden. Ik had een wit voetje bij mijn moeder kunnen halen als ik aardig was geweest voor Susan of op haar zou hebben gepast als ze niet bij de bedienden wilde blijven, maar dat durfde ik niet omdat ik bang was voor wat ik Susan zou kunnen aandoen als ze me met haar alleen lieten.

Mijn moeder maakte me duidelijk dat het allemaal mijn schuld was. Ze had me dit al jarenlang verteld: waarom ben je zo chagrijnig, zo onaantrekkelijk? Wat is er met je aan de hand? Waarom ben je niet als andere meisjes? Ze zat tegen me te preken terwijl ze in haar lange nylon onderjurk voor haar kaptafel zat, turend in de spiegel, terwijl ze aan een wenkbrauw plukte of een beetje crème opbracht om de donkere kringen onder haar ogen te maskeren. Engelse meisjes gedragen zich niet zoals jij, begon ze dan, ze zijn niet altijd maar vervelend en chagrijnig zoals jij, ze gaan de wildernis niet in en komen niet met een verwilderd uiterlijk terug. In Engeland zal niemand je accepteren. Kijk nou eens hoe je eruitziet. Het is om wanhopig van te worden. Je hebt nooit schoenen aan, je hebt voeten als een inboorling, je haar lijkt wel door de ratten aangevreten, je wast jezelf niet eens, je stinkt, je jaagt mensen weg. Wat zullen de mensen van je denken als we thuiskomen?

Dan keek ze in de spiegel, staarde ongelukkig naar haar ongeverfde lippen en schakelde in een seconde over naar haar andere ik. O GOD, jammerde ze, IK HAAT dit stinkende rotland, de hitte, het stof, het vuil, waar je ook kijkt. Ik kan er niet meer tegen. In India was het heel anders. In Simla was het mooi, de heuvels, de stille nachten. En Kashmir was ook zo prachtig – je kon er skiën of op het meer varen. India was heel anders. India was elegant en de mensen waren intelligent, zelfs na de bloedbaden, toen ze elkaar allemaal vermoordden, al dat bloedvergieten en die relschopperij, dat was natuurlijk afschuwelijk en we moesten daar weg, maar toch was India heel anders.

Dan bekeek ze zichzelf eens goed in de spiegel waarbij ze haar gezicht dichterbij bracht. Ze raakte in paniek: Kijk mijn huid nou, mijn haar, wat is er met me gebeurd? Hoe kan ik terug als ik er zo uitzie? Wat zullen de mensen in Engeland niet van me denken na alles wat ik heb meegemaakt? Dan stelde ik haar gerust, kalmeerde haar, zei dat ze mooi was en dat niemand een verkeerd woord zou zeggen. U weet toch dat u er jong uitziet, zei ik, de mensen zeggen altijd dat u papa's dochter zou kunnen zijn omdat u er zo jong uitziet. Dan ging ik naar de keuken, maakte een eiwitmasker voor haar en haalde haar over een dutje te doen. Ik hielp haar haar krullen in het haarnetje te stoppen, hield de kom vast terwijl zij het masker opsmeerde en daarna op bed ging liggen met haar ogen dicht. Ik haalde het muskietennet uit de knoop en drapeerde het over haar bed en beloofde dat ik Susan mee de tuin in zou nemen om te spelen, zodat zij kon slapen. We gaan toch echt terug? smeekte ze dan, we gaan hier toch weg, hè? Ja, knikte ik, we gaan binnenkort pakken, maakt u zich maar geen zorgen, we zijn hier weg voordat u het weet.

Voor mij was de gedachte aan weggaan een nachtmerrie: vertrekken, naar huis gaan, was ondenkbaar. Ze had natuurlijk gelijk over mij. Ze kende me door en door. Ik kan jou lezen als een boek, zei ze altijd. Ik kon niet naar Engeland of waarheen dan ook. Uiteraard niet. Ik zou nergens geaccepteerd worden. Nergens zouden ze me een blik waardig gunnen. Ik was precies zoals zij me beschreef. Ik kon nergens anders overleven. Misschien had mijn vader dezelfde gedachten en wilde hij net zomin naar Engeland als ik. We hadden elkaar wat troost kunnen bieden, maar dat zat er niet in. Hij behandelde me soms met uitgesproken onverschilligheid – ik was als stof onder zijn voeten terwijl hij over me heen stampte en de achterkant van mijn nek gebruikte om zijn laarzen op te laten rusten. India en Afrika hadden hem onverschilligheid betoond. Mijn moeder had geleerd deze onverschilligheid te beantwoorden met die van haarzelf, maar ik had slechts de beschikking over mijn onuitgesproken woede en een stijgende behoefte om eens en voor altijd terug te slaan. De razernij die we beiden uitstraalden vormde de spirituele lucht die we inademden.

Mijn moeder kwam me niet te hulp als mijn vader gewelddadig werd; ze deed net alsof het niet gebeurde. Ze had me lang geleden duidelijk gemaakt dat ik haar er niet mee lastig mocht vallen. Slechts één keer – we woonden in Pretoria en misschien was ze bij zinnen gekomen door de beschaafde omgeving of misschien schrok ze van de mate van gewelddadigheid – maar die ene keer kon ze er niet omheen. Hij ging tekeer als een beest, hij vloekte en tierde en sloeg me met een wandelstok met een ronde zilveren knop. Hij leek niet te kunnen ophouden. Ik denk dat zelfs hij hierdoor geschrokken was, omdat hij 's morgens naar me kwam kijken; hij trok zonder een woord het laken van me af en bekeek de aangerichte schade zwijgend.

Ik vroeg haar ernaar toen ze veilig in Engeland woonde: waarom ze niets had gedaan. Ze zei dat ze er spijt van had, net zoals de ellende in Goedgegun haar speet, maar dat ze geen keus had gehad. Ze vond dat ik dat moest kunnen begrijpen, en inderdaad begreep ik het wel. Ze vertelde dat ze die laatste keer in Pretoria had gedreigd hem te verlaten omdat het zo uit de hand was gelopen. Ze wilde dat ik medelijden met haar had en dat had ik natuurlijk ook.

In die periode in Gabs, toen we dachten dat we misschien terug zouden gaan naar Engeland, bracht ik veel tijd door met Mpanda, onze kok. Ik was geïnteresseerd in de messen die hij gebruikte en in het bijzonder in een vleesmes met een prachtig gekarteld lemmet. Het was waarschijnlijk slechts vijfentwintig centimeter lang maar het was erg stevig, scherp, perfect geslepen, mooi om te zien, soepel en handzaam. Mpanda sleep het graag tegen de rand van het cementen afstapje bij de keukendeur dat naar buiten leidde naar het kale stukje grond waar de bedienden bij elkaar zaten terwijl ze zaten te lachen en thee te drinken. Dit stukje grond was zo glad als beton geworden. Mpanda sleep het mes eerst tegen het afstapje en vervolgens tegen die harde kale grond, waarbij hij van tijd tot tijd op het lemmet spuugde. Het geluid dat hij maakte als hij met het vleesmes over de grond heen en weer ging zette mijn zenuwen op scherp. Hou daarmee op! gilde ik dan. Wat zit je nu weer dwars? vroeg hij. Je kunt niets meer verdragen, missy. Volgens mij word je door spoken achtervolgd. Hij schraapte dan zachtjes verder en ging met zijn eeltige vinger over de snede en als hij ermee klaar was pakte ik het mes en liet mijn lelieblanke vinger erlangs glijden. Maar ik was te vaak in de buurt van het mes en Mpanda werd achterdochtig. Op een ochtend keek hij me aan en zei: Het is nu wel genoeg geweest met dat gespeel met dat mes, missy, blijf er nu maar van af, dat mes wil nu met rust gelaten worden. Het leek alsof hij me waarschuwde het niet te doen en ik was doodsbenauwd dat hij mijn geheime gedachten had geraden.

Daarna bleef ik weg uit de keuken en ontweek Mpanda. Ik had het gevoel dat hij me doorzag en bovendien had hij zelf genoeg redenen om te begrijpen wat ik van plan was. Hij had pas geleden ook een akelige aanvaring met mijn vader gehad over een onbelangrijk incidentje, maar het was uiteraard geëscaleerd tot een vreselijke scène. Ik had het allemaal zien gebeuren vanonder de citroenbomen vlak naast het niet-functionerende buitentoilet, dat ik tot mijn privé-clubhuis had gemaakt. Mpanda liep met grote passen van het huis naar zijn onderkomen aan het eind van de tuin. Hij had een geschokte uitdrukking op zijn gezicht. Mijn vader kwam opeens uit het niets te voorschijn zoals alleen hij dat kon en smakte de hordeur achter zich dicht. Mpanda stond stil en draaide zich even om en mijn vader gaf hem een woedende schop tegen zijn bovenbeen, vlak bij zijn lendenen, waardoor hij op de grond viel. Een seconde lang graaide de zwarte man met zijn handen in de lucht alsof hij zich ergens wilde vastpakken en raakte toen de uitgesleten aarde, waarbij hij zijn gebalde vuist ontspande en in zijn val zijn huid schaafde. Ik wilde naar hem toe rennen om hem overeind te helpen, maar ik bleef natuurlijk stokstijf staan en mijn vader stond hem uiteraard beledigingen toe te schreeuwen; hij dreigde de enige kok te ontslaan die het langer dan een paar maanden in ons miserabele huishouden had uitgehouden. Ik kon mijn ogen niet van Mpanda's gezicht afhouden. De manier waarop hij zijn kaak bewoog en de nauwelijks bedwongen blik van razernij, van opgekropte woede, deden rillingen langs mijn rug lopen. Er brak iets in me los en mijn bloed begon te koken. Ik kon haast niet meer ademhalen en mijn lichaam was versteend. Als mijn vader één verkeerde beweging had gemaakt – en ik wenste dat hij dat zou doen – was ik boven op hem gesprongen, dwars door de geladen atmosfeer die tussen ons heerste, en had ik hem tegen de grond gegooid.

Mijn vader staarde naar de man die aan zijn voeten lag. Hij had makkelijk zijn laars op het zachte wollige hoofd kunnen zetten; even leek het of hij dat zou doen, maar toen verloor hij zijn interesse en leek het alsof hij gewoon een beetje in de tuin stond te wachten tot er iets nieuws zou gebeuren waarop hij zijn primitieve kracht kon richten en het kon verpletteren. Ik stond te trillen, maar besefte dat het moment voorbij was. Mijn vader verkeerde in zijn eigen droomwereld, in zichzelf gekeerd en afwezig. Toen ik hem daar zo zag staan kreeg ik het gevoel dat ik absoluut in staat zou zijn een mes in hem te steken. Misschien zou het hem pas opvallen als het al te laat was. Misschien zou hij me niet eens zien voordat het gebeurd was.

Mpanda was in de nevel verdwenen, zijn broek wapperend in de wind, zijn lichaam deinend in het felle licht. Ook mijn vader was weg. Alleen ik was overgebleven. Ik zocht naar het mes, alsof het op de een of andere manier op de aarde waarop het werd geslepen was blijven liggen, maar het lag er niet. Ik vond het in de keukenla waar het vredig naast de andere messen lag. Ik pakte het op en voelde het gewicht. Ik maakte een kleine snee aan de binnenkant van mijn pols en zag het bloed opwellen. Ik voelde er niets van. Ik legde het mes terug op zijn plek en wachtte tot de avond zou invallen; dan zou niemand het missen.

Die avond hing ik een beetje rond in de keuken terwijl Mpanda het diner bereidde. Ga je huiswerk maken, zei hij, terwijl hij met mijn mes het vlees sneed. Loop hier niet in de weg. Hij was een stoofschotel aan het maken en had de

uien al gesneden. Ik heb geen huiswerk, zei ik. Hij was kor-
zelig, somber en teruggetrokken, hij wilde me niet in zijn
buurt hebben. Hij stonk. Zijn huid, die altijd glom en zo
donker was als wijn, had zijn glans verloren, zijn bruine ogen
hadden een lege blik. Ik had al een poging gedaan hem op
te vrolijken door hem twee sigaretten uit het ronde doosje
Capstans aan te bieden, maar hij keek er niet eens naar. O,
toe nou, zei ik, neem er een; je weet dat je het wilt. Hij negeerde me, wreef met zijn vinger langs zijn neus en draaide
de sigaretten de rug toe.

Er werd niet veel gesproken die avond tijdens het diner.
Mijn vader probeerde me wat hoofdrekensommetjes op te
dringen; hij somde een lange reeks cijfers op die ik binnen
twee seconden moest optellen, zoals hij dat altijd deed. Ik
kan de cijfers niet eens onthouden, zei ik. Nou, dan herhaal
ik ze wel voor je, zei hij kortaf en ratelde de reeks nogmaals
af. Hij wachtte. Je kunt het niet, hè? Niet snel genoeg? Geen
hersens? Ik negeerde hem. Mijn moeder werd onrustig en
verdrietig. Susan zat aan de tafel en ik zag dat ze alles in haar
oren knoopte, zodat ze de antwoorden zou weten als zij aan
de beurt kwam om dit spelletje te spelen. Als Angela niet op
kostschool geweest zou zijn had ze zich achter haar donkere ponyhaar verborgen en haar adem ingehouden. Nou?
drong hij aan. Wat is het antwoord? Ik hield mijn handen
onder mijn dijen en voelde mijn benen branden; ik wist niet
of ik me zou kunnen beheersen. Hij had er te veel plezier in
om ermee op te houden. Elizabeth kwam binnenlopen terwijl ze haar handen afdroogde aan haar witte schortje. Ze
stapelde snel de vuile borden op, haastte zich ermee de kamer uit en kwam vervolgens terug met een glazen schaal met
chocoladepudding, die ze met een snelle kniebuiging voor
hem neerzette. Nou, laten we maar eens kijken of je beter

bent in aftrekken, zei mijn vader terwijl hij zijn lepel ter hand nam en de glanzende pudding naar zijn mond bracht. Hij begon: 5689 min 987... heb je dat... dan min 478...

Ik ging ervandoor. Ik stormde in de richting van de wildernis en voelde zijn gegil tegen mijn rug bonken: Kom verdomme direct terug, stomme trut, of ik geef je een pak slaag. Ik wist dat mijn moeder nu zou zuchten. Moet dat nou? Moet dat nou? Susan zou haar hoofd buigen en net doen alsof er niets aan de hand was, terwijl ze naar de chocoladepudding zou staren alsof dat het enige was dat ze kon zien. Maar ik was weg en het leek alsof ik vloog, of ik steeds verder omhoogsteeg, hoog boven de donker wordende wildernis, op weg naar de sterren die zich uitstrekten om me op te trekken, hoger en hoger, koeler en koeler, de stilte in. Al mijn schuldgevoel was verdwenen, doodsangst was veranderd in kracht en ik werd vervuld van een groot enthousiasme, een enorme geestdrift die zijn weerga niet kende. Ik zou niet langer mijn vaders dochter blijven. Ik zou ermee ophouden zijn dochter te zijn, gewoon door hem te doden en geen vader meer te hebben: bloed om bloed, zijn bloed voor het mijne. Ik drong dieper de wildernis in en ik danste als een wildeman, smeerde mezelf in met modder, stampte met mijn voeten en hief mijn armen op naar een primitieve god die mijn onschuld welwillend beschouwde en mijn rituele offer zou zegenen. Toen verwierp ik die gevoelens en werd weer Europeaan: ik had een zekere blanke tegenwoordigheid van geest nodig om het allemaal waar te maken.

Ik wachtte tot het donker was en ik wist dat mijn vader aan zijn bureau zou zitten dutten, althans eventjes. Ik ging terug naar het huis en klom door het keukenraam naar binnen, waarbij ik de Oost-Indische kers en de zinnia's vertrapte en hun scherpe geur inademde. De keuken was leeg en schoon. Ik keek in de ijskast en at de overgebleven chocoladepudding op. Ik liep naar de la en haalde mijn mes eruit. Even dacht ik dat het mes vibreerde, maar nee, ik was het zelf. Ik hoorde de zachte stem van de ijskast die me waarschuwde om kalm te blijven, dodelijk te blijven.

Eerst legde ik het mes naast me in bed, op het laken, rustend tegen mijn dij. Ik wilde het niet aanraken. Nu het van zijn oorspronkelijke plek was gehaald was het slangachtig koud en weerzinwekkend, maar het staal warmde langzaam op tot het mijn lichaamstemperatuur had bereikt, en toen leek het helemaal deel van mij uit te maken. Toen was ik het mes en het mes was mij. Ik wilde dat het roodgloeiend was om mezelf vurig te houden en om het mes geraffineerd en zuiver zijn taak te laten verrichten. Zo was het ook als ze het vee brandmerkten, het ijzer was roodgloeiend en het staal van de kniptangen waarmee ze de stieren castreerden ook. Ik moest de hele tijd blijven nadenken om de angst weg te houden. Hoe zou ik in staat zijn het hart te lokaliseren als ik zo bang was, laat staan het mes diep genoeg te stoten om het kloppen te doen ophouden? Terwijl ik in het duister wachtte vergeleek ik hem met een solitaire olifant, stampend in de wildernis, bomen uit de grond rukkend op zijn weg. Nacht na nacht wachtte ik af, met het mes in mijn hand. Nacht na nacht, in het zachte schijnsel van mijn nachtlampje, wachtte ik tot het huis zich in het donker te ruste legde.

Als hij kwam opdagen kon ik geen persoonsveranderingen gebruiken. Ik moest honderd procent aanwezig zijn om te kunnen nadenken en actie te ondernemen; anders zou het niet lukken. Als ik van persoonlijkheid zou veranderen zou ik maar half functioneren, dus ik moest compleet blijven want anders zou ik afslaan, net als de generator, opeens stilstaan. Ik bleef wakker en wachtte en daarom bleef ik me die nacht altijd herinneren en al die andere niet, waarin ik mezelf dwong mijn geest af te sluiten en te vergeten. In die ene nacht was er alleen maanlicht; het scheen door het raam, dat uitkeek op de tuin waar de Union Jack wapperde. Het gleed over mijn bed en zalfde me terwijl ik me voorbereidde om een godheid om te brengen. Ik hoorde zijn voetstappen in de gang, stap voor stap. Ik telde van een tot vijftien en onthield elk getal om te voorkomen dat ik in trance zou raken. Toen mijn deur openging en hij er stond concentreerde ik me niet op de donkere schaduw, maar op het gouden maanlicht dat door het overdekte portaaltje voorbij mijn deur stroomde, zodat ik het goud even kon zien toen de deur openging. Het kreeg me bijna te pakken. Ik voelde mezelf erin glijden, ermee versmelten, maar ik kon voorkomen dat ik oploste omdat ik het mes in mijn hand had, en ik was het mes en het mes was mij. Toen hij mijn bed naderde wist ik meteen dat hij mijn kussen zou grijpen en het op mijn gezicht zou duwen. Maar voordat hij dat kon doen kwam ik overeind, sprong in de houding als een Gurkha en hief mijn arm op terwijl ik het mes omhoog in de lucht zwaaide om het in zijn hart te kunnen stoten. Het was een glorieus moment. Ik zag mijn hand met het mes erin neerdalen. Met zijn groene ogen hield hij de mijne vast. Het mes kwam neer maar de pracht was van korte duur; het werd tegelijk met mij zijdelings de lakens in geslagen. Ik probeerde ernaar te graaien, vond het en stond op het punt het te grijpen en nog een poging te wagen. Maar hij smeet me opzij. Een hand ramde in mijn gezicht en het bloed gutste uit mijn neus. Mijn bloed, niet het zijne.

Elf

We verhuisden niet naar Engeland, maar naar Mafeking. De opwinding bedaarde. Al dat gepraat over de terugtrekking uit de koloniën bleek vals alarm te zijn geweest. We moesten blijven, voor koningin en vaderland, en de koloniën nog een tijdje draaiende houden. Gedurende die laatste dagen in Gabs, na mijn poging hem te vermoorden, keken mijn vader en ik elkaar niet meer aan, maar het leven ging door en wij gingen door alsof er niets was gebeurd. Bijna. We zaten aan tafel zoals we dat altijd hadden gedaan: kun je het zout even doorgeven, kun je de boter aangeven, mag ik nu van tafel? We pakten de vertrouwde routine weer op. Maar hij deed niet meer aan hoofdrekenopgaven en soms kwam hij heel laat thuis, en dan wachtten de bedienden hem op en zetten hem zijn diner voor, dat hij in zijn eentje verorberde. De sfeer in huis was veranderd. Mijn moeder had zich achter het muskietennet teruggetrokken en haar aftocht leek definitief. Ze keek nauwelijks naar me om. De twee leefden naast elkaar in gespannen stilte en wisselden vrijwel geen woord. Het leek alsof we nu allemaal op de hoogte waren en niet meer de geringste twijfel hadden. Het spelletje van ontkennen kon niet als voorheen worden voortgezet, met als resultaat dat we elkaar meden als de pest.

Het mes was verdwenen en Mpanda eiste uitleg. Ik zei dat ik echt niet wist waar het gebleven was, wat de waarheid was.

Ik kon me die nacht wel herinneren, maar in mijn geest vielen de details uit elkaar, waren ze verspreid en ik probeerde er niet over te struikelen. Alleen nog het mes zag ik met grote helderheid voor me en hoe ik het had opgetild om te doden. Langzaam maar zeker kreeg mijn wraakactie, mijn zuiveringspoging, een lelijk en smerig karakter en raakte de daad verborgen, net als het mes – bijna vergeten, maar niet helemaal. Net als alle andere dingen. En toen begon het mes me te achtervolgen vanuit zijn halfvergeten schuilplaats. Het dook overal op – in elk straaltje zonlicht, in de gloed van de ondergaande zon en zelfs in de smalle maan, die zich had opgericht als een ijzige spits en beschuldigend naar me wees. Het was gewoon een kwestie van tijd en dan zouden het mes en ik herenigd worden en weer één zijn.

Langzaam veranderde ik in een geest. De verwarring had toegeslagen, mijn herinnering vertoonde barsten en als ik mijn gezicht in de spiegel zag leek ik niet precies te weten wie ik was en wat ik had gedaan. Soms werd ik schreeuwend wakker en was mijn hoofd vol met afschrikwekkende beelden: een uitdrukkingsloos gezicht staarde me aan in de duisternis, een kind dat in veren verdronk, in mijn mond krioelden schorpioenen in het slijm en als ik dan ontwaakte waren mijn lakens zo in elkaar gedraaid dat het leek alsof ik mezelf had willen wurgen.

Mijn vader verging het niet beter. Toen we in Mafeking waren aangekomen moet hij geweten hebben dat hij hooguit nog een paar jaar in Afrika zou mogen blijven. Engeland was bezig zijn zaken in de kolonies op te doeken. Onze overzeese bezittingen zouden binnenkort worden teruggegeven en dat betekende dat hij ontslagen zou worden en zijn baan zou kwijtraken. Hij had een openbare school nog nooit vanbinnen gezien en had sowieso geen enkele interesse in de

Eton-idealen van eerlijk spel, goede manieren en eer. Hij bestreed al deze illusies omdat hij diep in zijn hart leefde volgens tactieken zoals die van Sinn Fein. En dus kon hij, zonder eigen kapitaal om op terug te vallen en zonder kwalificaties behalve die van een ambtenaar van een uit elkaar gevallen rijk, alleen nog maar naar Engeland, het land dat het Ierland van zijn jeugd zo onmenselijk had bejegend.

Hij zwalkte rond als een aangeschoten walvis en hield zich schuil voor de toekomst. We hadden de band van woede verloren die ons ooit zo nauw met elkaar had verbonden. Hij was net zover heen als ik. Ik kan me hem in die tijd nauwelijks voor de geest halen. Hij was mij compleet vergeten. Hij leverde nu een gevecht met zichzelf. Hij leek te weten dat hij verdoemd was. Engelands tijd was voorbij en die van hem ook. Ik rook zijn lijdensweg vaag in de wind, maar ik voelde geen medelijden voor hem. Ik wenste vurig dat hij me nooit op de wereld had gezet.

Mafeking onderkende mijn behoefte aan straf en deed zijn best. De eerste beproeving kwam op school. Angela was van school getrapt omdat ze geweigerd had zich te onderwerpen aan de heilige kloostervrouwen in Mafeking. Ze zat nu op St. Mary in Johannesburg samen met Myfanwy en Vyvyan le Cordeur. Ik was nog steeds thuis, en thuis was nu Mafeking. Engelse meisjes gingen altijd naar het klooster, maar omdat Angela daar vanaf was getrapt kon ik er natuurlijk niet heen. In plaats daarvan stuurden ze me naar de openbare school waar ook de Afrikaners op zaten. Sinds de oorlog met de Boeren was Mafeking net zo verdeeld geweest als Belfast. Toen Mafeking in 1902 was ingenomen, waren de Boeren in kampen gedreven, voorlopers van de latere concentratiekampen, waar velen van hen hadden geleden en waren gestorven. Mafeking was dit niet vergeten en de kinderen op de openbare school namen opgetogen wraak op elke verdwaalde Brit die hun *laager* betrad. Ik vormde een makkelijke prooi.

Op de openbare school in Mafeking droegen de meisjes donkergroene tunieken. Onder de tuniek droeg je een overhemd met een stropdas en de tuniek had wijde plooien die van de schouders tot de knieën vielen. Ik had zoals gewoonlijk Angela's schooltuniek van het klooster geërfd, maar die was lichtgroen in plaats van donkergroen. De verf waarmee we de tuniek probeerden te verven pakte niet en het kledingstuk bleef koppig lichtgroen, waarmee mijn herkomst voor de hele school duidelijk werd. Ik was ten dode opgeschreven; was het niet vanwege mijn accent, dan vanwege de verkeerde kleur van mijn tuniek. Ik was de vijand en tijdens elke lunchpauze werd ik samen met een of andere grote bruut een cirkel in geschoven en dwongen ze me met hem te vechten. Na verloop van tijd werd ik er bedrevener in maar de wreedheid van dat oord werd me te veel. Ik had nu de moed verloren. Mijn oorlogsdagen waren voorbij. Ik kon nauwelijks het hoofd boven water houden en al snel werd me duidelijk dat ik het net zo goed achterwege kon laten. Ik had twee keer bijna een ongeluk met mijn fiets, de eerste keer botste ik tegen het wiel van een auto en de tweede keer reed ik op de spoorlijn terwijl er een trein aankwam. De mensen schreeuwden me toe vanuit hun auto's en wezen met hun vinger naar hun hoofd om aan te geven dat ik gek was. Ik vertelde thuis nooit iets over deze incidenten. Ik had het gevoel dat ik aan het proberen was mezelf iets aan te doen, maar ik kon het niet tegenhouden.

We woonden in een gedeelte van Mafeking dat de Imperial Reserve werd genoemd. In die tijd woonden de koloniale emigranten nog steeds in stadswijken met glorieuze namen. De Imperial Reserve was niet veel meer dan een verzameling vervallen, door modderige paadjes met elkaar verbonden prefab-huizen en oudere huizen, waarvan sommige mooi aangelegde tuinen hadden en andere werden omgeven door een stoffig lapje grond, met hier en daar een wilg of een gomboom en een paar rode geraniums die in een autoband waren geplant. Ons huis was verreweg het mooiste in de Imperial Reserve maar was tevens een huis waar een afschuwelijk ongeluk gebeurd was. Het was groot en koel en bezat iets van de elegantie van de oudere huizen. Aan de voorkant van het huis liep een lange overdekte veranda met een rode tegelvloer, die elke ochtend werd gedweild; er stonden veel bomen die de kamers beschaduwden en mijn slaapkamer bevond zich aan de achterkant van het huis, vlak bij de keuken en de achterplaats. Daar had het ongeluk plaatsgevonden. Iedereen kende het verhaal en binnen een paar dagen na onze aankomst in de Reserve werden we op de hoogte gebracht van alle details.

Er waren een rozentuin en een vijver vol met rode en oranje goudvissen en kleine irissen aan de rand. We kregen tekenles van een buurvrouw en de manier waarop de vorm van een gloeiend hete kachelpook zo waarheidsgetrouw op papier kon worden overgebracht sprak me erg aan. Het rustige huis was een oase in het onbeschaafde Mafeking, maar het kon de verschuiving niet voorkomen die zich in mijn hoofd afspeelde. Ik had de geschiedenis gehoord over de jongen die aan het graven was in het zand op de achterplaats toen een bom, die daar al lag sinds de oorlog met de Boeren, in zijn gezicht explodeerde, hem zijn gezichtsvermogen ontnam en zijn armen aan stukken reet. Ik wilde weten waar het precies was gebeurd. Het was vlak bij het draadhek, in de buurt van de oude waterput en tegenover de boom, waaraan een autoband bij wijze van schommel aan een touw was bevestigd. Ik bracht veel tijd op de plek door en stelde me met ziekelijke fantasie voor wat er gebeurd was. Vlak bij ons in de buurt woonde een kolonel die krankzinnig was geworden door shellshock. Hij had de reputatie dat hij nogal schietgraag was en iedereen die een beetje bij zijn verstand was bleef bij hem uit de buurt. Zodra me dit ter ore was gekomen sloop ik 's avonds laat weg met een zak met stenen bij me, die ik dan op het dak van het huis van de kolonel gooide waarna ik de bosjes in vloog die naast zijn huis stonden. Hij kwam dan met een geladen geweer zijn huis uit stormen en schoot in mijn richting het duister in, misschien omdat hij dacht dat er oproer was, of dat de oude strijd weer was opgelaaid – ik had geen flauw idee wat hij dacht. Ik voelde de kogel rakelings langs mijn wang suizen en ging weer zachtjes terug naar bed.

Al snel gedroeg ik me net zo idioot als de kolonel. Ik had de gewoonte ontwikkeld om van het dak van het ene bediendeverblijf op het volgende te springen. Er zat tamelijk veel ruimte tussen en het gevaar trok me enorm aan, het hielp me om me levend te voelen, me alert te voelen. Toen verzocht men ons om uit het mooie grote huis te vertrekken, ik weet niet waarom, en werden we geïnstalleerd in een lelijk geprefabriceerd monster aan de overkant. Waarschijnlijk had een belangrijker iemand ons huis in de Imperial Reserve nodig. Het was een slecht teken: mijn vader begon zijn macht te verliezen. Net als ik, trouwens. Op school was ik nu zover dat ik aardig kon vechten en mensen echt pijn kon doen. Er liep een aardige leraar rond die een vermoeden had van mijn moeilijkheden en deed wat hij kon, en er was een jongen, Norman, die mij op een heel rustige manier te hulp schoot in het klaslokaal tijdens de afschuwelijke periodes dat de leraar weg was en mijn klasgenoten met inktpotten begonnen te gooien en met sprinkhanen, salamanders en kikkers, die, naast stenen, de beste ammunitie vormden voor hun katapulten.

Nu we in de Republiek Zuid-Afrika waren, die goud en diamanten produceerde in een tempo alsof de voorraad onuitputtelijk was, had mijn moeder echte winkels tot haar beschikking, die vlakbij waren. En we konden door Zuid-Afrika naar de kust rijden, vakantie houden in Durban en in de zee zwemmen. We konden naar het Krugerpark gaan en proberen wilde dieren te ontdekken vanachter onze autoruit, in plaats van te hopen en te bidden dat er geen wild dier in de achtertuin zat. We konden kleren kopen in plaats van ze te laten maken. De hoofdstraat in Mafeking, waarvoor mijn moeder haar neus optrok, voorzag in een totaal ander soort winkels dan wij gewend waren. Er was een kapper die opgeleid was om een Toni-permanent in te zetten – niet een of andere *jaapy* vrouw in de wildernis die je haar helemaal pluizig en droog maakte. Er was uiteraard een Barclays Bank maar ook een Standard Bank en een echt politiebureau met een gevangenis en een rechtbank. Je vond er een drogist, een kantoorboekhandel, een herenkapper, een winkel waar je ijsjes kon kopen, een paar cafés, een fourniturenzaak en een paar kledingzaken en schoenenzaken. Er stonden straatlantarens en verkeerslichten en er liep een echt wegennet in plaats van prehistorische zandsporen. De straten hadden namen, de ene straat ging over in de andere en als je een bepaalde kant op ging was er een redelijke mogelijkheid dat je je beginpunt zou kunnen terugvinden. Er waren slagers, bakkers, kruidenierswinkels en hotels en bars, en zelfs een speelgoedwinkel waar ik een goedkoop parelkettinkje had kunnen kopen als ik genoeg gespaard zou hebben. O, in Mafeking vond je alles wat je maar kon bedenken. En een ziekenhuis waar je niet zo snel zou overlijden als je erheen moest, maar als het echt ernstig was ging je natuurlijk naar Joburg of Kaapstad. Overal hingen borden waarop SLEGS VIR BLANKES (alleen voor blanken) stond. Die hadden we niet in het BP omdat er daar al stilzwijgende afspraken over bestonden.

De uitstapjes in Zuid-Afrika, naar zee of de wildreservaten, vormden een welkome afleiding, maar ik moest weer naar school en daar begon het allemaal weer van voren af aan. Als ik terugfietste naar de Imperial Reserve werd ik opgewacht door mijn belagers met blond kort stekelhaar, die me van mijn fiets duwden, me in elkaar sloegen en dreigden me aan stukken te snijden als ik mijn mond durfde opendoen. Ze hoefden me dat niet onder mijn neus te wrijven, dat dreigement had ik al lang geleden begrepen. Deze aanvallen deden zich dagelijks voor. Ze vonden plaats net na de spoorlijn, voordat ik het veilige Britse gedeelte van de stad had bereikt. In deze periode, toen ik worstelde met mijn puberteit en het bijna niet meer vol kon houden, verscheen Norman op het toneel. Op een dag, in het heetst van de strijd met de vandalen, dook hij plotseling op uit het niets. Hij kwam aanrijden, nam de situatie in zich op, legde zijn fiets voorzichtig neer en timmerde toen zonder een woord te zeggen mijn beulen volledig in elkaar. Vervolgens fietste hij weg zonder me verder een blik waardig te gunnen.

Norman was iets ouder dan ik. Hij was Afrikaner, lang en blond met een aardig gezicht en een goedgebouwd lichaam. Hij was rustig en bedachtzaam en ging veel om met twee jongens die veel luidruchtiger waren dan hij, en als zij over de schoolbanken sprongen of obsceniteiten uit het raam schreeuwden, glimlachte hij alleen. Hij zat achter in de klas en ik voorin. We spraken niet met elkaar. Ik wist helemaal niets over hem, maar elke dag als ik mijn fiets uit het rek naast de toiletten haalde – waar een van de kinderen ooit aan een astma-aanval was overleden – zag ik hem zijn fiets pakken en er langzaam mee naar de schoolpoort lopen. Ik deed hetzelfde, maar als we eenmaal buiten de poort waren moesten we verschillende richtingen op en raakte ik volledig in paniek. Het leek of ik in een mijnenveld liep. Ik durfde me niet te bewegen, de plek niet te verlaten waar ik hem voor het laatst had gezien. Uiteindelijk moest ik natuurlijk toch weg, fietste dan door een rustig deel van de stad, langs het café, de Indiase winkels en de garages en vervolgens door de hoofdstraat met zijn grote gebouwen en brede luifels die de mooie spulletjes in de winkeletalages tegen de zon moesten beschermen.

Maar als ik de hoofdstraat met zijn winkels achter me had gelaten en op het gevaarlijke stuk voorbij de spoorlijn fietste voelde ik de paniek weer in me opwellen en probeerde die in bedwang te houden terwijl ik met mijn hoofd naar links en naar rechts zwiepte, op zoek naar mijn belagers. Maar ze kwamen niet terug. Er gingen dagen voorbij en er was geen spoor van ze te bekennen. Ik durfde niet aan mijn hoop toe te geven, maar op een gegeven moment was er een week voorbij en had ik ze nog steeds niet gezien. En pas toen ik een keer een lekke band had en van mijn fiets afstapte zag ik Norman, die ongeveer zestig meter verderop nonchalant achter me aan fietste. Toen ik het hek had bereikt dat om de Imperial Reserve heen stond draaide ik me nogmaals om en was hij er tot mijn verbazing nog steeds. Ik hief mijn arm op om naar hem te zwaaien en hij maakte een groetend gebaar met zijn hoofd, draaide om en fietste de hele weg terug naar het gedeelte van de stad waar hij woonde.

Vanzelfsprekend zeiden we niets over deze gebeurtenissen. Maar daarna vond ik het niet meer zo erg om naar school te gaan. Soms landde er een klodder spuug op mijn achterhoofd en dan trok ik mijn neus op, alsof het me niets kon schelen. In mijn gedachten voerde ik hele gesprekken met Norman en voordat ik in slaap viel zag ik zijn gezicht voor me. Hij glimlachte altijd. Soms maakte hij dat opwaartse gebaar met zijn hoofd, zoals toen hij me dat kleine signaal gaf op die dag dat ik een lekke band had en hij me had begeleid tot ik veilig en wel het hek had bereikt. Hij en ik praatten veel, langzaam en doordacht, in het Afrikaans, heel gewone gesprekken, die zich allemaal binnen de bescherming van mijn geest afspeelden. En naarmate de tijd verstreek nam mijn fantasie over hem duidelijker vormen aan; hij vertelde me dat zijn vader bij de spoorwegen werkte, dat hij een broertje had dat hem ergerde en een moeder die melktaarten en koeksusters bakte en dat ik eens een keer bij hem op bezoek moest komen om ze te proeven. En al die tijd hadden we nog geen woord met elkaar gewisseld.

Behalve Norman was er één andere vorm van troost in Mafeking en dat was zo ver mogelijk op mijn fiets van de Reserve vandaan rijden. Soms hield ik halt bij het huis van een vrouw die ik ergens had ontmoet en dronk daar een glaasje sinaasappellimonade. We zaten samen een tijdje op de *stoep* en dan informeerde ze naar school. Ik vertelde haar fantastische verhalen over de gebeurtenissen op school, over de druiven en perziken die we kregen, hoe aardig Meneer was en dat ik voor de zoveelste keer over Jan van Riebeck leerde, over de Hollandse Oost-Indische Compagnie en over de Voortrekkers en over het ontstaan van de Unie van Zuid-Afrika. Niet eenmaal bracht ik Norman ter sprake. Op een keer ging ik naar binnen om mijn handen te wassen en zag ik op de schouw een verfrommeld babyschoentje liggen, compleet met vetertjes, helemaal in brons gegoten. Ik vroeg haar van wie dat schoentje geweest was omdat je duidelijk kon zien dat het veel gedragen was, en toen zei ze dat het van haar baby was geweest die was gestorven. Ik ging nooit meer terug.

Na dit voorval nam ik een andere weg als ik naar de bruine rivier met de treurwilgen aan de rand van de stad ging. Ik zat daar in de schaduw en verorberde de boterhammen met pindakaas of Marmite die Mpanda voor me had klaargemaakt; het was heerlijk brood uit de winkel, dat dik en solide was en zonder gaten, zonder zwarte korsten of barsten in het midden. Hij sneed er dikke sneden van, verpakte de boterhammen in vetvrij papier en vroeg me het papier te bewaren en mee terug te brengen zodat hij het opnieuw kon gebruiken.

Soms mocht ik samen met hem fudge of toffee maken in zijn keuken, maar al snel nam Mpanda het helemaal over, omdat ik zo onhandig was en zo bang om een ongelukje te krijgen. Je kon je lelijk branden, zowel aan de fudge als aan de toffee, vanwege het suikergehalte; veel meer dan suiker zat er niet in. Hij zei dat je je er net zo gemeen aan kon branden als aan teer en hij liet me niet in de buurt van het fornuis komen. Hij schudde zijn hoofd als hij mijn snijwonden en blauwe plekken zag en werd nogal boos op me. Waarom heb je altijd overal verwondingen, missy, waarom val je altijd en breek je van alles? Je zou zo langzamerhand toch voor jezelf moeten kunnen zorgen. Toen ik jouw leeftijd had, in Nyasaland, had ik een hele kudde geiten en drie koeien onder mijn hoede. Er is nooit iets met ze gebeurd. Jij hoeft alleen maar voor jezelf te zorgen en zelfs daarin slaag je niet.

's Avonds kwamen er soms mensen op bezoek, die een

drankje kwamen drinken en bij ons bleven eten. Ze parkeerden hun auto, grote Amerikaanse Chevy's of soms een Cadillac, op het zandpad dat vol met kuilen zat, hetgeen de auto's geen goed deed. Wij hadden ook een Chevrolet, onze tweede, maar we hadden in Mafeking geen chauffeur, zoals in Gabs. Overal reden nu mensen in auto's, iedereen had een auto en zelfs vrouwen zaten achter het stuur. Maar mijn moeder natuurlijk niet. Ze zou niet de moed hebben gehad op die manier mijn vader te trotseren. Ik weet eigenlijk niet waar ze heeft leren autorijden, maar ze bleef haar hele leven een nerveuze rijder, ze zat kaarsrecht en tuurde gespannen door het raam, alsof er zich iets afschrikwekkends voor haar bevond, ze remde op de verkeerde momenten en maakte mij bloednerveus als ik bij haar in de auto zat. Uiteraard bleek ik precies dezelfde rijstijl te hebben toen ik eenmaal de leeftijd had om achter het stuur plaats te nemen.

De Chevy's uit die tijd waren echt prachtig met hun voluptueuze vorm en brede romp, enorme wielen en diepe comfortabele interieur. Hun geur was heel bijzonder en ze straalden een belofte aan rijkdom, ruime wegen en vrijheid uit. Als ik met mijn zusjes achterin zat staarde ik uit het raam, terwijl het landschap voorbijvloog en ik me verbeeldde dat mijn vader de chauffeur was en dat ik hem zou bevelen ons naar een leuk beschaduwd huisje te brengen, naar het strand of naar elke plek die ver genoeg van Mafeking was verwijderd, in plaats van dat hij ons bracht naar de bestemming die hij had bepaald. Als we mensen op bezoek hadden ging ik in de zachte, glanzende stoelen van hun auto zitten en liet mijn vingers langs de naden glijden, draaide de raampjes omhoog en omlaag, keek naar buiten de nacht in en luisterde naar de insecten in de bomen. Soms ging ik op de bestuurdersstoel zitten en overwoog om weg te rijden. Ik had op de boerderij geleerd een tractor te besturen en dacht niet dat een auto zoveel anders zou zijn, maar ik werd weerhouden door de stemmen die uit het huis klonken. Op een avond stond ik achter een boom toen mijn ouders naar buiten kwamen om hun gasten uit te zwaaien. Ik wist dat mijn ouders geen spaan van ze heel zouden laten zodra de gasten vertrokken zouden zijn. Mijn moeder zou beginnen: Heb je dat haar gezien, en de kleur van die schoenen? Ze laat zichzelf wel gaan sinds ze weg is geweest. Mijn vader: Die man is een idioot. Onbegrijpelijk dat die hoofd van de politie is geworden. Ik weet niet hoe hij erbij komt dat hij iets van het BP weet, hij heeft er amper een jaar doorgebracht. En al die onzin over de onafhankelijkheid. Ik word er doodziek van.

De gasten stapten in hun auto; de man stak een sigaret op en startte de auto. Zonder erover nagedacht te hebben stond ik in een flits achter de auto, ging zitten op de brede bumper en hield me goed vast terwijl de auto optrok en de weg op ging. Toen de auto sneller ging rijden klampte ik me steeds steviger vast maar al snel hield ik het niet meer en wilde ik eraf springen, maar ik kon het juiste moment niet bepalen dus tegen de tijd dat de auto te hard reed om er nog af te kunnen springen hing ik er nog steeds aan. Toen moest ik wel springen omdat ik te ver van huis verwijderd raakte. Ik werd voortgesleept en mijn benen werden geschaafd en opengereten op de weg die met gravel bestrooid was. Eén keer kukelde ik om en viel voorover, plat op mijn gezicht; ik durfde 's morgens niet aan het ontbijt te verschijnen omdat er stukjes grind in mijn gezicht zaten. Mpanda plukte de stukjes grind uit mijn gezicht met een pincet dat hij in een steelpan had uitgekookt, terwijl hij met zijn tong klakte en verdrietig zuchtte.

Ik zag er zo verschrikkelijk uit dat zelfs mijn moeder door-had dat er iets met me was gebeurd. Af en toe kwam ze mijn slaapkamer binnen, waar ik met gekruiste benen op mijn bed voor me uit zat te staren. Ze probeerde me aan de praat te krijgen en vroeg me wat er aan de hand was. Waarom zat ik altijd te mokken? Waarom voelde ik me zo miserabel en ongelukkig? Wat was er toch met me? Ik gaf haar geen ant-woord, ik negeerde haar aanwezigheid. Soms ging ik weer op mijn bed liggen, deed mijn ogen dicht en deed net of ik sliep. Ik liet haar zitten in de stilte. Tijd om wraak te nemen. Ik ging ermee door tot ze me met rust liet. Maar ze was boos, ongeduldig en ook bezorgd. Ze kon me niet tot verandering bewegen. Er moest iets gebeuren.

De Engelse oplossing voor dit soort situaties is vaak de kostschool. Angela was al ongeveer een jaar op St. Mary in Johannesburg en de meisjes le Cordeur waren daar ook nog steeds. Men deelde mij mee dat ik er in het begin van het jaar heen gestuurd zou worden, zodra ik dertien was ge-worden. Ik was zo'n wrak dat ik er niet veel op te zeggen had, maar op de een of andere manier had ik het gevoel dat het ergste achter de rug was. Ik zou uit huis vertrekken. Een nieuwe kans krijgen. Ik kon opnieuw beginnen en niemand zou iets weten van mij of van de dingen die ik had gedaan. Angela kwam thuis met haar koffer met schoolspullen, vis-te alles eruit wat haar te klein was en gaf het aan mij. De zo-merjurken waren leuk, blauw-wit met bloemetjes, en op St. Mary droegen ze in de winter rokken in plaats van tu-nieken, maar wel de gebruikelijke overhemden met dassen, een donkerrode blazer en veterschoenen. Nadat Angela me al haar afdankertjes had gegeven zei ze dat ik eens even moest gaan zitten. Ze zei dat ze een goede reputatie had op St. Ma-ry en dat ze schooloudste wilde worden. Het was een belangrijke positie die je niet zomaar kreeg. Ik mocht de boel niet – nogmaals: niet – voor haar verpesten als ik daar was door een huilebalk of een zielepoot te zijn of een van mijn onverklaarbare paniekaanvallen te krijgen. De nonnen waren zeer streng en ze zouden mijn kuren niet tolereren. Ze had met mammie gesproken, zei ze, en blijkbaar had ik me de afgelopen tijd slecht gedragen en ze wilde absoluut niet dat ik daarmee op St. Mary zou doorgaan. Ze genoot aanzien; het was de enige school waar ze ooit gelukkig was geweest en ze wilde niet – nogmaals: niet – dat ik dat door mijn aanwezigheid voor haar zou bederven. Ook wilde ze niet voor mij verantwoordelijk zijn. Ik was dertien en ik moest het zelf maar opknappen. Ze zou me voordoen hoe ik mijn naamlabels in mijn kleren moest naaien, me helpen mijn koffer te pakken en dat was het dan, afgedaan en klaar. Klaar, afgedaan; het werd herhaald om het nog eens goed duidelijk te maken.

We werden op de trein gezet met de andere kinderen uit Dar es Salaam en Mombasa, Bulawayo en Salisbury en andere afgelegen dorpen die zelf geen behoorlijke school hadden. We zaten twee nachten in de trein; als we uit de ramen hingen ademden we roet in, we schreeuwden naar de jongens die meestal op weg waren naar St. John, een gelieerde school in Joburg. We misdroegen ons in de restauratiewagon, renden heen en weer in de gangen en bonsden op deuren; we gilden het uit als we op het verbindingsstuk tussen twee wagons stonden, waar je bijna zeker was dat je ertussen zou vallen. Ange werd voor de eerste keer ongesteld in de trein, lag krimpend van de pijn op het bovenste bed en was het grootste gedeelte van de reis niet aanspreekbaar. Ik begon er plezier in te krijgen. Het was geweldig om zo ver mogelijk uit het raam te hangen en de rook in je gezicht te krijgen. Tegen de tijd dat we op onze bestemming waren aangekomen was alles zwart, ondanks het gemak van een piepkleine douchemogelijkheid, waarvoor je in de rij moest staan. 's Avonds kwamen de stewards onze lakens omslaan en ze waren zo jong dat we grote pret met ze hadden en trekjes van hun sigaret mochten nemen. Er ging een nieuwe wereld voor me open. Ik kon die zien als ik naar buiten keek, terwijl het landschap voorbijflitste en we onderweg bij kleine stationnetjes stopten waar de piccanins voor ons raam op en neer sprongen en om kleingeld bedelden. 's Nachts werd je in slaap gewiegd door het ritme van de trein terwijl je de geur van gepoetst koper rook. In het holst van de nacht en 's morgens vroeg hoorde je het geratel van de wielen op de rails en het luide dichtslaan van deuren als de trein stilhield om passagiers te laten instappen. Als je in bed lag hoorde je gehaaste Afrikaanse stemmen die de passagiers aanspoorden om snel, snel in te stappen. Het was romantisch en opwindend. Ik snelde een nieuwe bestemming, een nieuwe toekomst tegemoet. Niemand wist wat een slappeling ik was of wat er met mij gebeurd was. In de trein was er niemand die me zat te pesten of mijn spullen uit het raam gooide. Ik was vrij. Ik kreeg een nieuwe kans. Ik kon iemand anders worden. Ik was op weg naar de Gouden Stad. Alle ellende was achter de rug, afgedaan en klaar.

Twaalf

Angela maakte zich natuurlijk terecht zorgen en ik was echt een blok aan haar been, zeker in de eerste weken, waarin ik nauwelijks functioneerde binnen alle rechten en plichten van het gewone schoolleven. Ik was een meisje geworden dat niet wist hoe ze zich aan de regels moest houden en ik begreep niets van de orde en regelmaat waarin ik terecht was gekomen. Om de haverklap ging de bel om ons aan onze plichten te herinneren en we brachten zoveel tijd door op onze knieën in de kapel, waarbij we sluiers droegen die zo strak werden vastgeknoopt met linten dat onze oren pijn deden en knalrood werden. Ik kon er niet aan wennen. Ik deed stiekem mijn veterschoenen uit onder mijn lessenaar of kerkstoel, om mijn voeten de ruimte gegeven, alsof ik terug was in de wildernis. Ik voelde me ongemakkelijk in de vreemde gesteven kleding en het was een ramp om op zondag nylonkousen te moeten dragen. Ze zaten gedraaid bij je knieën of enkels en de jarretelgordel sneed bij het lopen in je middel. En al die mensen – eindeloze rijen meisjes die duwden en langs je heen schoven om tijdens de ochtendpauze onder de bomen zoveel mogelijk sandwiches te bemachtigen. Er stonden gedekte tafels en wie het meeste te pakken kon krijgen had gewonnen. Ik werd door alles en iedereen in verwarring gebracht en bang gemaakt. De mensen liepen niet maar renden, behalve als er een non in zicht kwam, dan remden ze af en gingen ingetogen lopen. Ze wisten altijd wat ze moesten doen en hoe. Het waren beheerste en beschaafde schoolmeisjes, ze kenden elkaar en de procedures op school zeer goed en waren kortaf tegen nieuwelingen. Ze hadden grote snoeptrommels vol met bijzonder snoep en Zwitserse Toblerone-chocola in een doosje in de vorm van de Alpen. Ze hadden geld, klasse en veel kleren en bekeken mij op dezelfde manier als mijn moeder dat deed – alsof ik een schepsel was dat aan haar voeten de wildernis uit was gesleept.

Angela moest steeds weer een nieuw probleem komen oplossen. Ze kwam bijvoorbeeld naar mijn slaapzaal, waar ik achter dichte gordijnen op mijn bed zat en weigerde te bewegen. Met haar handen in haar zij vroeg ze: Wat is er nu weer?

Ik heb een bh nodig.

Niet waar.

Wel.

Je hebt niks om erin te stoppen.

Toch wil ik er een. Iedereen heeft er een.

Je krijgt hem niet. Mammie vindt het niet goed.

Ik moet er een hebben anders ga ik dood.

Wil je nou eens ophouden met dat dramatische gedoe! Oké, oké. Laat maar. Ik ga wel kijken of ik iets kan vinden. Hou nou je mond en verdwijn, ga naar de zwemles, daar had je nu allang moeten zijn.

Maar de zwemles was natuurlijk juist iets waar ik absoluut niet naar toe kon want dan zou de hele zwemklas, en dus de hele school, erachter komen dat ik geen bh had.

Nadat ik een paar weken gesukkeld, gesnotterd en gegriend had, kreeg ik een openbaring. Het was op een middag toen ik opeens de aard van de machtsstructuur in deze gemeenschap begreep. Mijn vroegere vriendin Vyvyan le Cordeur, die volgens mij al op de school zat vanaf het moment dat ze kon zien, had de leiding. Niemand bestreed haar autoriteit; zij was de aanvoerster. Ze had een slaafs vriendinnetje, Penny, dat al haar bevelen opvolgde; die twee hadden deze symbiotische relatie al vanaf de tijd dat ze op St. Mary waren gekomen toen ze zes waren. Penny had lange vlechten tot haar middel, net als Vyvyan, maar had heel donkerbruin, bijna zwart haar, en Vyvyans haar was blond. Penny was mager en had een vale huid. Haar haar zat al zo lang strak naar achteren gebonden dat haar haarlijn zich door het gewicht van de vlechten had teruggetrokken. De mensen vroegen zich weleens af of ze misschien Indiaas bloed had, maar niemand zei dat hardop. Penny was enig kind, vreselijk verwend en ze adoreerde Vyvyan. Ze liepen samen rond alsof ze één persoon vormden en Vyvyan nam alle beslissingen zonder iets te overleggen. Vyvyan had de macht in handen.

Het was me duidelijk wat me te doen stond. Ik moest haar macht breken, het was de enige manier die ik kon verzinnen om op St. Mary te overleven. Alleen zo kon ik ervoor zorgen dat in Johannesburg niet hetzelfde zou gebeuren als in Mafeking. Mijn herinnering legt een waas over de manier waarop ik Vyvyan van haar troon stootte, maar ik had haar binnen korte tijd overwonnen. Toen was ik de bullebak geworden en ik zorgde door middel van allerlei gemene listen dat ik iedereen onder controle hield. Mijn feitelijke aanval bestond uit het stelen van Penny – haar ervan te overtuigen dat ze Vyvyan opzij moest zetten. Penny had wel in de gaten welke kant het op ging en verlegde haar sympathieën snel. Nu was ze mijn beste vriendin. Vyvyans ondergang was compleet. Daarna kwam ik pas goed op dreef. Een paar studieuze en minder rebelse meisjes scheidden zich af en vormden een splintergroep die werd geleid door Kim Theron. De meisjes in mijn bende gingen bewust of onbewust hun ongeluk tegemoet. Ik had geen scrupules over deze militaire greep naar de macht. Ik had in de wildernis geleerd hoe je moest overleven: het was een kwestie van doden of gedood worden.

St. Mary was een anglicaanse meisjesschool die zowel interne als externe leerlingen aannam. Het was een zeer godsdienstige school, die werd geleid door een nonnenorde uit het Engelse Wantage, maar er waren ook leraressen van buiten, die normale vrouwen waren. De zogenoemde dagvlinders waren natuurlijk uitschot en we bekeken ze niet, tenzij ze iets te bieden hadden, zoals Lesley Barker. Lesley liet ons haar huis gebruiken voor feestjes halverwege het schooljaar. Het waren uiterst opwindende gebeurtenissen die we vanaf de eerste schooldag tot het laatste detail planden. Op zondag of in het weekend, als we weg mochten, ging ik met Lesley mee naar huis en ving ik een glimp op van het reilen en zeilen in een ander gezin. 's Zondags stapten we in de auto van Lesleys vader, trokken onze vilten hoedjes af en onze witte zondagsjurken, kousen en veterschoenen uit en verwisselden die ter plaatse voor shorts en sandalen; we wurmden ons op de achterbank in en uit de kleren, zodat niemand het zou zien, terwijl we door de mooi verzorgde Waverly Street reden.

Ik leefde in een andere wereld. St. Mary was een echte school. De school was duur en dreef op genereuze beurzen en schenkingen. Er waren prachtig onderhouden tuinen, hockeyvelden, tennisbanen en een zwembad. Er werden gala's georganiseerd, waar veel mensen op afkwamen en we speelden hockey- en tenniswedstrijden met andere scholen. We gingen naar de opera en naar toneelstukken. We hadden een enorme aula waar we zelf toneelstukken opvoerden en concerten gaven. De klaslokalen waren voorzien van grote ramen en nette rijen glanzende lessenaars met potjes Chinese inkt. We schreven met vulpen met lichtblauwe inkt en we leerden schuin te schrijven en prachtige boogletters te maken, die de elegantie hadden van de bogen in een gotische kerk. Er waren boekenkasten vol met boeken en houten, stofvrije en glimmende vloeren. Ofschoon het geen klooster was leek het er veel op; dat zag je aan de wanddecoraties, zoals een groot kruisbeeld aan de lange muur, waaraan een dode man hing. Zijn handpalmen bloedden, zijn voorhoofd was gehavend door doornen en zijn hart, met een aparte, kleinere doornenkroon, was zichtbaar. Gelukkig had ik iets dergelijks al gezien in het huis van mevrouw Watermeyer in Gabs. Ik had een keer in haar logeerkamer overnacht en ik moest het schilderij van de muur halen om te kunnen slapen. Ik raakte op St. Mary snel gewend aan de bloederige taferelen en bovendien was Maria eigenlijk de favoriet, net als bij de katholieken, en ze nam meer wandruimte in beslag dan haar zoon. Haar lichaam zag er nooit mishandeld uit; ze was gekleed in blauw en zilver en je zag haar nooit zonder haar stralenkrans en zelden zonder de miniatuurman die op haar knie zat.

Het verbaasde me dat er voor elk vak een andere lerares was. Ze kwamen en gingen, iedere keer als de bel luidde. Voor elk vak had je een serie verschillende leerboeken nodig die we plichtsgetrouw helemaal doorwerkten. Er was een bibliotheek, die helemaal volstond met kasten met boeken over elk denkbaar onderwerp, netjes gerangschikt en zonder gescheurde pagina's. Er was ook een laboratorium met lange, glanzende tafels, glazen bakken, proefbuisjes en hier en daar een liggend dood dier, dat ontleed moest worden. Ik was verbijsterd en betoverd door de overvloedigheid van dit onderwijsinstituut, door de ernst van niet alleen de leraressen maar ook van de leerlingen, en door de duizelingwekkende hoeveelheid vakken die je onder de knie moest krijgen.

Ik verbaasde me ook over de meisjes op St. Mary omdat ze bleven zitten tot het einde van de les, hun hand opstaken als ze een verzoek of een vraag hadden zonder 'ík, ík' te schreeuwen en omdat ze de lessen met grote interesse volgden. Ik besefte al snel dat ik die overgave niet in me had. Ze waren op de hoogte van dingen waarvan ik nog nooit had gehoord en als de leraressen aan het woord waren begrepen de meisjes waarover ze het hadden. Sommige vakken, zoals Engels of godsdienst of zelfs geschiedenis, kon ik wel volgen, of ik kon net doen alsof, maar er waren andere die ik nooit zou kunnen begrijpen: algebra, geometrie, scheikunde, het zonnestelsel – ik snapte er niets van. Ik werd apart genomen door leraressen die wilden weten wat ik tot nu toe voor onderwijs had gevolgd. Ze vroegen eerst naar de talen en dat was makkelijk, geen Grieks, geen Latijn, geen Frans. O, jeetje. Ik legde mijn grootste troef op tafel. Afrikááns? Tja, tja, dat was wel handig, dacht juffrouw Grant, zichzelf eraan herinnerend dat het een verplichte taal was, maar Afrikaans, vertelde ze me vastbesloten, was een bastaardtaal, geen echte taal. Toen kwamen we bij de moeilijke vragen. En hoe zit het met wiskunde? Eenvoudige vergelijkingen? Diagrammen? Nou, goed dan, weet je dan iets van noemers, delers, decimalen? Ik geloof het niet, zei ik alsmaar, of misschien een beetje, nee, ik geloof het niet. Nee, het spijt me, dat ken ik niet. Je hebt veel te weinig onderwijs gehad, zei de wiskundelerares somber, waar is dat kind al die tijd gewéést? Laten we het eens met een eenvoudige rekensom proberen en kijken of je het snapt. Een hopeloze onderneming. Te lang geleden. Geen basis. Voor het eerst drong het tot me door dat ik helemaal niets wist. Dit zou me steeds opnieuw overkomen. Ik bleef tegen de enorme hoeveelheid ontbrekende kennis aanlopen; mijn onwetendheid was zo puur en universeel als die van een inboorling. Als de aarde rond was en draaide dan bewees de vlakke woestijn wat mij betrof het tegendeel. Als ik naar de maan keek nam ik aan dat er een gedeelte ontbrak, niet dat het zich in de schaduw bevond. Ik gaf de voorkeur aan de redenatie van de Bosjesmannen, dat de zon bij het vallen van de nacht diep in de buik van het zand zonk en 's morgens opnieuw geboren werd, of dat de maan in zee zonk en daar wachtte tot de zon weer te voorschijn kwam. Ik geloofde gewoon wat ik kon zien en wat logisch klonk. Copernicus? Nooit van gehoord.

St. Mary bood aan me bijles te geven, maar ik was er niet in geïnteresseerd. Mijn geest was afgedwaald. De mening van anderen kon me niet schelen en ik wilde niet weten aan hoeveel kennis het mij ontbrak. Als ik ermee bezig was kwam het leren op mij over als feiten in je hoofd stampen. Het scheidde me van de werkelijkheid en het echte; het verdoofde alle gevoel door het saaie repeterende karakter ervan. Mijmeren en nadenken waren in mijn ogen het enige wat telde, maar dat vond je niet in de leerboeken. Als we gedichten uit ons hoofd moesten leren vond ik dat wel leuk, maar ik had geen behoefte om ze uitgelegd te krijgen of ze te ontleden. Ik wilde alleen het ritme en de betekenis van de woorden horen en voelen. Alleen in gedichten vond ik een spiegel van mijn innerlijke ziel. En toen zag ik op een dag een roman liggen. De roman lag in de slaapzaal en ik pakte hem op. *The story of an African farm*, geschreven door Olive Schreiner. Ik las het en werd er volkomen door veranderd. Ik herkende mezelf in het verhaal. Jaren later had ik dezelfde ervaring bij het lezen van *De Woeste Hoogten* van Emily Brönte. Ik kende Emily's heidegronden zoals ik de Karoo kende van Olive Schreiners Afrikaanse boerderij. Ik kende die emoties en het landschap dat pulseerde als een wilde, gevangen ziel die zich schrap zette tegen de wind. Ik kon mezelf verliezen in die voluptueuze maar kale landschappen en in de karakters die één waren met de elementen, nauw verbonden met de wind en de regen of met de kale, barre aarde en de verzengende zon. Ik geloof dat het beeld van het landschap als spiritualiteit me enorm aansprak en in combinatie met Schreiners feminisme zette dit me op vijftienjarige leeftijd in vuur en vlam en deed me uit mijn boekloze lethargie ontwaken.

Op St. Mary kreeg ik het eerste bittere voorproefje van mijn grote onwetendheid en het was een schokkende ervaring. Binnen een paar weken van mijn verblijf in die ongerepte en welvoorziene klaslokalen wist ik dat ik een groot probleem had. Ik probeerde het probleem op de gebruikelijke wijze op te lossen: hoe minder ik wist, hoe onbeschaamder ik werd in mijn pogingen het te verbergen. Al spoedig kreeg ik regelmatig huisarrest vanwege een of andere overtreding; dan werd me verboden op zondag weg te gaan. Ze riepen Angela's hulp in om mijn gedrag onder controle te krijgen. Na lang zoeken vond ze me eindelijk op het uiterste puntje van het hockeyveld en stond ze voor me met haar handen in haar zij.

Ik hoor dat je uit het koor geschopt bent.

Ik wil niet uit het koor geschopt worden.

Wat heb je nu weer uitgespookt?

Ik stond te lachen buiten de kapel.

Hoe kan je nou zo stom zijn! Je weet toch dat we tijdens de vasten niet mogen lachen.

Het leek me geen zonde.

Door wie ben je gesnapt?

Door I.B.

O, god. Wat zei ze?

Ze zei dat ze het onvoorstelbaar vond dat ik kon lachen terwijl onze Heer op het punt stond zijn grootste beproeving te ondergaan en zijn lijden aan het kruis te verduren en bespot en gekweld te worden en opgeofferd te worden voor de zonden en dwaasheden van de wereld.

Nou, dat is dan heel fijn! Dus nu komen we een alt tekort en zul je niet kunnen zingen in de *Passie*.

Ze wil dat ik mijn stem opoffer omdat ik hem ijdel gebruikt heb.

Je moet hiermee ophouden. Nu, op dit moment. Want anders moet ik het thuis rapporteren.

Ik bracht Angela in een onmogelijke positie: ze was bazig en kordaat, competent en gepassioneerd, lief en irritant, maar door de haar toegewezen rol als mijn oppas moest ze altijd aan de kant van het gezag staan, of het nu thuis was of op school. Dus hadden we voortdurend ruzie. Een dag of twee deed ik mijn best om me te gedragen. En dan werd ik weer betrapt als ik me als non had verkleed, waarbij ik twee handdoeken en een zwarte jurk gebruikte om het gewenste effect te bereiken. Ik banjerde rond in de badkamer terwijl iedereen me uitjouwde en me stond uit te schelden. En op het moment dat ik de trekker van de wc losmaakte om die als kruisbeeld te gebruiken kwam zuster Agnes binnen en zei somber dat ze dit zou moeten rapporteren aan I.B. Angela en ik waren allebei als de dood dat ik van school getrapt zou worden en we wachtten bevend tot ik bij I.B. geroepen zou worden. Haar kantoor lag tegenover de kegelbaan op de vierkante binnenplaats, waar precies door het midden het 'koninginnepad' liep. Dit indrukwekkende pad was gereserveerd voor de nonnen en de schooloudsten. De rest van ons moest helemaal omlopen terwijl zij gewoon recht overstaken. I.B.'s bureau zag over de hele binnenplaats uit, zodat ze altijd kon zien wat er zich in haar domein afspeelde.

Zuster I.B. – een afkorting van Irene Benedict – was de moeder-overste, de topfiguur direct onder God. Ze was lang en goedgebouwd met grote borsten, en struinde rond als Darth Vader met een sluier en een ketting met een kruisbeeld eraan. In haar hals klopte vaak een kleine ader en ik keek daar graag naar. Ze begreep waar ik mee bezig was – ik probeerde haar zwakke plek te ontdekken – en het dreef haar tot razernij. Als ze tegen je sprak keek ze je aan op zo'n manier dat je vermoedde dat ze geen persoon zag maar een karakterfout of een andere jammerlijke misser. Zodra ik in haar kantoor kwam nam ze me op haar rustige, bijna verzoenende manier onder handen.

Ik heb gehoord, mijn kind, dat je de heilige staat bespot hebt en dat je het blijkbaar grappig vond om de eerbiedwaardige roeping tot de priesterwijding na te bootsen en de bruiden van Christus belachelijk te maken. Ik bood mijn verontschuldigingen aan en ze snoof zachtjes. Ik heb jouw vorderingen op school gevolgd, zei ze dreigend en snauwde me toen toe: Het is de gewoonte hier om je blik neer te slaan als er tegen je gesproken wordt. Mijn ogen richtten zich onmiddellijk naar de vloer maar voordat ik het wist keek ik haar weer aan met een vrijpostigheid die zelfs zij niet kon vernietigen. Ze zuchtte. Ik zie hier een trots kind met een sterke en ongebroken wil. Dat is jammer; het maakt de te volgen weg moeilijk begaanbaar. Ofschoon ik bereid ben om tot op zekere hoogte rekening te houden met de merkwaardige omstandigheden waarin je verkeerde voordat je bij ons kwam, zul je je moeten aanpassen aan onze gewoonten, anders zal het zeer moeilijk voor je worden. Is dat duidelijk? Ik knikte heftig terwijl ik probeerde mijn ogen op de vloer gericht te houden. Het is niet de bedoeling dat iemand zijn onbetekenende wil stelt tegenover degenen die door onze Heer zijn aangewezen als het gezag. Ze zweeg even en stak toen een van haar ontmoedigende toespraken af; ze sprak op een theatrale manier, zoals godsdienstige mensen dat vaak doen. Je beseft toch wel dat we getwijfeld hebben om je hier toe te laten, zei ze met pijn in haar stem. Je bent niet van onze kerk. Het lijkt er zelfs op dat je geen enkele ervaring hebt met de discipline en orde van welke kerk dan ook, of met enige vorm van regelmaat. Het is zo moeilijk om een kind met jouw achtergrond op te nemen, zeker op zo'n late leeftijd – er moeten zoveel losse eindjes aan elkaar geknoopt worden. Maar ik ben erop attent gemaakt, zei ze met haar weke, wrede glimlach, dat jij discipline nodig hebt. Jouw vader heeft er met klem op gewezen dat je aanwezigheid te veel van je moeder vergt. Je bent een lastig kind, geloof ik? Haar koele, zoete wreedheid en haar welgeformuleerde scherpe sarcasme deden me naar adem snakken. Door mijn moeder erbij te betrekken zorgde ze ervoor dat ik me diep ellendig voelde en dat mijn nietige wil werd gebroken door de schaamte die ik voelde. Ik zou van haar een geheel nieuw soort sadisme leren, vlijmscherp, delicaat en dodelijk. Ze had een werkelijk afschrikwekkende giftige tong en haar spel verpletterde me.

I.B. schreed in de school rond met een grote Deense dog aan haar zijde. Ze liep in haar ruisende, zwart-witte habijt, dat voorzien was van alle benodigde attributen; de zoom van haar gewaad sleepte door het stof. Iedereen was als de dood voor haar – de nonnen evengoed als de leerlingen. Maar naarmate de tijd verstreek raakte ik onder de betovering van het klooster en zijn gewoonten. De dagelijkse verveling bracht me terug naar een prachtig oord, ontdaan van alle versiering: het stof dwarrelde door het raam en zette zich op de kaarsen en bloemen. Het vermengde zich met de wierook en de zangerige stem van de priester en bracht me in een trance, die scherp werd onderbroken zodra tweehonderd handen zich vouwden voor gebogen hoofden en onze stemmen plichtmatig baden: Zegen ons, O Heer, en Uw geschenken, door Christus onze Heer, Amen. Het begon tot me door te dringen dat het bedekte en extatische leven van de nonnen overeenkomsten vertoonde met mijn leven in de Kalahariwoestijn. Er moest iets uit de verveling ontstaan en dat kon alleen maar emotie zijn – passie. In de woestijn werd de passie oncontroleerbaar, beladen, en werden mensen op de knieën gedwongen; in het klooster vertaalde de passie zich in een groot, dwingend verlangen naar iets wat verder ging dan het ik, verder dan het leven zelf.

De nonnen – en een van hen in het bijzonder: een aantrekkelijke, onvoorstelbaar jonge non uit Engeland – bezaten een dergelijke passie. Ze had een zacht rond gezicht met kuiltjes in haar wangen en groenblauwe ogen. Wij stelden ons voor dat ze rood haar had en het slachtoffer was van een mislukte romance. We bespioneerden de nonnen altijd als ze 's avonds laat in hun helderwitte hemden door de gang liepen om een bad te gaan nemen. We probeerden altijd een glimp op te vangen van zuster Christiana – van haar haar of misschien een arm of een been – iets wat menselijk was en in de echte wereld thuishoorde. Het was de nonnen niet toegestaan in de spiegel of in welk glimmend object dan ook te kijken en we vonden het ongelooflijk dat iemand die zo jong en mooi was zichzelf nooit meer zou zien.

Deze jonge non zou het slachtoffer worden van I.B.'s toorn en strengheid. I.B. legde haar taken op die normaal gesproken door de bedienden vervuld zouden worden en ik zag haar soms de vloer van de kapel schrobben of het koper en zilver poetsen. Het was duidelijk dat I.B. dit deed omdat ze dacht dat ze daarmee zuster Christiana's geest zou scherpen maar haar wreedheid werd ons duidelijk geopenbaard toen we zagen dat zuster Christiana het amberen kruis dat ze al als kind had gehad, niet meer omhad. I.B. had erop gestaan dat ze het zou opgeven voor God, dat ze alles zou afstaan wat haar met een wereld verbond waarvan ze had gezworen dat ze er afstand van zou nemen. Zuster Christiana was niet gewend aan de strenge gewoonten van onze nonnen; zij was in een vriendelijker gemeenschap opgevoed en in het begin begreep ze niets van I.B.'s pogingen om haar te vernederen en te bekritiseren. Ik keek toe terwijl ze zich probeerde aan te passen aan het kloosterleven. Als ze knielde voor het gebed begon haar gezicht afwezig te stralen en als ze bekritiseerd werd of berispt leek het alsof geen menselijke emotie haar kon raken. Bij zuster Christiana veranderde elke activiteit in een gebed en ze deed elk eentonig karwei met vrome toewijding. Ze had eigenschappen die ik onmogelijk kon begrijpen; haar liefde en toewijding overschreden de grenzen van het normale. Zuster Christiana was verblind door Christus – het stond op haar gezicht geschreven en het verbijsterde me. Hoe was het mogelijk dat iemand zo betoverd werd door een man zonder lichaam? Hoe kon iemand zo'n hevige passie voelen voor een geestelijke aanwezigheid? Maar terwijl ik de jonge non bestudeerde wilde ik net zo zijn als zij. Ik werd aangetrokken door haar passie en de intensiteit van haar geest. Ik begon I.B.'s overtuiging dat lijden de enige weg vormde naar nederigheid en dat nederigheid de enige weg was naar onze Heer, langzaam te begrijpen. De capaciteit van dit nonnetje om over wreedheid heen te stappen, om haar ziel zo te verheffen dat ze pijn en vernedering kon overwinnen – hoe kreeg ze dat in vredesnaam voor elkaar? Ik had een ijzeren wil, maar ik werd erdoor verlamd, terwijl zuster Christiana's wil haar naar de hemel zou leiden.

De grote vasten voldeed aan mijn behoefte: zes weken vasten, boetedoening en een complete onderdompeling in gebed en boetedoening gedurende veertig dagen. In de Heilige Week kregen wij een mildere versie opgelegd van de nederigheid en gehoorzaamheid waaraan de nonnen moesten voldoen. Na palmzondag werden de standbeelden in de kapel behangen met paarse kleden en was het altaar gehuld in sombere kleuren. Op Aswoensdag, toen op elk voorhoofd het grijze stigma was aangebracht, knielden we neer in een beladen en geheimzinnig ritueel. Zodra de bel werd geluid op Goede Vrijdag gingen we in retraite: vierentwintig uur van stilte en volledig vasten. Er mocht geen woord en geen voedsel over je lippen komen. Het altaar werd van alle bekleding ontdaan en het evangelie van het passieverhaal werd eindeloos en rouwend gezongen. We woonden als het ware in de kapel en ademden de zware, tragische geur van wierook in tot we bijna flauwvielen. Degenen die van hun stokje gingen werden overeind gezet met hun hoofd tussen hun knieën totdat ze weer bij bewustzijn waren en hun tijd zouden kunnen uitzitten, terwijl de minuten en uren voorbijgleden en de processie van de ene statie naar de volgende ging. De eenzame bel luidde elk lijdensmoment in en de kaarsen werden een voor een gedoofd tot er slechts nog verdriet en duister restten.

Ik verloor de controle tijdens de drie uur durende dienst. Ik gleed opzij en viel. Mijn zintuigen stonden in brand. Door de beelden in mijn hoofd raakte ik mijn greep op de werkelijkheid kwijt. De muren van de kapel draaiden voor mijn ogen en ik zag alleen de zweep die, als een sjambok, het vlees van Christus aan flarden reet, de doornenkroon die diep in zijn hoofd drong, de nagels die in zijn hand werden geslagen, het zwaard dat zijn zij doorboorde. Ik voelde zijn aanwezigheid, zijn vreselijke pijn. Hij was aanwezig. Hij bestond. Ik wist het. Ik geloofde. Niets tevoren had me zo sterk en pijnlijk aangegrepen. Ik was bang omdat ik me zo vreemd voelde en zo anders. Ik was uit mijn evenwicht gebracht. Ik had het gevoel dat ik mezelf kwijt was.

Op paaszaterdag kwamen we uit bed en dromden weer samen in de kapel, maar nu was het anders; het was voorbij. We droegen witte linnen jurken en blauwe en lila sluiers. We moesten bidden en werden gezegend en toen werden tijdens de dienst, die ons door zijn kracht en pracht in vervoering bracht, de kleden van de standbeelden getrokken en brak het orgel uit in extatische muziek. De voeten van zuster Agnes bedienden de pedalen, terwijl de kapel op zijn grondvesten schudde bij het halleluja. Pater Comber, gekleed in een schitterend wit gewaad, droeg de paaskaars binnen en stak hem aan. De nonnen kwamen binnenlopen met grote vazen gevuld met aronskelken en witte rozen en plaatsten ze op het altaar.

Al die tijd in de grote vasten had ik gewacht tot er een opening in mijn ziel zou komen waardoor ik God zou kunnen zien en nu was het gebeurd, al was het vaag en had ik slechts een glimpje opgevangen. Ik had Gods aanwezigheid gevoeld en ik wist nu dat Hij echt was. Op dertienjarige leeftijd gaf de religie me een voorproefje van de hemel en ik klampte me er uit alle macht aan vast. Het bood me redding en de kans om een goed kind te zijn; het hield de belofte in van vergeving voor de moordzuchtige woede waardoor ik bijna mijn vader en mezelf had gedood. Christus kon me van het grote kwaad bevrijden, net als hij gedaan had bij St. Augustinus. Christus kon me helpen om dat slechte kind te begraven en een nieuw kind te vinden, dat vrij was van zonde. Als ik nu dacht over de poging mijn vader te vermoorden kreeg ik een verward gevoel over het voorval. Om het idee te hebben, om het te wensen, dat was geen probleem, maar om het echt te doen – om mijn arm op te heffen en toe te stoten zoals ik had gedaan – wie kon dat werkelijk doen zonder door de mensheid verbannen te worden? Ik probeerde afstand te nemen van de moord die ik bijna had begaan, maar ik kon het niet wegmoffelen of vergeten. Het schoot steeds weer in mijn gedachten, als een spook achter een gordijn, en hoe meer ik mijn best deed het te onderdrukken, hoe vaker het weer in mijn leven te voorschijn kwam.

Ik was dertien en in de greep van mijn lichaam. Ik was verstijfd van angst. Ik probeerde mijn nieuwe en verwarrende neigingen uit tijdens de halfjaarlijkse dansfeesten, maar het leek alsof lichamelijk contact me terugwierp in de trances van mijn kindertijd. Als ik bij een mannenlijf in de buurt was veranderde mijn lichaam in een doods landschap dat ik slechts van een afstand kon observeren. Ik zei tegen mezelf dat ik er nog niet aan toe was. Dat was het probleem. Het was te vroeg. Ik moest eerst nog maar een tijdje het kuise kloosterleven leiden, met zijn toewijding en meditatie. Ik wilde me verbergen in de zuivere nonnenwereld, waar het lichaam stevig in bedwang werd gehouden door de dreiging van zelfkastijding en boetedoening. Dat leek me het beste.

Dertien

Maar die gedachte hield niet lang stand, want van het ene moment op het andere werd ik verliefd. Ik kan me nog precies herinneren wanneer het gebeurde. Ze stond hoog op een duikplank en maakte aanstalten om te duiken. Ik wist wie ze was, ze heette Virginia Bleasdale maar iedereen noemde haar Fudgie omdat ze zo lief was. Ze was zeventien, zat in de hoogste klas en was van plan zich in te schrijven in Engeland voor de opleiding tot verpleegkundige. Ik had haar gezicht gezien, haar bleke huid, haar zachte bruingouden haar. Ze had felblauwe ogen, die een beetje aan de kleine kant waren; haar blik was ernstig en standvastig, alsof ze een lange weg voor zich zag. Ze was niet alleen mooi, maar ze had ook het gezicht van een dichter en ze gedroeg zich als zo'n vrouw die je wel op zestiende-eeuwse religieuze schilderijen zag. Maar op deze dag, terwijl ze in duikhouding stond, gereed om de sprong te wagen, voelde ik mezelf als van een grote hoogte vallen terwijl ik haar met haar lange, lichtgebruinde benen een aanloop zag nemen en een snelle sprong zag maken die haar hoog de lucht in deed zeilen. Vervolgens boog ze haar lichaam als een knipmes, waarbij haar vingers hoog in de lucht haar tenen raakten; ze hield die pose een fractie van een seconde vast en dook toen recht het water in met haar hoofd tussen haar armen.

In haar zwartsatijnen badpak en haar witte badmuts was

ze zo prachtig als een riviervogel die de geheimzinnige wateren van de Thamalakane in dook. Ze zwom gracieus naar de kant en hees zichzelf langzaam uit het water, waarbij het water van haar lichaam stroomde en reflecteerde op het zwarte satijn. We droegen allemaal zwartsatijnen badpakken, maar het hare was nieuw, zodat het zwart nog niet roestbruin was geworden door de chloor. Het badpak stond haar geweldig; het sloot rimpelloos aan op haar heupen en buik en de welgevormde rondingen gingen over in het bovenlijfje met cups en dunne bandjes. Ze trok haar witte rubberen badmuts af, schudde haar gouden krullen uit en lachte. Iemand riep haar; ze draaide zich om en liep met haar mooie benen over het dikke groene gras. Ze hield de badmuts vast aan het kinbandje en zwaaide ermee heen en weer en liet zich toen op haar handdoek vallen.

Ik was helemaal verkocht. En opeens voelde ik me zo blij, zo blij. En het volgende ogenblik diep ongelukkig, want hoe durfde ik te veronderstellen dat ik ooit een woord zou mogen wisselen met zo'n godin? Ze was schooloudste en ze leefde in een speciale wereld waarvan de rest van ons was uitgesloten. Schooloudsten mengden zich niet onder het gewone volk; ze hadden hun eigen gemeenschappelijke ruimte en hielden zich op een afstand. Ze leefden volgens hun eigen regels en genoten vele privileges. Ik wist dat iedereen Virginia aardig vond en dat ze veel bewonderaars had, dat wist ik wel, maar ik wist ook dat niemand mijn vastbeslotenheid om me aan haar voeten te werpen kon evenaren. Een tijdlang observeerde ik haar alleen maar en zocht voortdurend naar mogelijkheden om langs de gemeenschappelijke ruimte te kunnen lopen, hing rond bij het klaslokaal waarin zij zich zou kunnen bevinden of wachtte buiten de kapel in de hoop dat zij eruit te voorschijn zou komen, haar sluier zou afdoen en haar opgestoken gouden krullen zou bevrijden. Af en toe zag ik haar over het koninginnepad schrijden of de trap naar haar slaapzaal op rennen. Ik ging naar het zwembad om haar te zien duiken en zwemmen en ik was jaloers op het water omdat ze daarop haar wang vlijde bij het zwemmen. Als ik Virginia had gezien was ik zo blij als een kind, maar als ik haar een hele dag niet was tegengekomen was ik ontroostbaar.

Ik was niet de enige met een dergelijke aandoening. Het wemelde op St. Mary van gepassioneerde en overdreven vriendschappen tussen meisjes, die zij aan zij over het hockeyveld liepen en hun hartsgeheimen met elkaar deelden of elkaar ontmoetten in een leeg klaslokaal of 's avonds laat in de doucheruimten om ongestoord met elkaar te kunnen praten. Als je per ongeluk binnenkwam trok je je snel terug met een gemompeld excuus, alsof je ze naakt had betrapt. Mijn relatie met Virginia, die zich in die periode uitsluitend in mijn eigen geest afspeelde, was echter van een andere orde. Ik stond mezelf niet toe deze te beschouwen als zoiets laags en belachelijks als verliefdheid. Wat ik voor haar voelde had ik nog nooit ervaren en ik zwoer dat dat ook nooit meer zou gebeuren.

Uiteindelijk was ik echter toch gedwongen mijn toevlucht te nemen tot de gebruikelijke liefdesverklaringen. Ik liet een reep Nestlé-chocola achter op haar bed. Ik zette mijn naam erop omdat ik niet anoniem wilde blijven. Ik mocht helemaal niet in haar slaapzaal komen, daarmee overtrad ik alle regels en aangezien ze niet eens in dezelfde vleugel sliep als ik, zou het een ramp zijn als ik gesnapt zou worden door de huismoeder. Elke schooloudste hield toezicht op een slaapzaal met jongere meisjes, wier bedden in twee keurige rijen stonden opgesteld, van elkaar gescheiden door gordijnen. We werden geacht deze gordijnen dicht te trekken als we ons omkleedden of als er iets ergs was gebeurd – als je hond thuis was doodgegaan of als er een vriendschap was beëindigd. Als je door een vriendinnetje aan de kant werd gezet was dat een groot drama en als een zeer lange vriendschap eindigde leek dat op een scheiding, met roddelende mensen die partij kozen en soms een zelfmoordpoging.

Om daar te staan, in Virginia's slaapzaal, naast haar bed, was bijna een religieuze ervaring. Ik deed het deurtje van haar kast niet open, uiteraard niet, maar ik zag een paar foto's van haar ouders en zusje en er lag een dagboek dat op slot zat, met een gedicht van Roy Kloof op het omslag. Ze had geen verzameling porseleinen miniatuurdiertjes, die we in die tijd allemaal verzamelden, en ze had ook geen heiligenplaatjes die iedereen tijdens de vasten met elkaar uitwisselde, maar ze had wel een ingelijst krantenknipsel waarop Nelson Mandela en Sisulu tijdens een bijeenkomst met elkaar in gesprek waren. Met pijn in mijn maag van de zenuwen haalde ik haar borstel door mijn haar en met hetzelfde paniekgevoel ging ik heel even op haar bed liggen, bewegingloos als een lijk, en toen rende ik snel terug naar de gang, de trap af en naar buiten; ik stond ervan versteld dat ik zoveel moed bezat. En omdat Virginia een welopgevoed meisje was, zoals wij allemaal, schreef ze me een bedankbriefje voor de chocola. Het hing op het prikbord met mijn naam erop en ik haastte me naar de wc om het te lezen. Ik las het steeds opnieuw, zo vaak dat er scheuren in de vouwen kwamen en ik droeg het altijd bij me. Ik heb het nog steeds, net als al haar andere brieven en zelfs een paar kladjes van mijn brieven aan haar. Na al het inpakken en vertrekken, het opruimen en de reizen van continent naar continent heb ik Virginia's brieven nog steeds in mijn bezit. Op

dit moment liggen ze in de kelder in een wit met goud cho-
coladedoosje. Hieronder volgt er een.

Lieve C.,

Wat een prachtig zakdoekje, dat je met eigen handen hebt
geborduurd. Het is zo schattig. Wanneer zal ik het gebruiken? Als
iemand mijn hart breekt? Op mijn bruiloft? Ik nodig je
natuurlijk uit voor mijn bruiloft. Van wie heb je zo goed leren
naaien? Ik schaam me nu eigenlijk een beetje over mijn eigen
slordige steken.

Liefs, Virginia.

De opmerking over de bruiloft leek een beetje onnodig,
maar al snel kreeg ik de gelegenheid af en toe een paar woorden met haar te wisselen, bijvoorbeeld na het avondeten of
voordat we naar onze slaapzaal boven gingen. Ik schreef haar
in bed voordat de lichten uit gingen en soms zelfs als de
slaapzaal in diepe duisternis was gehuld. Het was verboden
om een zaklantaarn te hebben, omdat de nonnen wilden
voorkomen dat er onder de lakens werd gelezen of andere
activiteiten plaatsvonden. Maar we hadden allemaal een of
andere lichtbron onder ons bed verstopt en het had iets heel
bijzonders om Virginia midden in de nacht briefjes te schrijven, in de wetenschap dat zij veilig in haar bed lag te slapen
aan de overzijde van de binnenplaats. Hier volgt een van
mijn eerste briefjes aan haar.

Lieve Virginia,

Ik zag je buiten zitten na het haarwassen en je haar vlamde als

vuur. Hoe heb je al die krullen erin gekregen? Mijn haar is steil
en zo saai als gras. Je moet je <u>geen</u> zorgen maken over het
Duikgala, ik weet zeker dat je de beker zult winnen. En mocht
het onverhoopt toch niet lukken, dan steel ik hem voor je.

Liefs, C.

Ik verbaasde me bij Virginia het meest over het feit dat ze
me aardig vond, ze vond me echt aardig. Ze kon door mijn
vermommingen heen zien en ze ontdekte zelfs fatsoenlijke
karaktertrekjes bij me, waarvan ik het bestaan niet eens vermoedde. Soms kregen we de kans een praatje te maken en
dan belastte ik haar met alle dingen die me dwarszaten. Ze
was optimistisch en bemoedigend, op een zakelijke manier,
maar wel echt gemeend. O, wees niet zo'n ontzettende
dwaas, zei ze dan, of: hoe kom je daar nou toch bij? De briefjes bleven tussen ons heen en weer gaan. Ik zwierf door de
gangen en bleef er eindeloos hangen in de hoop haar te zien.
Ik had iets fascinerends over haar gehoord: Virginia had last
gehad van flauwtes. Was vaak flauwgevallen. Viel gewoon op
de grond. De mensen maakten zich daarom ongerust over
haar. Wat zou er gebeuren als ze boven aan de trap zou flauwvallen? Dit baarde me zorgen en ik begon haar in de gaten
te houden alsof ik op wonderbaarlijke wijze zou kunnen
voorkomen dat ze viel of haar halverwege haar val zou kunnen opvangen. Het flauwvallen was een gemeenschappelijk
probleem. Ik kende het stadium vlak voor een val tamelijk
goed. Ik was er vaak dichtbij en had soms het gevoel dat ik
inderdaad bewusteloos was geweest omdat ik een stukje tijd
miste. Het verbaasde me dat Virginia zo weinig aandacht be-
steedde aan deze gebeurtenissen terwijl ze andere aspecten
van haar karakter of gedrag zo nauwkeurig onderzocht. Ze

liet het flauwvallen voor wat het was. Toen ze vele jaren later een volwassen vrouw was en in Engeland woonde kreeg ze een flauwte, viel tegen de radiator en liep daardoor een ernstige brandwond aan haar arm op. Ze haalde haar schouders op toen ze me erover vertelde: Je komt het leven niet door zonder littekens te krijgen, zei ze opgewekt, niet als je echt leeft. Mijn littekens maken me tot wie ik ben.

Virginia was een levendig iemand en daardoor werd ik me bewust van mijn eigen doodsheid. Dat bewustzijn was het sterkst als ze er niet was, als ik alleen was achtergelaten zonder fantasieën over een ontmoeting of samenzijn met haar. Maar het was een volkomen nieuw gevoel, deze afhankelijkheid, en het joeg me angst aan. Ze maakte zich ongerust over mijn sterke depressieve neigingen. Ze moedigde me aan om op mezelf te vertrouwen en ze wees me op het verbijsterende idee dat als mijn geluk afhing van iemand anders, die persoon ook in staat was me mijn geluk te ontnemen. Ze zei dat tevreden zijn met jezelf de enige manier was om gelukkig te zijn. Ik had geen idee hoe ik dat moest doen. Geen flauw idee. Ik kreeg al paniekaanvallen bij de gedachte dat ik een paar weken van haar gescheiden zou zijn als de vakanties zouden zijn aangebroken. Ik wist niet hoe ik het zou overleven om naar huis te gaan en haar niet in de buurt te hebben – beide vooruitzichten maakten me doodsbang.

Liefste Virginia,

Het is al laat en ik moet eigenlijk studeren. Ik zit op de vloer van de badkamer, die koud is, en het ruikt hier naar babypoeder en zweetvoeten, en ik ben als de dood dat ik gesnapt zal worden door Barrel, die hier elke avond rondsluipt. Ik kan me niet concentreren op die verfoeilijke wiskunde. Ik snap er niets van. Ik

wou maar dat je hier was en dat ik met je kon praten. Het liefst
zou ik je slaapzaal in willen sluipen en je wakker maken. Maar
ik weet dat ik dat niet zou doen als ik zou zien dat je sliep, want
je hebt belangrijke examens voor de boeg, dus mag ik je niet
vermoeien. O, Virginia, ik kan het niet <u>*verdragen*</u> *dat het*
schooljaar bijna om is.

Met al mijn liefde, C.

Liefste C.,

Je moet ophouden met je druk te maken over de vakantie en over
het feit dat je me een tijdje niet zult zien. Er gaan nieuwe en
opwindende dingen met je gebeuren en dan zul je me helemaal
niet missen. Maar ik zal je natuurlijk elke dag schrijven.
Gefeliciteerd met je zwemprestaties, het ging erg goed en geloof
me, als je dit jaar en volgend jaar hard traint kun je volgend jaar
meedoen aan de Inter High-wedstrijd. Als het je lukt moet je me
schrijven en dan kom ik per vliegtuig over uit Engeland, met
mijn kinderen, om toe te kijken terwijl je de honderd meter wint.
Ik moet nu stoppen want de bel gaat zo.

Liefs, Virginia

Ik overleefde de vakantie en toen ik terugkwam hielp Virginia me schoon schip te maken op St. Mary. Ze hield vol dat ik intelligent was en dat ik meer aandacht moest besteden aan mijn lessen. Ze drukte me op het hart dat ik ervoor moest zorgen niet meer zoveel slechte aantekeningen te krijgen, want ik behoorde tot de onhandelbaarste leerlingen. Ze wist van mijn merkwaardige gewoonten, maar ze veroordeelde me niet. Nooit. Soms vroeg ze me waarom ik zo vaak kwaad en verdrietig was, maar ik kon het haar niet uitleggen. Ik had tevergeefs gehoopt dat die gevoelens niet met me mee zouden komen naar St. Mary. Er was bijvoorbeeld helemaal niets aan de hand en dan gebeurde er plotseling iets wat mijn ergernis opwekte, en voordat ik het wist stortte ik me op mijn vrienden, sloeg hun hoofd tegen de muur, sloeg hen in het gezicht of draaide hun arm achter hun rug en trok die dan zo hoog mogelijk op. Met hetzelfde gemak dwong ik een of ander meisje om zo hard met een hockeystick op mijn arm te slaan dat ik voldoende geblesseerd raakte om onder een of andere miezerige tenniswedstrijd uit te komen waar ik niets om gaf. Mijn sadomasochisme was tot in perfectie ontwikkeld; ik had het geleerd van de beste. Al mijn vernielzucht en zelfvernietigingsdrang waren voor mij vanzelfsprekend, ondanks het feit dat het anderen afstootte. Ik was wel zo voorzichtig om mezelf in bedwang te houden, maar Virginia liet zich niet misleiden en vroeg me af en toe waarom ik me zo gedroeg. Ik wist het bij God niet.

Ook mijn zelfmoordpoging was haar niet ontgaan. Ik deed de poging vlak voordat ik naar huis moest voor de vakantie. Ik had een uitermate slecht rapport. Ik redde het niet op St. Mary. De leraressen vonden dat ik me niet kon concentreren; dat ik altijd zat te dromen en me steeds weer terugtrok in mijn innerlijke wereld. Ik had een gewelddadig karakter. Ik kon geen bevelen accepteren. Ik werd ervan beschuldigd dat ik anderen het slechte pad op trok. Ik wist welk effect zo'n rapport zou hebben op mijn vader, die met veel moeite een beetje onderwijs had genoten in Ierland, die nooit de gelegenheid had gehad om naar de universiteit te gaan, en die van mening was dat mijn zusjes en ik overdadig waren verwend omdat we de kans hadden gekregen privéonderwijs te volgen. Naarmate het eind van het school-jaar dichterbij kwam, namen mijn nachtelijke angsten toe en werden de beelden in mijn hoofd steeds sprekender en opdringeriger. Ik kon me in de klas niet concentreren. Mijn hoofd begon te gonzen en ik zag mezelf in de wildernis dwalen of in het donker in mijn bed in Gabs liggen, in afwachting van het moment dat de generator zou afslaan, het huis donker zou worden en de voetstappen zouden naderen. Ik zag een flits van een uitdrukkingsloos gezicht voor me, of mijn mond die volgepropt was met veren of slangen of een kom die zich langzaam vulde met bloed. Midden in de nacht ontwaakte ik uit een nachtmerrie en was ervan overtuigd dat iemand had geprobeerd me te verstikken. Alleen al de gedachte aan naar huis gaan gaf me het gevoel dat ik bezig was mijn verstand te verliezen. Ik kon het Virginia niet vertellen. Ik kon het niet. Ik wist niet wat er met me gebeurde, dus dacht ik dat ik waarschijnlijk gek aan het worden was. Die gedachte maakte me zo angstig en terneergeslagen dat ik me terugtrok, op mijn bed ging liggen met mijn gezicht naar de muur, en als iemand me aansprak deed ik net alsof ik sliep.

Ik werd ziek. Sinds ik klein was had ik al verschillende malen ernstige keelinfecties gehad, maar het was onmogelijk dat ik nu amandelontsteking zou hebben, omdat mijn amandelen een jaar daarvoor waren verwijderd. Maar het leek er wel op: mijn keel was gezwollen en rood en ik had hoge koorts. Toen de huismoeder mijn tong met een spatel naar beneden duwde om in mijn keel te kunnen kijken, schrok ze. Ik werd in de ziekenboeg te bed gelegd en toen ik daar eenmaal was kwam ik tot de slotsom dat het een goed moment was om te sterven. Ik overdacht het zorgvuldig. Mijn vader en moeder hielden niet van mij, dat was duidelijk, dus zouden ze me niet missen, hoewel mijn moeder me misschien een beetje zou missen omdat ze er een naar gevoel van zou hebben. Maar gezien het feit dat mijn moeder niet scheen te weten hoeveel ik van haar hield en hoe graag ik haar wilde helpen, en het haar ook koud liet, leek het voor de hand te liggen dat ze de dingen niet zo sterk voelde en me dus ook niet erg zou missen. Ik wilde er niet aan denken dat ze misschien zou lijden, maar ik had haar slechts op één manier zien lijden, namelijk als haar hoofd zo'n pijn deed en ze bijna de hele tijd moest slapen. Het leek niet erg waarschijnlijk dat ik haar verdrietig zou kunnen maken door dood te gaan, omdat ik haar het leven alleen maar zuur maakte en zo'n onaangenaam kind was voor mijn vader. Ze zouden veel beter af zijn zonder mij. Angela had zichzelf al gepantserd, dus ik dacht niet dat het haar iets zou kunnen schelen en ik was trouwens zo'n blok aan haar been dat ze het wel prettig zou vinden niet meer over mij te hoeven waken. Als ik dood was, zou ze me niet mee hoeven nemen in de bus naar de tandarts omdat ik zo'n aanstelster was dat ik dat soort dingen niet eens in mijn eentje kon, zoals een normaal persoon dat wel kon. Maar misschien zou ze er spijt van hebben en misschien zouden mijn ouders wensen dat ze wat aardiger voor me waren geweest, maar dan zou het natuurlijk al te laat zijn.

De gedachte aan een doodskist sprak me wel aan. Toen er in Swaziland een keer een non overleed waren Ange en ik naar haar begrafenis gegaan. Ze zag er jong en mooi uit zoals ze daar lag, omgeven door het zachte satijn en aronskelken; ze had ook een aronskelk in haar handen waarvan de vingers geheel zelfstandig zachtjes leken te bidden, terwijl zij in de tuin lag met de zon nog een laatste maal op haar gezicht. Maar we moesten haar kussen en een van de nonnen tilde me op zodat ik voorover kon buigen, en ik had die kou niet verwacht, het was alsof je je hand in een marmeren bassin legde, een bijna waterige kou en ze was zo koud dat zelfs de zon haar niet meer kon verwarmen. Ik schrok terug en de non fronste haar wenkbrauwen, zodoende wist ik dat ik iets verkeerd had gedaan. Maar ik moest altijd aan de non denken als ik aan de dood dacht en daardoor geloofde ik dat de dood mooi was, dus was het eigenlijk tamelijk makkelijk om op de rand te balanceren; ik balanceerde in feite mijn hele leven al op de rand, denkend: Zal ik het nu doen?

Ik had Virginia natuurlijk wel, maar die ging ook weg, naar Engeland, en aangezien ik niet van plan was daar ooit heen te gaan zou ik haar ook nooit meer terugzien. Ze zou verdwenen zijn, net als Maun en de rivier, Violet, Elizabeth en Rena. En als ik gedwongen zou worden naar Engeland te gaan, er aan mijn haren naartoe gesleept zou worden – want ik wist dat ze het erover hadden om weg te gaan – dan zou Engeland me in ieder geval vermoorden. Op een dag zou ik ergens op een smerige dakrand staan, in de regen, ergens waar het lelijk was en waar de huizen boven op elkaar gestapeld stonden, waar geen leegte en ruimte te bekennen waren, en geen vlakten. Daarvan hield ik het meest, van de vlakten, waar de lucht zich kon uitspreiden en de wereld met haar heilige blauw kon omvatten. Dan zou ik springen.

Dit keer wilde ik het echt goed doen. Ik wilde één ding in mijn leven helemaal goed doen. Ik wilde niet dat ze zouden komen aansnellen en beneden om me heen zouden gaan staan met die uitdrukking op hun gezicht van: moet je nou altijd overal een rommeltje van maken? De ziekenboeg was een goede plek om naar beneden te springen. Hij bevond zich boven in de school, op de derde verdieping, en ik zou beneden terechtkomen op een betonnen pad. Je kon het niet

missen. De vorige keer dat ik uit een raam was gesprongen
– onder het mom dat ik haast had om te gaan lunchen – had
ik alleen een arm gebroken. Nee, de ziekenboeg was volmaakt. En toen ik inderdaad niet in staat was een goede reden te bedenken waarom ik zou moeten blijven leven en ik
mijn besluit genomen had, wist ik dat dit de beste oplossing
was, en zei: Zal ik het doen? En het antwoord was: Ja.

Daarboven op de dakrand kon niemand me zien; het raam
keek uit op de voorkant van de school en er kwamen weinig mensen langs midden op de dag. Het leek alsof ik op een
van de platte daken van de koppies zat in de buurt van de
boerderij. Mijn benen bungelden over de rand en terwijl ik
daar zat te wachten tot ik in trance zou raken werd ik door
de prachtige blauwe gombomen, de blauwe lucht en de
warmte van de zon op mijn lichaam plotseling vervuld van
een overweldigend verdriet. Ik voelde me zo eenzaam daar
boven op die rand. Ik had niet verwacht dit te voelen, wat
dan ook te voelen, want ik was niets meer dan een stok of
een steen. Maar nu, op de rand, kreeg ik allerlei gevoelens.
Ik kon er niet tegen. Ik trok me in mezelf terug, naar de plek
waar de wereld alleen nog maar prachtig was. Ik keek niet
langer vanaf het schoolraam naar beneden. Ik was terug in
de kromming van de rivier met zijn roze en blauwe waterlelies. Terug op die plek waar de groene boot in het riet wieg-
de en de wilde eenden vlogen, slechts een stuk of twee, gevangen in de hoge hete lucht die alles zo bewegingloos
maakte, blauwgroen en eeuwigdurend. Nu voelde ik me niet
meer zo eenzaam op de dakrand en ik zei: Nu. Ik was vastbesloten, ik wilde in de armen van de hemel vliegen en gewiegd worden voordat ik zou sterven.

Veertien

Maar ik werd gered – ik werd naar binnen getrokken door een groot lesbisch meisje dat binnenkwam vanuit de andere kamer in de ziekenboeg en me aanstalten zag maken om te springen. Ze trok me naar binnen maar ze trok me te dicht tegen zich aan en ik duwde haar weg en gaf haar een dreun op haar gezicht als dank voor de moeite. Toen ik weer beter was verliet ik de ziekenboeg, maar ik wenste bijna dat ik daar had kunnen blijven tot het tijd was om naar huis te gaan. De hele school was op de hoogte van het gebeurde en het was afschuwelijk, zoiets als rondlopen met een bord op je rug zoals ze dat deden op Goedgegun: ik ben een dief. Ik ben een leugenaar. Ik ben gek. I.B. beschouwde het incident uiteraard als een stukje melodrama en het lukte haar me ermee te kleineren.

Dus nu, begon ze, terwijl ze haar grote handen in haar zwarte mouwen stopte, heb je in je betweterige trots besloten het werk van onze Heer op je te nemen en zelf het uur van je dood te bepalen – zonder de troost van de biecht, zonder de weldadige aanwezigheid van een waarnemer. Ze glimlachte op haar kille manier. Maar misschien schat ik je te hoog in, misschien ben je uiteindelijk niet meer dan het domme eigenzinnige meisje dat je vader aan mij beschreef toen je bij ons kwam. En misschien zocht je op het moment dat je verkoos om het gezag van onze Heer in twijfel te trekken, alleen maar een beetje miserabele aandacht – voerde je een melodrama op om de leegte van een ver in de zee verloren ziel op te vullen, bij gebrek aan de discipline of eerbied die haar naar een veilige haven hadden kunnen begeleiden. Toen ze zag dat ze mijn weerstand had gebroken zei ze zachtjes, alsof ze sprak tegen een kind dat ze zojuist voor haar eigen bestwil had gemarteld: Kom alsjeblieft even mee naar mijn kantoor, dan geef ik je iets te lezen uit de Heilige Schrift, enige woorden die jouw wil in een nieuwe richting kunnen sturen. Hierna keerde ik terug naar huis, waar me het pak slaag te wachten stond dat mijn moeder zó schokte dat ze dreigde mijn vader te verlaten.

Aan het eind van mijn eerste jaar op St. Mary, vlak voordat ze zou vertrekken naar Engeland, nam Virginia me mee naar haar huis. Ik wist dat het haar niet in dank zou worden afgenomen; de nonnen zouden het niet goedkeuren en het zou zeker een negatief effect voor haar hebben. Ik was op school nog steeds een lastig kind en weigerde nog steeds me te onderwerpen aan het gezag, maar ik was beter in staat te balanceren op die fijne lijn die me binnen de grenzen hield van het geduld van de nonnen; daarnaast had ik vriendschap gesloten met een paar van de aardige nonnen en ervoor gezorgd dat ze een beetje sympathie voor me konden opbrengen. Ik kon zuster Hilary, die de leiding had over het koor, nogal makkelijk manipuleren omdat ze werkelijk aardig was, dus meestal lukte het me om te voorkomen dat ik van school getrapt werd. Het zingen beviel me wel.

Virginia had normale ouders. Haar vader was intelligent en bedachtzaam; hij was waarschijnlijk schrijver, of academicus. Virginia citeerde hem vaak. Op een dag zei ze tegen me dat het mogelijk was om goed te zijn zonder de hulp van

God. Dat vond ik een geweldig troostende gedachte, het betekende dat iedereen toegang had tot goedheid en het maakte het leven minder hopeloos. Ik herinner me een gesprek met Virginia's vader over school en wat ik later wilde worden. Hij ondervroeg me alsof hij wel mogelijkheden in me zag. Aanvankelijk stelde ik me achterdochtig op, in de veronderstelling dat hij het moment afwachtte om me belachelijk te maken. Maar dat bleek niet het geval. Ik had dat nog nooit meegemaakt. Hij vertelde me dat Virginia mij slim vond en dacht dat ik ooit iets geweldigs tot stand zou brengen. Toen hij dat zei verstond ik de rest van zijn verhaal niet meer, zo verbaasd was ik. Ik koesterde zijn woorden wekenlang en haalde ze als een talisman te voorschijn op elk moment van wanhoop.

Virginia's ouders leidden een ordelijk en comfortabel leven. Ze verhuisden niet om de zes maanden, zoals mijn ouders. Virginia woonde haar hele leven al in hetzelfde huis en had slechts twee scholen bezocht, terwijl ik van beide dingen al zo vaak had gewisseld dat ik de tel kwijt was. Ik benijdde Virginia om haar probleemloze relatie met haar vader. De manier waarop hij met haar sprak en naar haar luisterde verbijsterde me. Ik kon vooral zien dat ze van hem hield, simpel en onvoorwaardelijk. Dat maakte me verdrietig. Ik probeerde haar een keer te vertellen in welke situatie ik thuis had verkeerd voor mijn ontsnapping naar St. Mary. Maar het was onmogelijk om veel over dat leven te zeggen; mijn schaamte was te groot en eigenlijk probeerde ik er helemaal niet meer aan te denken. Mijn geheugen was nog vager geworden. Dus zinspeelde ik slechts op mijn vaders gewelddadigheid en zei heel weinig over mijn moeder. Ik bleef haar trouw, ik was nog steeds met handen en voeten gebonden aan het idee dat ik haar zou redden of zou kunnen veranderen en aan mijn hopeloze liefde voor haar; wat kon ik anders? Ze was mijn moeder, de enige die ik had. Ik kon haar niet loslaten. Ik was ervan overtuigd geraakt dat ze zou sterven als ik haar in de steek zou laten. Ondanks alles was onze relatie nu zo gespannen dat ik blij was om op school te zijn, weg van haar. Na het incident met het mes leken mijn moeder en ik aan elkaar vast te zitten, vanwege het schuldgevoel en het verraad. We keken elkaar aan en keken vervolgens de andere kant op, alsof we de blik in elkaars ogen niet konden verdragen.

Naarmate Virginia's laatste weken op St. Mary vergleden werd ik steeds wanhopiger bij de gedachte dat ik van haar gescheiden zou worden. Ook het idee van naar huis gaan bracht me in paniek: aan het eind van het schooljaar moest ik naar Pretoria, waar mijn ouders, die bij het Britse Hoge Commissariaat hoorden, net als de Zuid-Afrikaanse regering heen en weer reisden tussen de twee hoofdsteden Kaapstad en Pretoria. Deze halfjaarlijkse wisseldienst, het jojoën tussen twee zeer verschillende Zuid-Afrikaanse steden, maakte weinig indruk op me. Ik herinner me de kustplaatsen in de Kaap en de palissanderbomen in Pretoria, maar het zijn geen levendige en blijvende herinneringen. Mijn echte leven speelde zich af op St. Mary; de school vormde het eerste echte thuis dat Angela en ik ooit gehad hadden. Ik stopte mijn herinneringen aan die tijd in hetzelfde gekoesterde vakje als de woestijnlandschappen. En Virginia stond uiteraard in mijn hart gegrift.

Ik kon mijn ogen niet van haar afhouden als ze aan het hoofd van een lange tafel zat, de stevige kost die we aten op witte borden schepte en doorgaf aan de persoon die rechts van haar zat. Ik zat ver van haar verwijderd. Ik kreeg nog steeds weinig gelegenheid om met haar te praten. Haar leven en het mijne waren zorgvuldig van elkaar gescheiden. Maar soms was ik urenlang onvindbaar en ze leek te begrijpen dat ik dan wilde dat zij me zou komen zoeken. Ik zat dan helemaal achteraan bij het hockeyveld, in het stukje niemandsland tussen de sportvelden. Ik zag haar een keer komen aanlopen met de voor haar typerende evenwichtige tred, waarbij haar lange benen het gras deden wijken. Ik zat zo diep in de put dat ik mijn ogen niet kon opslaan en naar de grond bleef kijken, waar ik met een puntige stok in het zand zat te porren. Ze kwam naast me zitten.

Wat is er aan de hand, vroeg ze, iedereen is naar je op zoek.

Ik brak de stok in tweeën en smeet de stukken weg.

Ik weet niet wat er is, maar er moet toch een reden zijn. Je moet het toch weten, al is het maar een beetje.

Ik HAAT alles en iedereen altijd! gilde ik. Ik ben gewoon zo kwaad dat ik alles kapot wil slaan.

Ik stompte mezelf woedend in mijn gezicht en hoorde dat ze geschokt haar adem inhield.

Waarom doe je dit jezelf aan, fluisterde ze, waarom pijnig je jezelf zo?

Ik had haar verdriet gedaan. Ik kon het niet verdragen. Ze trok mijn in elkaar geklemde handen uit elkaar alsof het tegenstanders waren en zodra mijn handen los waren zette ik mijn nagels in de huiduitslag waarmee mijn vingers en rechterhandpalm waren bedekt. Ze waren rauw en bloederig door het krabben.

Het is niet jouw schuld, zei ze zachtjes, dat je je zo voelt. Er moet iets ergs met je gebeurd zijn. Niemand doet zomaar slechte dingen, zelfs moordenaars en verkrachters niet. Ze zijn zelf ook door iets of iemand vermoord en verkracht. Wat is er met je gebeurd? Wie heeft je pijn gedaan?

Mijn mond zat weer volgepropt met veren en slangen en

ik dacht dat ik zou stikken en ter plaatse zou sterven. Ik kon haar niets vertellen.

Je moet terugvechten, zei ze, maar op een andere manier, niet zoals je nu doet – niet met geweld. Even hield ze mijn aandacht vast, maar toen zakte mijn geest weer weg en ik keek naar de met blauwe bloemetjes bedrukte stof die haar knieën bedekte en haar lieftallige vormen in de schooljurk benadrukte. Strak om haar middel zat een stijve blauwe ceintuur die werd gedragen door de schooloudsten en waardoor de jurk in zachte plooien uitwaaierde. Haar ceintuur was niet armoedig en gerafeld zoals de mijne, die van dezelfde stof als de jurk was gemaakt en binnen een tel verkreukeld was. Ik zag de emaillen speld op de kraag van haar jurk, hij was lichtblauw met een omhoogstekende lelie erop en het motto van de school schoot me te binnen, *Candida Rectaque*: puur en rechtop. Ik begon met mijn hand in het zand te wrijven, alsof ik het schoonmaakte.

Hou op, zei ze. Je moet ermee ophouden. Je kunt het alleen zelf laten stoppen.

Ik dacht dat ze boos op me was en raakte in paniek, maar ze was niet boos. Ze keek in de verte naar het hoge draadhek dat het schoolterrein scheidde van de buitenwereld met zijn huizen en buitenwijken – de groengebladerde enclave van Waverly. Ze hield mijn hand vast, al was die vuil. Daarbuiten, hier ver vandaan, in de kleurlingenwijken, zei ze zachtjes, hebben de mensen een veranderingsproces in gang gezet. De mensen die gegriefd, geslagen en vermoord zijn sinds wij voor het eerst hier naar Afrika zijn gekomen. Ze verbranden hun toegangspassen, ze zijn begonnen terug te vechten.

Maar we haten ze toch, zei ik, omdat ze dat doen?

We haten ze omdat we wel moeten, omdat we bang zijn,

zei ze, en ze glimlachte me toe. Weet je, ik heb een foto gezien van een van hen, een man die Mandela heet, en toen hij in het stof knielde om zijn toegangspas in brand te steken, glimlachte hij.

Ik begreep er geen woord van. Ik had geen flauw benul van de dingen die zij al begreep toen ze nog maar zeventien was. Maar door wat ze zei kreeg ik voor het eerst weer een beetje hoop – dat er verandering op komst was, dat er een einde kon komen aan het lijden. Haar woorden weken sterk af van de boodschap die de nonnen uitdroegen. Die hielden ons voor dat we alleen door lijden gered konden worden en dat we het lijden moesten omarmen. Virginia had gezegd: Vecht terug, maar zonder geweld. Ze liet me achter aan het uiterste puntje van het hockeyveld om deze revolutionaire gedachte te verwerken en de eerstvolgende keer dat ik haar zag glimlachte ze en bracht me een merkwaardige groet – een opgeheven gebalde vuist. Opeens begreep ik het. Deze groet bracht me terug naar huis, terug in de wildernis waar ik voor het eerst het gevoel had gekregen dat ik een Afrikaner kon zijn, een trotse krijger met een speer in elke hand, met het hart van een adelaar. En toen ik het hockeyveld verliet en terugliep naar school, liep ik over diamanten.

Mijn liefste, liefste Virginia,

Over twee dagen is het vakantie, het is het enige waaraan ik kan denken. Iedereen in huis telt de dagen af en doet alsof ze een fantastische vakantie gaat beleven. Maar ik zou het liefste alle klokken vernielen en de tijd terugdraaien. De gedachte dat dit jouw allerlaatste jaar is en dat je voorgoed zult vertrekken is meer dan ik kan verdragen. Wat moet ik doen? Wat moet ik

doen? Ik wil moedig en sterk zijn, maar ik weet niet of ik dat
zonder jou kan.

Liefs, C.

Liefste C.,

Ik heb je laatste brief steeds weer opnieuw gelezen en werd zo
verdrietig omdat ik wegga. Ik zal je vreselijk missen. Ik voel me
afschuwelijk nu ik de school en mijn vrienden moet achterlaten,
dat geldt zelfs voor een paar van die ouwe pinguïns, maar het
meeste voor jou. Je bent zo volwassen geworden. Ik ben zo trots
op je, hoe dapper je je gedroeg toen ik je de precieze vertrekdatum
vertelde. En weet je, ik heb nu helemaal geen zin om weg te gaan.
Ik zal het huis missen en o, wat zal ik dit prachtige, prachtige
Zuid-Afrika missen, en de zon en al onze lieve bedienden die
voor me hebben gezorgd sinds ik klein was.

Je redt het toch wel zonder mij, hè; je zult toch gelukkig zijn? En
ik beloof je dat ik terug zal komen. Ik moet wel. Ik zou ergens
anders niet lang kunnen wonen. Ik kom terug en ga werken als
verpleegster in een van de missieziekenhuizen en dan begin ik zelf
een ziekenhuis, een echt geweldig ziekenhuis voor zwarte
kinderen om te helpen voorkomen dat al die baby's sterven. En
dan kom jij me helpen, oké? Jij kunt de leiding op je nemen en
dan zal alles gladjes verlopen. Zo, nu voel ik me beter; nu weet ik
dat niet alleen het heden telt, maar ook morgen, later, andere
tijden waarop we ons moeten voorbereiden.

Daarom moet je tienen halen, meisje! Werk hard, wees goed in
sport en spel en dan word je schooloudste. En als ik dan over een

paar jaar naar de reünie kom kun jij me waterige thee en vette
cake aanbieden. En misschien kom je ook wel naar Engeland en
dan kunnen we weer samen zijn. Dan kunnen we uren kletsen,
's avonds laat bij een kopje koffie of wandelen over de paden met
kinderhoofdjes en zwarte bessen, en bedenken hoe ons leven zal
verlopen. En we kunnen samen per boot heel Europa doorreizen
en duizenden vriendjes ontmoeten, maar toch meer van elkaar
dan van hen blijven houden – totdat we trouwen, natuurlijk! En
nu, meisje, moet je die sombere gedachten uit je hoofd zetten
want het duurt nog eeuwen voordat ik vertrek. Zeeën van liefde
en een kus op elke golf!

Virginia.

Zolang ze nog niet naar Engeland was vertrokken liet Virginia me niet in de steek toen ze van school was. Ze kwam me ophalen van school, nam me mee naar huis en vrolijkte me op, maar dan bracht ze me weer terug en liet me alleen achter. Ik had gedacht dat ik woedend en ongelukkig zou zijn als ze weg was, maar als ik bij Virginia was, kon ik een beetje normaler doen en de dingen in de juiste proporties zien. Ze schreef me vrijwel dagelijks en moedigde me aan om door te gaan met mijn leven en nieuwe vrienden te maken. Ze benadrukte dat dat de juiste weg was, de enige manier om vrolijk te blijven en haar niet te erg te missen. Maar of ze het leuk vond of niet, ik behoorde haar voor altijd toe. Ze werd onderdeel van mijn persoonlijkheid; ik nam eigenschappen van haar over en nam haar zodoende in me op; ik dacht dat ik haar daardoor nooit zou verliezen.

Vijftien

Ik had nog een jaar op St. Mary voor de boeg en het begon tot me door te dringen dat ik, net als Virginia, Afrika misschien zou moeten verlaten. De geluiden hierover klonken steeds somberder. Nu zei men dingen als: zorg dat je op tijd weg komt. Blijf niet hangen met als enige resultaat dat je een mes in je keel krijgt van een inboorling die op je terrein heeft gewoond sinds hij een jongetje was. Ik hoorde deze uitspraken aan en naarmate ze toenamen werden ze steeds waarschijnlijker en begon ik te geloven dat ze me werkelijk zouden kunnen wegvoeren, dat ze me zonder veel omhaal op een schip zouden zetten naar Engeland – dat zou het einde van het leven betekenen. Ik wist dat ik nergens anders zou kunnen overleven. De mensen in Engeland zouden me doorzien. Ze zouden weten dat ik een meisje uit de wildernis was, een koloniaal, wild, losgeslagen, onwetend en zonder opleiding. Hoe kon ik leven onder mensen die niet wisten waar ik vandaan kwam? Die de dingen die ik wist en waarvan ik hield nog nooit gezien hadden? Hoe kon ik ze de magie doen begrijpen van de rivier in Maun of de Afrikaanse vrouwen die naar de mealievelden liepen met hun baby's op hun rug gebonden? Hoe kon ik ze uitleggen hoe het parelhoen lichtjes in de maneschijn trippelde of beschrijven hoe de verschroeide vlaktes vibreerden en zoemden als de zon hoog stond? Wat konden zij weten van de glibberige nachten waarin de hyena's huilden naar de maan en de leeuw zijn eenzaam gebrul uitstootte; hoe konden ze de onderwaterstilte begrijpen van de krokodillen die tussen de stengels van de waterlelies door gleden? Hoe kon ik ze daarover vertellen?

Ik koesterde de illusie dat ik Afrika zou kunnen behouden door het deel van mezelf te laten worden, maar Afrika, dat ons nooit had toebehoord, trok zich langzaam van ons terug. Afrika was in beweging gekomen en Botswana zou spoedig onafhankelijk verklaard worden. Mijn ouders reisden nog steeds op en neer tussen de twee Zuid-Afrikaanse hoofdsteden, maar we keerden nog één laatste keer terug naar Bechuanaland toen het protectoraat zijn grondwet veranderde en de eerste stappen zette naar vrijheid en zelfbestuur. Maar voordat we teruggingen naar het BP brachten we een tijdje door in Basutoland (Lesotho), een miniatuur-koninkrijkje hoog in de bergen, ingesloten door Zuid-Afrika. En op vijftienjarige leeftijd raakte ik in Basutoland volledig van de kook door een jongen. De ontmoeting op zich was heel gewoon. Ik liep op een dag langs de weg in Maseru toen een kleine blauwe auto met een neerdraaibaar achterraam, een Anglia, langs kwam stuiven en plotseling met piepende remmen tot stilstand kwam. Ook ik verzette geen stap meer. Mijn hart was op hol geslagen en ik hapte naar adem. Ik staarde alleen maar. Een blonde jongen had zich omgedraaid om naar me te kijken. Naar mij! Terwijl ik een of andere monsterlijke rok aanhad die mijn moeder voor me had meegenomen uit Engeland en mijn haar was afgeknipt, waardoor ik wel een veroordeelde leek. Toen ik thuiskwam van school had mijn moeder zoals gewoonlijk één blik op me geworpen en haar schaar te voorschijn gehaald; ze dwong me ook de lichtroze lippenstift van mijn lippen te boenen en ze hield me in de gaten tot ze er zeker van was dat ik alle nagellak van mijn nagels had verwijderd en het flesje Cutex-nagellak in de vuilnisbak had gegooid. Het was een wonder dat iemand me nog een tweede blik waardig gunde.

Mijn moeder, de make-upkoningin, stond niet toe dat we ons opmaakten, hoe bescheiden ook. Dat vond ze hoerig, goedkoop en on-Engels. Er viel niet met haar over te praten. Het interesseerde haar niet dat alle tieners ter wereld lichtroze lippenstift op hadden en dikke, klonterige mascara, wij mochten het absoluut niet. Haar enige goede daad op dit gebied was dat ze me haar zwarte suède schoenen gaf; er zaten diamanten sterretjes op en ik vond ze prachtig. Maar zoiets kwam niet vaak voor; ze schudde haar hoofd en zuchtte: Jouw voeten zijn zoveel breder dan de mijne, liefje, al die jaren op blote voeten in de wildernis, ik denk niet dat je ooit nog normale voeten zult krijgen. Wat mijn vader betreft, die sloop rond op feestjes en op de danspartijtjes waar we in onze tienertijd soms heen mochten. En tijdens de enige gelegenheid die we kregen om thuis een feestje te geven stormde hij om de haverklap binnen en deed alle lichten aan. We knipperden geschokt en geschrokken met onze ogen als het schelle licht de kamer in stroomde en onthulde dat we langzaam hadden gedanst in het donker.

Voordat ik toestemming kreeg om 's avonds uit te gaan trok hij me altijd mee naar een lamp, klemde mijn kin in zijn hand en onderzocht elk plekje van mijn gezicht om zich ervan te overtuigen dat ik me niet had opgemaakt. Als ik toch make-up ophad – en dat was altijd het geval – smeerde hij het met zijn duim uit over mijn gezicht. Als ik me ook maar een beetje uitdagend had gekleed – wat onwaarschijnlijk was aangezien mijn moeder mijn kleren uitzocht –

dwong hij me om me te verkleden. In die tijd droeg iedereen strakke truitjes en zeer puntige bh's, zoals Madonna, met
naden die in een spiraal liepen en eindigden in een harde
punt. We droegen opvallende, wijde rokken met volle petticoats, laag na laag, zoals een bruiloftstaart. Als je rond-
draaide waren onder de opwaaiende blauwe of rode rokken
grote gedeelten van bruine dijen zichtbaar, evenals de witte
katoenen onderbroek, onschuldig als melk.

De versie van deze rokken en petticoats die Angela en ik
droegen waren natuurlijk veel minder sensueel. Wij mochten er nooit sexy uitzien – Engelse meisjes waren niet sexy.
Engelse meisjes kleedden zich niet op een manier die de aandacht trok of hun lichaam benadrukte. Dit waren uitspraken van mijn moeder en waar ze die vandaan haalde mag
Joost weten, misschien uit haar damesbladen die ze tot het
eind van haar leven bleef lezen. Maar als we eenmaal uit het
huis waren, weg van mijn moeders verboden en uit de greep
van mijn vader, voelden we ons vrij en vrolijk. Dan klommen Ange en ik achter op een vrachtwagentje dat werd bestuurd door een of andere onstuimige jongen en graaide ik
een Hot Pink-lippenstift van Revlon uit de tas van een van
de meisjes, stiftte mijn lippen en voelde me geweldig. We
raceten de nacht in, namen de huizen in beslag waar de ouders niet thuis waren, rookten Rothmans-sigaretten en
dronken Castle-bier. We hingen een beetje rond onder de
sterren of op een roodbetegelde *stoep*; we draaiden de gram-
mofoon op zodat we konden jiven op 'Jailhouse Rock' en
'Blue Suede Shoes' of konden schuifelen op 'Are You Lone-
some Tonight?' en 'Blue Moon'. Er werd volop gevrijd, maar
ik deed daar niet aan mee. Ik kon mezelf niet eens tot het
Eerste Stadium brengen. Een jongen stak een keer zijn tong
in mijn mond, waarop ik begon te kokhalzen en ons allebei

de stuipen op het lijf joeg. Toen ik voor het eerst een erectie tegen me aan voelde dacht ik dat ik van mijn stokje zou gaan. Een jongen gooide me een keer op de grond in iemands tuin, ging boven op me liggen en begon aan mijn en zijn kleren te trekken maar ik bleef zo bewegingloos liggen dat hij ophield en me voor het eerst aankeek. Jeetje, zei hij, het lijkt wel of je een spook hebt gezien. Hij liet me gaan. Ik had hem niet kunnen tegenhouden als hij was doorgegaan, met geen mogelijkheid.

Angela en ik hadden allebei flink last van de puberteit maar we spraken er niet over. Ze moest afschuwelijke veterschoenen dragen vanwege haar platvoeten. Mijn moeder had erop gestaan dat ze haar prachtige haar liet permanenten en het resultaat was monsterlijk; ik herinner me dat ze diep ongelukkig te paard wegreed. Ik werd in een korset van leer en ijzer gedwongen om een ruggengraatsverkromming te corrigeren. Het korset werd me aangemeten in Johannesburg; een of andere sadistische arts was van mening dat het zou helpen, maar na er een paar maanden in te hebben rondgelopen liet ik het geval achter in de trein en wuifde het uit toen de trein zich in beweging zette richting Rhodesië. Waarschijnlijk hebben ze het daar uit elkaar gehaald en gebruikt als onderdelen voor een tractor.

Dus toen ik op die weg verliefd werd op Bruce waren de implicaties van mijn voorbijgaande maar o zo krachtige reactie alarmerend. Ik wist niet waartoe het zou leiden en ik had geen flauw idee of ik mijn gevoelens in bedwang zou kunnen houden. De vlinders die ik in mijn buik voelde toen ik hem de eerste keer zag – ik begreep niet wat er gebeurde, maar het was iets heel anders dan wat ik voor Virginia voelde. Lichamelijker. Bedreigender. Deze jongen met zijn blonde haar en zijn lange, slanke lijf was de belichaming van mijn fantasieën over jongens, al kende ik hem helemaal niet en zou ik hem ook nooit echt leren kennen. Hij heette Bruce Going, een naam die goed bij hem paste. Hij werkte bij de Barclays Bank, maar zijn baan had geen enkele relatie met de rest van zijn leven. Het was een onbezonnen jongen, verslaafd aan snelle auto's en drank. In die tijd had het woord alcoholist zijn intrede nog niet gedaan. Men zou Bruce zelfs geen dronkaard genoemd hebben, dat klonk veel te akelig, veel te dramatisch voor zo'n jong iemand. Maar tegen de tijd dat ik hem leerde kennen was hij al aardig in de greep van de alcohol en had hij al zoveel auto-ongelukken gehad dat zijn toekomst niet zeker was. Hij droeg zijn littekens als tatoeages, had putten in zijn schedel en een deuk in zijn zij waar hij doorboord was door een deurkruk. Ik vond het allemaal prima; ik herkende dit soort dingen wel. Bruce had een smal, tragisch gezicht dat ik erg bewonderde. En ondanks zijn wilde gedrag had hij een rustig innerlijk, een plek waar hij kon nadenken, niet over wat hij zichzelf zou kunnen aandoen maar over zijn toekomst als autocoureur. Ik probeerde zijn fantasie niet te verstoren, ik luisterde, ik hoorde hem aan en ik dacht zelfs dat het hem zou kunnen lukken.

Ik sloop 's avonds altijd uit de hotelkamer die ik met Ange deelde en trof hem achter de Lancer's Inn, waar we verbleven toen we in Basutoland waren. We zaten urenlang in zijn auto te praten, terwijl hij sigaretten rookte en de peuken uit het raam gooide. Ik liep een groot risico door bij hem te zijn. Mijn vader had gehoord dat Bruce roekeloos en getikt was en had me verboden met hem om te gaan, maar ik slaagde erin hem vrijwel elke dag te zien. Hij nam me mee voor autoritjes op de bergweggetjes buiten Maseru en hij nam de bochten met grote snelheid, waarbij hij vlak bij de rand van de weg kwam en steeds harder ging rijden naarmate we de top naderden.

We vormden een maagdelijk paar, Bruce en ik; wat hij ook met zijn lichaam uithaalde, het was niet van seksuele aard. Snelheid was voor ons allebei een alternatieve vorm van extase. Zodra hij plaatsnam achter het autostuur leek hij volkomen zichzelf en volmaakt gelukkig. Zijn geest was vervuld van snelheid en van niets anders. Hij wist wat hij deed, kende geen angst en aarzelde of twijfelde nooit. Hij was een met de auto en hij was zo gericht op het zoemen van de motor en de oneffenheden in de weg dat er niets anders tot hem doordrong. Hij had de touwtjes volledig in handen en dan kwam het moment dat de dingen zo hard gingen en zo prachtig werden in die magische zoemende snelheid dat het leek alsof we niet meer ademden en de auto stilstond. Zodra hij dat punt bereikte, hij noemde het pieken, kwamen we in een staat van vervoering en was alles onder de betovering van schoonheid – de lucht, de zon, de blauwe bergtoppen en de strooien hutjes die waren neergestreken op de lagere berghellingen; de donkere bomen waaronder de inwoners van Basuto in de schaduw zaten te wachten op de bus die hen bergafwaarts zou brengen, naar de stad. Dit alles vervulde me met een overweldigend gevoel van liefde, niet alleen voor hem, maar voor al die prachtige snelheid die zichtbaar werd in al haar vluchtigheid.

We verongelukten niet, hij en ik, maar we kwamen er een paar keer heel dichtbij. Toen ik tegen hem zei dat hij probeerde zichzelf van kant te maken, lachte hij. Ik kende hem pas drie weken maar er bleef iets van hem bij mij hangen, iets verlichtends; een eigenschap die zijn droom om Grand Prix-rijder te worden had kunnen waarmaken als hij in staat was geweest zichzelf in bedwang te houden. Hij schreef me toen ik weer naar school was, lange brieven met scheve letters in lichtgroene enveloppen. En hij bleef me schrijven toen ik naar Engeland was vertrokken en naarmate de tijd vorderde werden de brieven langer en hartstochtelijker. Hij wilde dat ik zou terugkeren naar Afrika en met hem zou trouwen; hij had geleerd zijn drankzucht en zijn rijgedrag te bedwingen; dat schreef hij tenminste. Hij stuurde me een prachtige rood-zwarte deken uit Basuto die me in leven hield tijdens de verdovende donkere dagen op de kostschool in Engeland. Hij vertegenwoordigde alles wat ik kwijt was en ik klampte me uit alle macht aan de deken vast; ik lag er elke nacht onder en droomde dat ik terug zou gaan en samen met Bruce de hoge pieken zou berijden.

Het was juni 1960, het jaar dat de Kongo ontplofte – de eerste serie explosies die er al snel voor zouden zorgen dat de kolonialen zich haastten om zich per boot in veiligheid te brengen, veilig thuis en weg van het ophanden zijnde bloedbad. Het was weer precies hetzelfde als in India; de imperialisten sloegen op de vlucht en lieten slechts sporen achter van de vertrouwde, vreemde, zoete stank van de bezetting in de plaatsen die ze hadden veroverd en bij de mensen die ze hadden onderworpen. Er was iets gaande in de Kongo en het beloofde niet veel goeds. In 1960 had het Kongo van Conrad, het land van diamanten, koper en rubber, de edelsteen van Afrika, het land van voormalige slavenhandel, zichzelf vrij verklaard. Patrice Lumumba, een postbeambte, een revolutionaire leider die aanbeden werd door zijn volk, werd door een volksstemming uitgeroepen tot premier terwijl hij in de gevangenis zat te verkommeren. De onafhankelijke Republiek Kongo was ontstaan. Centraal-Afrika had zichzelf eindelijk bevrijd. Er was even een rustpauze terwijl de Belgen met de Amerikanen overlegden hoe ze de situatie het best konden benaderen. Er werd een ingewikkeld web gesponnen, waarvan de gevolgen pas na vijftien jaar zichtbaar zouden worden. Op het moment zelf leek het erop dat zodra dit lieflijke land in zwarte handen was overgegaan, alles op een of andere manier misliep en voordat we het wisten was het één grote bende. Ze zeiden dat het altijd hetzelfde liedje was: stammen die elkaar vermoordden, relletjes, bloedige opstanden, stakingen, samenzweringen, een burgeroorlog, een greep naar de macht door het leger, een machtsovername en gruwelijke moordpartijen. Maar wie zat erachter? Niemand wist het. De beschuldigende vinger werd gewezen naar Mobutu, een hongerige Kongolese soldaat die op blote voeten liep; hij had de leiding over het leger op zich genomen en was op wonderbaarlijke wijze in het bezit gekomen van een miljoen splinternieuwe Amerikaanse dollars.

In de hele wereld werd het verhaal met vette koppen op de voorpagina van de kranten gepubliceerd. En hadden we het niet gedacht: het hart van Afrika was net zo donker als het altijd geweest was, net zo onbeschaafd als we ons allemaal al hadden voorgesteld. Patrice Lumumba, op wie de zwarten alle hoop hadden gevestigd, was vermoord; zijn lichaam was zo verminkt dat het niet getoond kon worden. In de Kongo was de hel losgebroken. De barbaarse wreedheden namen toe. Het aantal doden steeg. De wereld keek geschokt toe, gefascineerd door het beeld van zo'n tragedie die was ontstaan uit zoveel hoop. Dus dit was de betekenis van vrijheid voor Afrikanen? Zo gingen ze dus met onafhankelijkheid om?

Ondertussen, terwijl deze gebeurtenissen zich op het wereldtoneel afspeelden, hoorden wij het nieuws op de meisjeskostschool in Johannesburg; het nam ons volledig in beslag, we konden het niet uit ons hoofd zetten. Blanke christenen werden vermoord door kannibalen, de inboorlingen waren losgeslagen, krankzinnig geworden, hadden botten in hun haar en hun lichaam met oorlogskleuren beschilderd – dorstig naar Belgisch bloed, naar het bloed van missionarissen – naar al het bloed dat door de aderen van een blanke huid stroomde. We waren als de dood dat de woeste horde de rivier de Kongo zou oversteken, Transvaal binnen zou vallen en ons in ons eigen bloed zou doen verdrinken. Katholieke nonnen werden verkracht, zwangere buiken werden opengereten voor de ogen van echtgenoot en kinderen en de foetussen werden op speren gespietst. We wisten wat ons te wachten stond: wij waren de toekomstige moeders van toekomstige blanke baby's; als de toekomst zwart zou worden vormden wij het doel.

Gekluisterd aan de radio hoorden we het nieuws. Dertig blanken gedood in Stanleyville, zei de bbc grimmig, gruweldaden gericht tegen buitenlanders nemen toe, er moeten onmiddellijk evacuatieplannen gemaakt worden. Het was afgrijselijk, zeiden we allemaal. Dertig blanken. Mijn god! Hoeveel blanken zei je? Nou ja, laat maar. De mannen van Mobutu en zijn leger en politie probeerden de boel onder controle te krijgen, maar wat zou er met ons gebeuren? Hoe snel zou het zich verspreiden? Dit was het begin van het einde. Rond deze periode werd de hele school, of in ieder geval diegenen die intern waren, getroffen door hevige dysenterie, die ons allemaal uit het klaslokaal en in de wc's hield, waar we in de rij onze beurt afwachtten. Michelle Phillips zei dat je het beste op de bril kon gaan zitten met je benen hoog in de lucht zodat je helemaal leeg kon lopen. Men had het gevoel dat deze besmetting iets te maken had met de gebeurtenissen in de Kongo – of het een uiting was van onze angst, dat leeglopen van de ingewanden, of dat het werd veroorzaakt door een of andere dodelijke parasiet uit de jungle die helemaal hierheen was gezwommen in de rivier de Kongo, door de zuidelijke zijrivieren tot het de preutse blanke aderen van de riolen van Joburg had bereikt – wie kon het zeggen? Wekenlang waarde er op de slaapzalen een waanzinnige angstgolf rond. De nonnen waren bloednerveus. I.B. zat in haar kantoor een verdedigingsplan op te stellen.

Toen werd Lumumba vermoord en de vrijheidsdroom stierf met hem. De angst verminderde daarna een beetje, maar het was nog niet voorbij, hoewel het voor de Kongo zonder twijfel was afgelopen. Op andere plaatsen was het nog maar pas begonnen. Opnieuw klonken de trommels, die woeste boodschappen stuurden door het olifantsgras en over de wijde vlaktes: versla de blanke man; neem het land weer in bezit dat ons toebehoort. Deze dringende boodschappen verspreidden zich als een lopend vuurtje door de eens zo vreedzame kolonies; ze wilden ons kwijt. Ons allemaal. Zonder dralen. Weg. Weg. Weg. Afgedaan en klaar.

Zestien

We gingen weg. Mijn vader werd teruggestuurd naar Engeland en wij gingen met hem mee, mijn moeder, mijn zusjes en ik. Maar voordat we vertrokken brachten Angela en ik nog een laatste bezoek aan de boerderij in Gabs en mijn moeder ging mee – ik heb geen idee waarom. Ik kan me haar moeilijk voorstellen op de boerderij van le Cordeur, omdat ik er daar in was geslaagd haar volledig uit mijn gedachten te bannen, maar ze ging mee. Ik bevond me in het kamertje waar ik een paar jaar eerder in het donker had gelegen met een zonnesteek en waar Rena mijn voorhoofd met ijswater had gedept tot ik weer normaal kon denken. Mijn moeder had op de rand van mijn bed plaatsgenomen, zo ver mogelijk van me vandaan, met elegant over elkaar geslagen benen. Ik had me teruggetrokken in een van mijn zwijgende buien die ze zo onbegrijpelijk en ergerlijk vond; toen ik klein was werden die buien als mokken betiteld en toen ik dertig was noemde men het een klinische depressie. Ik lag op het bed uitgestrekt, dat dicht tegen de muur stond, en was gekleed in shorts zodat mijn benen en voeten bloot waren. Om een of andere reden kwam Dan le Cordeur binnen terwijl mijn moeder daar zat. Zodra hij er stond leek de kamer vol. Er was niet genoeg ruimte en te weinig zuurstof voor drie personen, en mijn moeder en ik voelden ons ongemakkelijk. Hij ging aan het voeteneinde zitten; zijn vierkante gestalte hield het zonlicht tegen en hij had zijn handen losjes in elkaar geslagen tussen zijn knieën. Hij glimlachte me toe. Ag, wat jammer nou, wees eens wat vrolijker, joh. Hij verplaatste een van zijn handen en liet hem tot rust komen op mijn dij. De hand was bruin met gouden haren en hij voelde zwaar, zacht en warm aan. Mijn moeder verstijfde en staarde naar zijn hand, die rustig bleef liggen. Vervolgens werd haar blik zo woedend dat de hand zich verwijderde en terugkeerde naar de ruimte tussen zijn knieën. Toen konden we allebei weer ademhalen.

Zo, zei hij tegen me, wat is er aan de hand?

Ik weet niet wat ik met haar aan moet, zei mijn moeder terwijl ze aan een gescheurde nagel pulkte.

Hij sprak me toe in het Afrikaans, tedere woorden op een bijna moederlijke toon. Wat makeer? Wat mankeert je toch? Bij deze intieme woorden, die haar buitensloten, verstijfde mijn moeder opnieuw; haar lippen waren tot een smalle streep vertrokken.

Luister, richtte Dan zich rechtstreeks tot mijn moeder, ze wil niet naar Engeland. Ze is bang dat ze er niet zal passen, ze is een meisje van de wildernis; ze is nu een van ons. Het is nu te laat om haar tot een Englisher om te turnen. Hij leunde over naar mijn moeder, die terugdeinsde. Luister toch, herhaalde hij, ze zit midden in haar studie, dus waarom laat je haar niet blijven, samen met Angela, en laat je haar de school afmaken? Het duurt nog maar een paar jaar.

Ik pieker er niet over.

Ze kan in de vakanties hier komen; het is helemaal geen moeite. We vinden het heerlijk als ze komt.

Ik wist dat mijn moeder nu werkelijk boos begon te worden, maar dat scheen hem niet te deren; hij bleef zijn argumenten aanvoeren en probeerde haar met zijn opgewekt-

heid te vermurwen. Zij werd steeds gespannener en nerveuzer tot ze plotseling opstond. Nee, zei ze, ze gaat met ons
mee. Haar passage is geboekt. Het is nu te laat. Gerald zou
het nooit goed vinden. Toen ik haar dat hoorde zeggen, op
zo'n besliste toon: de passage geboekt, hij zou het niet goed-
vinden, wist ik dat mijn kans verkeken was. Het had geen
zin om te proberen mijn moeder aan mijn kant te krijgen.
De zielepoot was net zo hulpeloos als ik. Ik had al geprobeerd met mijn vader te praten toen ik hoorde dat we zouden vertrekken. Ik had een aantal, in mijn ogen goede, ideeën
geopperd over wat ik zou kunnen gaan doen als ik was afgestudeerd aan St. Mary – ik zou journalist kunnen worden
of naar de universiteit kunnen gaan. Hij had me uitgelachen,
me aangekeken en gezegd: Van jou komt nooit iets terecht,
waar je ook bent. En dat was dat. Ik had in opstand kunnen
komen, zoals ik vroeger gedaan zou hebben – en in dat stik-
hete kamertje waar mijn moeder kwaad opstond en Dan
maar bleef rondhangen kreeg ik zeker de neiging om dat te
doen, en ik realiseerde me pas later dat ik iets anders had
gedaan. Ik had me ingehouden; uiteindelijk bliezen zij de aftocht en had ik eindelijk een keer het gevoel dat ik mezelf
onder controle had.

Toen ze weg waren draaide ik mijn gezicht naar de muur
en terwijl ik het ruwe oppervlak met mijn nagels bewerkte nam ik het besluit dat ik denkbeeldige muren om me
heen zou optrekken, hoge ontoegankelijke muren. Ik zou
een fort bouwen zodat niemand in mijn nabijheid zou kunnen komen en op die manier zou ik overleven.

Later die dag, rond twaalf uur, ging ik naar buiten, langs
de schuren en de kraal en ging bij de dam zitten om steen-
tjes over het bruine water te gooien, en het leek alsof de hele omgeving de adem inhield, en omdat er niets bewoog of

verschoof, zou het voor eeuwig zo blijven. Mijn liefde was zo overweldigend dat ik dacht dat ik zou sterven als ik dit zou verliezen. En toen kwam de gedachte opeens bij me op dat ik deze liefde altijd al had gevoeld, omdat er niets anders was waarvan ik kon houden. De koerende duiven vielen in de bomen in slaap, de zon scheen op het water, een havik werd omhooggetild door een luchtstroom en bleef roerloos hangen. De wereld was glad, in evenwicht. Ossen bewogen zich voort als archaïsche beesten en jongetjes liepen achter de geiten aan en leidden ze naar het grasland. Ik bleef daar de hele dag zitten, zonder te bewegen, starend over het water, kijkend en wachtend.

Ik bleef er tot de maan hoog aan de hemel stond; de helft van de maan was die nacht onzichtbaar en de hemel was zo uitgestrekt en stil als het verbrande gras. Tussen de bomen hoorde je wat trage, zachte geluiden en er verschenen donkere schaduwen in het blauwe halfdonker. De ogen van de wilde dieren leken op sterren in het gras; een vleermuis fladderde, een hyena stiet een jammerende kreet uit. De wind bracht een onbeschrijfelijke geur met zich mee, die pijnlijk vertrouwd was – thuis, thuis.

Zou ik in Engeland ooit de sterren kunnen zien, met al die mist en nevel? En trouwens, er waren nergens op aarde zulke mooie sterren als de sterren die op Afrika neerkeken. Hoe kon ik leven zonder de lange gouden manestralen vloeibaar te zien worden en ze 's nachts over de velden te zien stromen? Hoe kon ik nog ademen als deze atmosfeer me werd afgenomen? Ik zag de Engelse lucht voor me zoals ik die op foto's en schilderijen had gezien: de oneindige grijsheid, de op elkaar gepropte gebouwen; de overvolle tuintjes die uitzicht boden op de spoorlijn; de was die aan lijnen hing te drogen in de rook. En omdat het er zo klein was en er zoveel mensen woonden was de hemel slechts een ver verwijderd vlekje tussen de daken en de lucht levenloos en vlak. Ik had mijn hele leven doorgebracht in een atmosfeer die veerkrachtig was en kruidig, in een omgeving die zo schoon was als een kaalgepikt karkas. Wat moest ik doen in een wereld met identieke huizen met kleine kamertjes, gordijntjes voor de ramen en gesloten deuren?

Mijn moeder had me over Engeland verteld. Ze deed dat steeds vaker wanneer ze was begonnen met het opruimen van haar kasten en de kleren in stapels door de kamer verspreid lagen. Er is daar niemand om je schoenen te poetsen, zei ze terwijl ze een gestreepte jurk omhooghield en hem vervolgens in een hoek gooide. O, nee, en je krijgt niet elke dag mooie schone kleren. En denk maar niet dat ik ze voor je zal wassen en strijken. Je zult zelf moeten wassen en je eigen rommel moeten opruimen, en we moeten natuurlijk een kostschool zien te vinden waar je terechtkunt. Als ze minder bang was werd ze bazig en kordaat; bij andere gelegenheden klonk ze moedig en hoopvol. Ach, weet je, liefje, het zal zo'n opluchting zijn om de stad uit te gaan en gras te zien dat werkelijk groen is, en ik ben er zeker van dat ik een of andere hulp zal kunnen vinden en een leuk huis – ofschoon de huizen ongetwijfeld klein zullen lijken, en de ramen en deuren zijn anders dan hier – vanwege de kou, begrijp je, maar er zullen natuurlijk goede haarden zijn. Maar, o, ik vraag me af wie de kolen zal komen brengen en wie het haardrooster zal schoonmaken? Dan werd ze opgewonden en nerveus en moest ik ingrijpen door haar allerlei leugens en onzin te vertellen om die akelige uitdrukking van haar gezicht te krijgen.

Ze deed er in het begin dapper genoeg over. Je vader wordt overgeplaatst naar het Commonwealth Relationskantoor in Whitehall, kondigde ze aan. En met deze woorden kwam haar hooghartigheid, die altijd een beetje minder was als ze onzeker was over de toekomst, in volle hevigheid terug. Ze poetste haar accent op en klonk weer als een snob. Terwijl ze ingespannen in de spiegel tuurde en citroensap op een sproet depte, zei ze: Denk je dat het waar is wat de inboorlingen zeggen over Pond's Vanishing Cream? Wat zeggen ze dan? vroeg ik, terwijl ik met mijn vinger over het oppervlak van haar mahoniehouten kaptafel gleed en letters tekende in het fijne stof van haar gezichtspoeder, alsof het zand was. O, je weet wel, dat het de zwarte kleur doet verdwijnen. Daarom gebruiken ze het natuurlijk ook, ze denken dat het hun huid blanker zal maken. Ik zei dan dat het de moeite van het proberen waard was, maar verzekerde haar ervan dat ik geen enkele sproet op haar gezicht kon ontdekken en dat ik trouwens sproeten wel leuk vond, ik had ze immers zelf ook. O, nee, zei ze, sproeten zijn ordinair, echt hoor. Nou, geef me die crème eens even aan, liefje, laten we kijken of het werkt.

Ze begon zich af te vragen wat voor kleren ze nodig zou hebben, hoe vaak ze gasten zou moeten ontvangen en of ze contact zouden houden met hun kennissen uit het BP. Maar al snel maakten de zorgen en onzekerheden haar zeurderig. Hoeveel zou een hulp kosten? Hoe zou ze het allemaal voor elkaar krijgen, een huis schoonhouden, koken, wassen, strijken. Hoe moest je dat überhaupt doen? Ze was opgegroeid in India; ze wist niets van dergelijke zaken. Weet je, liefje, ik ben niet opgevoed om dat soort dingen te doen, of om te werken, ik heb niet eens geleerd wat ik moest doen om er aantrekkelijk uit te zien, dat moest ik mezelf aanleren. Ze joeg ons beiden angst aan met haar verhalen over Engeland, maar ze kon er niet over ophouden. De mensen die terug zijn gegaan zeggen dat het zo'n onvriendelijke plek is, zei ze zenuwachtig. Je kunt jarenlang in een straat wonen en niemand zegt iets tegen je. Je kunt in je bed overlijden en dan kan het dagen duren voordat je gevonden wordt. De mensen die voorgoed zijn teruggegaan zeiden dat ze altijd dat goeie ouwe BP bleven missen – geen bedienden, geen feestjes, geen lol, en de drank en sigaretten zijn onbetaalbaar – hoe kan iemand dat volhouden? Dan begon ze te ijsberen, bijna handenwringend, en het enige dat ik uiteindelijk kon verzinnen was dat ik thee voor haar ging zetten en haar aanraadde om even te gaan rusten, zodat ze zich iets beter zou voelen.

Ze maakte me duidelijk dat mijn tijd bij haar thuis er bijna op zat. O, je blijft vast niet lang bij ons, zei ze terwijl ze een slokje van haar thee nam. Je gaat uit huis en op jezelf wonen, waarschijnlijk in Londen. Ik denk niet dat wij ons een huis in Londen zullen kunnen veroorloven, maar jij kunt kamers zoeken, een zitslaapkamer of zoiets. Je zult een baantje moeten vinden. Meisjes moeten iets hebben om op terug te kunnen vallen – een typediploma of een verpleegstersopleiding – voor het geval dat er iets misgaat, zodat ze niet met de handen in het haar zitten als hun echtgenoot overlijdt, of ervandoor gaat. Verwacht niet van ons dat we voor je blijven zorgen nadat je je opleiding hebt afgerond.

Dus ik wist hoe mijn toekomst eruit zou zien: ik zou in een zitslaapkamer wonen met afgebladderd behang en versleten, smerig meubilair; ik zou munten in de gasmeter moeten gooien om de verwarming aan te houden of mijn soep op te warmen. Ik zou als secretaresse in een of ander louche kantoortje werken en iemand zou me de hele dag bevelen toesnauwen en me naar buiten sturen om een sandwich voor zijn lunch te halen, alsof ik een bediende was. Als ik uit het raam keek zou ik alleen de grijze lucht en de smog zien, de mensen zouden rondlopen in zware overjassen en bijna nooit glimlachen omdat het zo koud was. Mijn moeder had een duidelijk beeld geschetst en een paar minuten lang geloofde ik haar. Ik dacht dat het werkelijk zo zou zijn. Maar er klonk een ander geluid dwars door al deze ellende, slechts een paar woorden die mijn gevoel veranderden: Vecht Terug. Ik klampte me er uit alle macht aan vast.

Tijdens die laatste nacht op de boerderij van le Cordeur wist ik dat ik niet zou terugkeren en nam ik alles in me op alsof ik probeerde het in mijn herinnering te branden, het in de tijd te verzegelen. Maar de tijd zou voor mij niet blijven stilstaan. De boerderij was in beweging en veranderde met de tijd, net als het omringende land. Ik kon het niet tegenhouden. Ze zouden hun eigen gang gaan, zonder mij. Toen ik op de treden stond die leidden naar het L-vormige huis, leek het alsof ik het zag zoals het eruit zou zien nadat we allemaal zouden zijn verdwenen. De kamers zouden leeg zijn, het zand zou naar binnen waaien en zich ophopen in de hoeken. De ruiten zouden barsten en de muren zouden instorten. De hordeuren zouden piepen in de wind, zoals ze dat op die dag in Bunny Swarts huis hadden gedaan, wilde vogels zouden zich nestelen in de daksparren onder het lekke dak, waarop ooit de regen had gekletterd met een lawaai alsof er een dronkenlap op het dak danste. De lieflijke huizen waarin we kort hadden gewoond zouden afbrokkelen en instorten en een onderkomen bieden aan wilde schepselen en dakloze vluchtelingen. De verpleegsters zouden nog steeds in hun donkerblauwe uniform met de sneeuwwitte Britse kapjes rondlopen in de ziekenhuizen; de kinderen zouden nog steeds naar school lopen in witte hemden en schorten zoals wij die ook hadden gedragen, maar wij zouden er niet zijn om ze te zien. En als ze achterom keken zouden ze zich niet herinneren wie we waren, waarom we gekomen waren en weer vertrokken en zelfs niet waarom we zoveel van ze hielden.

Zeventien

Angela mocht op St. Mary blijven om af te studeren, maar mijn moeder, mijn vader, Susan en ik namen de trein naar Kaapstad. We hadden al eerder op de Kaap gewoond, destijds in die halfjaarlijkse perioden, maar toen ik dit keer de zee zag, golvend en lieflijk, peilloos en diep, zei het me niks. Als ik naar de horizon staarde leek het alsof ik probeerde in de verte het kleine mistige eiland te ontwaren dat onze bestemming was. Een diepe kou nestelde zich in mijn hart en zelfs de zinderende hitte was niet in staat me te verwarmen toen ik op de kade stond en opkeek naar de witte massa van het schip dat ons weg zou voeren. Het schip dat ons naar Engeland zou brengen was dit keer geen drijvend paleis dat naar een koninklijke residentie was vernoemd. Het had geen zwart-rode schoorsteen en niet de sierlijke vorm van de Union Castle-boten met de lila-blauwe vleugels, die in de zware golven van de Kaap doken en weer omhoogkwamen. We voeren op de MV Jagersfontein van de Holland-Afrika-lijn, een praktisch zwart-wit schip met rechte flanken.

Toen we de loopplank op liepen zag je de serpentines wapperen in de wind en hoorde je een band 'Auld Lang Syne' spelen. Ik raakte opeens in paniek en greep mijn moeder bij haar arm. We hebben Angela achtergelaten, huilde ik. Ze had met ons mee moeten gaan, net als toen we met z'n allen naar Afrika kwamen. Ik was wanhopig en bleef aan haar trekken.

Hoe zou ik verder kunnen leven zonder haar, zij was mij altijd voorgegaan en had de weg voor me vrijgemaakt. Ik wilde de loopplank weer af rennen en haar gaan halen. Mijn moeder schudde me van zich af. O, doe niet zo raar, zei ze, kom hier en hou op met dat gedoe. Je houdt iedereen op. O, in 's hemelsnaam, wat valt er nou te huilen? Beheers je en snel een beetje. Wat is er toch met je aan de hand? Je weet toch dat we naar huis gaan?

Dus vertrok ik zonder Angela. Ik stond aan dek en leunde over de reling terwijl het schip langzaam de Tafelbaai uit voer, begeleid door het eenzame geluid van de boeibellen. We leken onder de bergen door te varen en toen we de haven uit waren leek het of we dieper in zee zakten. Zeemeeuwen vlogen met ons mee. Er kwamen serpentineslierten aanwaaien over het water en we probeerden ze te vangen, maar al snel scheurden ze of vielen in het water. De mensen die beneden op de kade stonden bleven ons vaarwel wuiven, terwijl ze steeds kleiner werden naarmate we ons verder uit de baai verwijderden en koers zetten naar open water. De slierten bleven nog even op het water drijven en zonken toen. De misthoorns klonken als doedelzakken bij een open graf.

Terwijl het schip wegvoer en de baai overging in de Zuidelijke Zee zag je de Tafelberg die dreigend afstak in de verte, plat en meedogenloos als de kleuren van de wildernis, en die steeds donkerder werd. Ik keek naar de bergketens achter me en naar de baai, die steeds kleiner werd naarmate we vorderden. Al snel keerden de Afrikaanse zeemeeuwen, die het schuim en het opspattende water hadden gevolgd, terug naar hun hoge positie op de rotsen. Hun gekrijs vervaagde en toen hoorde je geen enkel dierengeluid meer. Onze machines brulden en de sleepboot die ons had begeleid keerde om; de bestuurder zwaaide en ging terug naar de wal. De golven werden langzaam aan minder hoog; de witte boeg ploegde gestaag door de golven en liet een schuimende draaikolk in zijn kielzog achter. Nu waren we alleen en zonder begeleiding. We waren op weg naar de evenaar en vervolgens zouden we naar het noorden gaan. Ik stond over de reling uit te kijken en even had ik het moeilijk, ik draaide nog eenmaal mijn hoofd om. Het lag er nog steeds in al zijn koninklijkheid, de blauwe massa van het schiereiland met de beschermende bergen, met de zuidoostelijke wind die ons wegvoerde, wegvoerde.

Die avond danste mijn moeder in een zwarte jurk met witte stippels op de wijde rok; haar smalle middel was ingesnoerd tot een wespentaille. Ze draaide rond met veel geruis van zijde en je rook de zware geur van Chanel No. 5. Maar ofschoon ze met mijn vader danste leek het zoals altijd alsof ze alleen danste. Mijn vader had niets in de gaten en hoewel hij nog steeds niet dronk was hij in een goede stemming, hij was nu zeker van zijn positie in Whitehall en in de wandelgangen, waar de macht zich concentreerde. Ik zie hem zo voor me aan boord. Hij was weer een beetje hersteld, deze post had hem hernieuwde macht gebracht, maar hij had het voor elkaar gekregen door afstand te nemen van zichzelf, van wie hij werkelijk was. Hij was nu een Ier geworden die zijn oorspronkelijke Ierse karakter, waar de Engelsen zo'n hekel aan hadden, had prijsgegeven. Hij was gevormd door koloniale onbuigzaamheid en had door zijn afhankelijkheid van de welwillendheid van zijn superieuren in het Colonial Office geleerd wat zijn plaats was. Hij was een Engelsman geworden door met zo'n overgave al hun gewoonten over te nemen of na te apen dat je kon stellen dat Engeland hem had geneutraliseerd. Daar stond hij dan en maakte een praatje met de andere mannen, vertelde over zijn plannen, keek naar de band die speelde en verheugde zich op zijn beloning die hem binnenkort zou worden overhandigd: misschien zou hij tot ridder worden geslagen, maar in ieder geval zou hij de Orde van het Britse Rijk ontvangen, dat toch zeker. Als je hem had verteld dat hij Afrika nooit zou terugzien, net zomin als India, dan had hij gezegd: Onzin. En als je hem had gezegd dat hij over een paar jaar niet meer in dienst zou zijn, zonder baan en zonder toekomst, zou hij je geen seconde geloofd hebben.

De passagiers zopen alsof er geen volgende dag zou aanbreken – een eindeloze hoeveelheid gin en whisky, met de stewards bij de hand om de glazen gevuld te houden. Ze waren op het hoogtepunt van hun carrière, velen van hen hadden Afrika voorgoed verlaten en waren op weg naar verre oorden: Australië of Amerika, landen waar het leven nog goed was. Ze hadden luide en enthousiaste stemmen. Ze waren vertrokken voordat de boel uit de hand was gelopen en gingen veiligheid en een nieuwe toekomst tegemoet. Afrika was nu toch te gevaarlijk geworden. De politieke sfeer was geladen – de revolutionairen die veranderingen en een sterke regering eisten en de politiemacht die alle protesten in het zuiden in de kiem smoorde. Het was korte tijd voor Sharpville, waar de Zuid-Afrikaanse politie negenenzestig zwarten neermaaide tijdens een geweldloze demonstratie. Het was het begin van de huisarresten, berechtingen wegens verraad en levenslange gevangenisstraffen. Het was de tijd van terugslaan. Onze medepassagiers waren het land op tijd ontvlucht, ze hadden zich uit de voeten gemaakt voordat het laatste stukje Afrika ontplofte.

Wij voeren van dit alles vandaan en trokken ons terug in de afgesloten wereld aan boord. Het was zonneklaar dat we er onmiddellijk probeerden de sfeer van de wildernis op te roepen. Iedereen had voor hetzelfde geld dood kunnen zijn, was met verlof, op dienstreis of had even niks te doen, dus dezelfde dingen gebeurden weer. Mannen en vrouwen die los waren van verleden en toekomst vielen elkaar met volle overgave in de armen. Binnen een dag bloeiden er hartstochtelijke scheepsromances op, overdadig en koortsachtig in de zondoordrenkte lucht. De geliefden wandelden gearmd op de maanovergoten dekken en kusten elkaar lang en intens terwijl de sterren langs de hemel gleden. Je kon ze betrappen – een man die je even tevoren met zijn echtgenote over de glanzende parketvloer had zien dansen, lag nu boven op het roerloze lichaam van een vrouw die je zojuist nog in de tweede klasse had gezien. Een jonge Engelsman die op weg naar huis was om te trouwen met zijn eerste liefde, lag verstrikt in de netten op het bemanningsdek, samen met een steward die zijn eerste reis maakte. Er deed zich ook een zelfmoord voor: men liet de doodskist bedekt met de Union Jack langzaam in zee zakken terwijl wij Psalm drieëntwintig zongen.

We vervolgden onze tocht in noordelijke richting en passeerden de evenaar, maar dit keer was er geen ceremonie: we staken de lijn over en vervolgden onze reis. Maar hoewel er geen ceremonie werd gehouden vond er toch een flauwe afspiegeling van de vroegere reizen plaats. Toen we de evenaar naderden kwam op een dag de bemanning – ooit zo chic in schitterend wit met gouden tressen – naar beneden, van top tot teen in het zwart gekleed. Het leek wel of we steeds verder in schaduw en akeligheid gedompeld werden naarmate de zon lager aan de hemel stond. De zee was niet langer helderblauw en de golven waren zwaar en diep. Toen de zon weer ging schijnen viel de schaduw van het schip op het water en volgde ons als een albatros, die ons verder en verder huiswaarts leidde. We telden de dagen terwijl we maar doorvoeren en bij het verglijden van de dagen vonden er een dramatische klimaats- en lichtverandering plaats. De hemel werd grauw, het werd koud en het licht werd minder helder. Het wollen ondergoed werd te voorschijn gehaald en je zag de mensen met overjassen aan en hoeden op over het dek lopen. Toen we in de richting van Engeland staarden, beseften we dat we de nieuwe wereld achter ons hadden gelaten en waren overgestoken naar de oude wereld, en werden we somber en stil, terwijl we over de reling leunden en over de zee uitkeken. Het water was groen en glazig, maar er zat zo weinig beweging in dat het leek stil te staan en dat het schip zelf roerloos op de zee leek te liggen.

Toen we Engeland in zicht kregen zag ik dat het een plat land was, zoals het er ook op de kaart uitzag. Het was niet zo lieflijk en peervormig als Afrika, met zijn zuidelijke schiereiland dat in zee stak: de mooiste Kaap, de Stormkaap, Kaap de Goede Hoop. Engeland lag stilletjes in het water, een geschilderd eiland op een geschilderde oceaan, en als je het zo zag liggen met de laag overhangende witte klippen, dan leek het zo klein, zo grijs en somber. Toen we de haven van Southampton binnenvoeren zag ik een enorm bord, waarop een glas bier was afgebeeld en waarop stond geschreven: HOUD MOED.

Epiloog

Tien jaar geleden, toen Afrika en mijn leven daar nog slechts een droom waren, brak er op een dag een storm in mijn hoofd los. Ik werd wakker met een hoofdpijn die weigerde te verdwijnen en voelde een acute onrust als een elektrische stroom door mijn lichaam op en neer gaan. Ik voelde me wankel, schrikachtig en ik kon me niet concentreren of helder denken. Dit was al een tijdje aan de gang, waarschijnlijk vanaf het overlijden van mijn vader enkele jaren daarvoor, maar in de afgelopen zes maanden was het erger geworden. Mijn vroegere nachtmerries waren teruggekeerd, evenals vreemde flitsen van beelden, die op hallucinaties leken: een kom die zich met bloed vulde, een huilende kinderstem terwijl er geen kind in de buurt was en toen keek ik op een dag omlaag en zag kleine zwarte kinderschoenen in plaats van mijn eigen schoenen met hoge hakken. Het duurde slechts een seconde. Het beeld was er en meteen was het weer verdwenen, net als al die andere beelden. Ik stond doodsangsten uit. De waanzin was teruggekomen, ik was ervan overtuigd en ik wist niet waartoe het zou leiden. Ik wilde proberen de hoofdpijn door slaap te verdrijven, maar tegelijkertijd had ik een voorgevoel dat ik zou beginnen te schreeuwen en er niet mee op zou kunnen houden. Er zat een kreet vastgepind in mijn keel; die zat er al mijn hele leven, maar hij stond nu op het punt zich een weg naar buiten te banen.

Ik liep naar de derde verdieping van mijn huis en klom in een oud koperen bed. Dat staat in de logeerkamer – een grote, luchtige kamer met witte muren en brede, goudkleurige vloerdelen. Door de grote bomen buiten ligt de kamer in de schaduw en is het er rustig. Hij lijkt een beetje op onze vroegere boomhut in Maun omdat hij zo hoog ligt, omgeven wordt door zware takken en koel blijft door de wind. Ik beschouw hem als mijn zomerslaapkamer en zoek er vaak mijn toevlucht als het warm weer is; 's morgens vroeg zitten de duiven in het raam en je hoort ze koeren voordat ze zich terugtrekken om te gaan slapen.

Ik bevond me in die merkwaardige staat die voorafgaat aan slaap en vergetelheid, als je geest je beelden voorspiegelt die geen logica of zin hebben. Ik lag onder de dekens – het was koud, of ik had het koud –, precies weet ik het niet, maar op dat moment voelde ik me zonder reden opeens alsof ik zou stikken. Ik begon te woelen in het bed en naar adem te snakken, en toen zat ik rechtop en had sterk het gevoel dat ik iets van mijn gezicht had afgeworpen. De benauwdheid was niet weg en mijn hart bonkte zo hard dat het pijn deed. Nu was ik aan het hyperventileren. Ik was me ervan bewust dat ik een paniekaanval had. Ik probeerde mezelf weer in de hand te krijgen. Ik beval mezelf rustig te ademen. Ik bracht mezelf tot rust en zodra ik mijn ogen dichtdeed viel ik in slaap.

Toen ik na een minuut of twintig wakker werd, zag ik een beeld voor me dat ik niet kon kwijtraken. Het behoorde bij een droom over een man zonder gezicht die ik heel vaak kreeg. Ik kon het lichaam van de man wel zien, maar in de droom had hij geen gezicht. Het kwam een beetje overeen met een televisieverslag waarin ze iemands gezicht wazig maken om zijn identiteit niet bekend te maken. Het beeld herinnerde me aan de nachtmerries die ik als kind had, toen ik een uitdrukkingsloos gezicht zag, dat zich soms in de schaduw aan het voeteneind van mijn bed bevond en me andere keren aanstaarde vanuit de duisternis van de droom. Ik kon de gedachte aan een man zonder gezicht niet van me afschudden, hoe kalm of rationeel ik er ook over dacht, en al snel was ik helemaal niet meer in staat om te denken. Ik zweefde weg in de witte kamer, waar het middaglicht door de ramen filterde. Ik voelde me afwezig, heel ver weg, heel klein, zonder persoonlijkheid en in een tijdelijke staat: er drong niets tot me door. Toen kwam de benauwdheid weer terug en nu was het nog veel erger, alsof ik op het punt stond te sterven door gebrek aan lucht.

En toen, zonder waarschuwing, was ik helemaal vertrokken. Ik was weer een klein meisje, zes jaar pas, en ik lag in mijn bed in Swaziland te luisteren naar het gezoem van de elektriciteitsgenerator, wachtend tot die hakkelend zou afslaan en mijn nachtlampje in de duisternis zou verdwijnen, tegelijk met alle andere vormen: mijn voeteneinde, de omtrek van het raam, de kast met het speelgoed erbovenop. De deur ging op een kiertje open en daarachter was licht, waarschijnlijk maanlicht – een smalle, gouden streep waar mijn blik even op bleef rusten. Toen werd ik weer verstikt. Ik kon de Sunlight-zeep ruiken die werd gebruikt om onze kleren in de wastobbe te wassen; de geur kwam van het kussen op mijn gezicht en ik kon ook de veren ruiken. Ik voelde de puntige uiteinden van de veren in mijn gezicht prikken. Ik begon wild om me heen te slaan in een poging een luchtkanaaltje te vinden, zodat ik niet gesmoord zou worden; ik probeerde mijn hoofd te bevrijden en trapte met mijn benen. Ik voelde een folterende pijn die door mijn hele lichaam trok. Ik werd in tweeën gescheurd. En toen leek het alsof ik mezelf vanaf een grote afstand bekeek. Ik had geen hoofd omdat dat door het kussen werd bedekt. Ik zag dat ik een lichtgeel pyjamajasje aanhad met eendjes erop en afgezet met een wit biesje aan de mouwen en de kraag. Ik kon de rest van mijn lichaam niet zien, maar wel voelen. En toen was alle gevoel verdwenen.

Toen ik bijkwam klapperde ik met mijn tanden, maar ze voelden heel anders aan dan normaal. Ze voelden aan zoals mijn melktanden, als dun porselein met ribbeltjes en ik dacht dat ze, als ik ze niet kon laten ophouden met tegen elkaar te klapperen, wel eens uit mijn hoofd konden vallen. Binnen in mijn lichaam voelde alles los aan, alsof er een ontploffing had plaatsgevonden waarbij mijn organen en botten alle kanten op waren geworpen. Ik beefde van top tot teen. Ik besefte dat ik bloedde en toen ik tussen mijn benen voelde werden mijn vingers bedekt met bloed. Ik begon te snikken en was niet in staat ermee op te houden. Ik beefde nog steeds en ook daarmee kon ik niet stoppen. Ik gaf één harde schreeuw. Toen was ik stil en bleef liggen als een levenloos object.

De rest van het verhaal kwam langzaam terug in mijn herinnering, duidelijk en simpel, precies zoals het was gebeurd, precies zoals het er al die tijd geweest was – vergeten maar niet vergeten, bekend en niet bekend – al die jaren het moment afwachtend om boven water te komen. Het was vroeg in de ochtend en ik lag in mijn bed in Swaziland. Angela kwam van de deur naar mijn bed toelopen en bracht me een glaasje melk. Ik nam een slokje en de zoete weeë smaak vervulde me van afschuw. Ik kon het niet opdrinken. Sindsdien heb ik nooit meer een glas melk aangeraakt: ik kan de smaak niet verdragen, ik weiger het vast te pakken als het zo netjes in een glas zit. Geen idee waarom. Ik had een hekel aan melk, dat was alles. Ik stond op toen ik de bedienden hoorde scharrelen in de keuken en ik wist dat hij naar zijn werk was gegaan. Ik ging naar de wc en het leek alsof ik door glasscherven plaste. Ik keek in de pot en die was vol bloed dat ogenschijnlijk omhoog langs de rand klotste. Mijn pyjama was bedekt met bloed en ik ook. Ik ging naar mijn moeder toe omdat ik niets anders kon bedenken. Ze wierp één blik op me en haar gezicht vertrok. Wat heb je nou weer uitgespookt? Ik begreep de vraag niet. Ik zei dat papa het had gedaan.

Ze werd zo hysterisch dat ze naar adem hapte; ze gaf zich er helemaal aan over en werd kwader dan ik haar ooit had gezien of later ooit nog zou meemaken. Vertel NOOIT meer zulke leugens, gilde ze terwijl ze me bij de schouders pakte en door elkaar rammelde. Hoor je me? Zeg dat nooit, nooit meer.

Ze sleepte me aan mijn arm mee naar het bad, zette de kraan wijd open en beval me om mezelf schoon te maken. Ze trok de lakens van het bed en zei dat ik het bad uit moest zodat ze de lakens erin kon stoppen. Ze liet koud water in het bad stromen tot het bijna overliep. Het water was roze. Ik keek ernaar. Ik keek naar haar. Ze zei geen woord meer. Angela was er niet. Ik kon haar nergens vinden. Later bracht mijn moeder me naar de dokter. Ik weet niet wat ze hem op de mouw speldde. Hij woonde een eindje verder in de straat en normaal gesproken was hij tamelijk vriendelijk. Maar op die dag zei hij niets tegen me en toen hij wel sprak, was het tegen mijn moeder. Kinderen, zei hij, terwijl hij mijn wonden hechtte zonder dat hij me verdoofd had, voelen daar beneden niks. We gingen naar huis, mijn moeder en ik, en we spraken er nooit meer over.

Toen ik vanaf de derde verdieping naar beneden kwam was ik mezelf niet meer. Het leek alsof ik was weggestuurd naar Goedgegun. Het was allemaal voorbij en het zou nooit meer worden als voorheen. De rest van die zaterdag liep ik rond als een geest, een sprakeloze, vage aanwezigheid, nauwelijks in staat te communiceren over wat er was gebeurd en bang om het te proberen, want als ik dat deed zou ik mijn moeders verbod overtreden. Ik was voortdurend nerveus – schichtig – net zoals ik op dit moment ben, terwijl ik dit schrijf, alleen veel erger. Ik was opnieuw als de dood voor het donker. Ik zat vast in het verleden en woonde niet in mijn lichaam, maar was op drift geraakt in een droomwereld; ik kon nog nét functioneren in mijn dagelijks leven, ofschoon ik volledig afwezig was. Precies zoals toen ik klein was, zoals het altijd geweest was.

Een tijdlang was ik ervan overtuigd dat het slechts eenmaal gebeurd was. Ik móést het geloven. Het kostte me maanden om over de naschokken heen te komen, en er zweefden voortdurend allerlei beelden voor mijn ogen. Ik ging het pad van de zelfvernietiging weer op. Ik was in shock en alleen al een straat oversteken kon gevaarlijk zijn. Een jaar lang was ik volledig de kluts kwijt, leefde ik in het verleden – was afwezig. Ik leek wel een slaapwandelaar en was niet in staat mezelf in veiligheid te brengen als de situatie daarom vroeg. Ik botste tegen auto's aan, net zoals in Mafeking. En één keer ben ik op de rand van het raamkozijn op de derde verdieping gaan staan, net als op St. Mary, en dacht ik: Zal ik het doen? En als ik niet getrouwd was geweest met iemand die in staat was van deze periode getuige te zijn en het te verduren, zou ik waarschijnlijk nu niet meer leven. En toen, na alle monsterlijkheden en uit die lijdensweg, kwam er langzaam, langzaam iets anders uit het verborgen verhaal te voorschijn: er had zich in de duisternis een diamant gevormd en toen die aan het licht kwam, vielen de puzzelstukken van mijn leven op hun plaats. Voor het eerst ging ik me weer logisch gedragen. Ik zag nu het complete plaatje. Mijn kindertijd en al mijn relaties zag ik duidelijk zoals ze waren. De helderheid benam me de adem.

Ik ging naar Engeland om Angela te spreken.

Ze woonde daar al sinds ze was afgestudeerd op St. Mary. Ze had een verpleegstersopleiding gevolgd en was gaan werken in het Charing Cross Hospital in Londen en toen ik haar ging opzoeken werkte ze al bijna twintig jaar in het ziekenhuis, waar ze met veel toewijding patiënten met ademhalingsproblemen verpleegde. Ze maakte zich hard voor het vak van verpleegkundige: ze stelde haar onverzettelijke wil tegenover elke vorm van tirannie en ze bevocht de hiërarchie met zoveel vuur dat men er duizelig van werd. Toen ik haar bezocht werkte ze er nog steeds. Ik logeerde bij haar in Ealing en dagenlang ondernam ik pogingen om het verleden ter sprake te brengen, onze kindertijd en wat er was voorgevallen, maar het lukte me niet. Bij iedere poging leek het alsof een hand voor mijn mond werd geslagen die me tot zwijgen bracht. Ik kreeg er geen woord uit.

Op een avond zaten Ange en ik in de keuken, en ik keek uit het raam naar de tuinmuur en de verwarde strengen van de kamperfoelie, die in de zomer was gaan bloeien. We stonden op het punt te gaan dineren, de tafel was gedekt. Haar man en dochter zaten in de eetkamer op ons te wachten. Ange schudde de rijst in een kom, en met haar andere hand stak ze me een bosje peterselie toe. Ik keek ernaar en dacht dat mijn hart zou breken terwijl ik me herinnerde hoe de peterselie in Gabs onder de kraan in de tuin groeide, en hoe het altijd groen bleef omdat de kraan altijd druppelde, en hoe het anders nooit had kunnen overleven.

Weer probeerde ik het haar te vertellen. Het ging niet. Mijn kaken zaten op elkaar geklemd. Uiteindelijk barstte ik uit: Ik ben gekomen om je iets te vertellen, maar nu ik hier ben schijn ik het niet te kunnen. Mijn zus heeft mijn hele leven lang geprobeerd me te helpen, en nu ik zo worstelde om te kunnen spreken, schoot ze me opnieuw te hulp. Ze keek me aan en zei: Het gaat over incest, hè?

We liepen naar de eetkamer om te eten en het lukte ons allebei om iets naar binnen te werken. We kenden het klappen van de zweep. Op een ochtend, vele jaren daarvoor, had ik aan een andere tafel gezeten, waar mijn vader zijn ontbijt zat te verorberen en zijn thee te drinken, net als een normaal mens, en ik, net als een normaal kind, met mijn on-aangeroerde gekookte eitje voor mijn neus zat. Ik zat te dromen, was amper bij bewustzijn en mijn moeder begon haar geduld met mij te verliezen. Kom, eet eens door, schiet eens op. Ik pakte mijn lepeltje, stak het in het zachtgekookte ei en keek in het melkachtige, slijmerige wit van het nauwe-lijks gekookte ei. Ik tilde mijn lepeltje op en het slijm gleed ervanaf in mijn mond. Ik kon geen lucht krijgen. Ik kon het niet doorslikken. Ik zou liever doodgegaan zijn dan het door te slikken. Ik braakte alles over mezelf, het ei en de lepel uit, het braaksel kwam in mijn schoot terecht en verspreidde zich over het groene plooirokje van mijn gymnastiekpak.

Ange en ik kwamen op het onderwerp terug. Ik neem aan dat we het bij die korte uitwisseling voor het diner bij haar thuis hadden kunnen laten, maar zij was verpleegster, ze wist wel beter en ze begon er weer over. Ze wachtte een moment af dat we samen waren en vroeg me haar te vertellen wat er was gebeurd. Ik vertelde haar niet veel, omdat ze niet te veel wilde weten. Ik vertelde haar alleen over de eerste keer, in Swaziland, toen ik zes was en zij acht. Geen details. Niets waardoor haar gedachten haar niet meer met rust zouden laten. Ik vertelde haar dat ik naar de dokter was gebracht en op haar gezicht zag ik een flits van een herinnering, en omdat ze verpleegster was, altijd verpleegster geweest was, zei ze op haar verpleegsterstoon: Ik herinner me het bloed.

En daarmee was het onderwerp afgedaan. We borgen het op en sindsdien hebben we er niet veel meer over gezegd, niets over de gebeurtenis zelf, niets over de gevolgen ervan en vrijwel niets over het effect dat het op haar had gehad. Ze maakte me op dat moment duidelijk dat ze het niet verder wilde uitdiepen, zeker niet voor haar eigen gemoedsrust. Ze zei tegen me, jij wilde wel zonder meer in het diepe springen, maar ik niet. Dus gingen we gewoon verder met ons leven, probeerden we een nieuwe weg te leggen over de oude, platgelopen weg, en probeerden alles bij elkaar te houden door ons alleen de mooie dingen te herinneren. Nu zijn wij tweeën als laatsten overgebleven van het originele gezin van vijf: onze moeder overleed als eerste, toen onze vader, en twee jaar geleden is ons jongste zusje Susan ook gestorven. Wij zijn de laatste twee getuigen, Angela en ik, de laatste twee overlevenden van een jeugd die, na al die tijd, onderdeel lijkt te zijn van een verdwenen landschap, even onvermijdelijk en even triest. Wij allemaal – mijn moeder, mijn vader, mijn zusjes en ik – sloegen ons zo goed mogelijk door het leven, ergens waar we toevallig terecht waren gekomen, een onbeschrijfelijk prachtig oord.

Ons vroegere leven bestaat niet meer en de plekken uit onze kindertijd zijn weg – Bechuanaland, Rhodesië, Belgisch Kongo – alles is verdwenen, net als de blanke overheersing en de koele betovering van koloniale overtuigingen. Dat leven verdween met de tijd, even snel als die namen van de kaart werden geveegd – zo razendsnel dat er nauwelijks is opgetekend wat daar allemaal gebeurd is, en wat de betekenis ervan was. Vroeger had ik altijd veel last van de gedachte dat ik me onder mensen bevond die niet wisten waar ik vandaan kwam en wat ik had meegemaakt. Hoe zou ik hun kunnen vertellen over de pracht van Afrika? Hoe kon ik hun de magie laten voelen van de rivier in Maun en de Afrikaanse vrouwen die op weg waren naar de velden met hun baby's op hun rug gebonden? Hoe beschrijf je de zilverreigers die door de lucht zeilden boven het met lelies overdekte water van de Thamalakane? Wat wisten ze van de zilveren nachten, als de stralen van de maan de acacia's bereikten en de woestijn baadde in een zilveren licht? Hoe kon ik dat uitleggen?

Nu weet ik dat de ene plek niet mooier is dan de andere, en dat schoonheid behoort aan degene die liefde voelt. Het glanzende licht in Amerika is afkomstig van Afrika en zal verdertrekken naar Havana en Helsinki en eindigen in de schoot van God. De verkoelende wind die vanuit de Caribische Eilanden komt aangewaaid heeft een kruidige geur en de zomerse stormen laten de regen op dezelfde manier neervallen in Honolulu en Tibet als in Gaborone. Het zonlicht in Guatemala is teder, net als in Sussex, en er zijn in India bergen ontstaan uit de botsing van de continenten, net zoals in de Karoo. De aardse pracht is zo teer en onvergelijkbaar als een lentebloem die slechts een dag in een Siberische of Algerijnse woestijn bloeit, of in de Kalahariwoestijn. Tegenwoordig neem ik met minder genoegen.

Dankbetuigingen

Het heeft jaren geduurd voordat dit verhaal gepubliceerd kon worden en ik ben veel mensen mijn diepste dankbaarheid verschuldigd. Kemp Battle, voor zijn niet aflatende liefde en toewijding en voor het feit dat hij vertrouwen in me bleef houden als ik twijfelde. Leita Hamill, die elke versie herhaaldelijk las en verbeterde, uit vriendschap en onbezoldigd, en zonder het op te geven. Dan Halpern, omdat hij zo aardig was en voor zijn bijdragen aan het manuscript toen het af was en omdat hij me in contact bracht met mijn agente, Betsy Lerner van de Gernert Company. Met haar kritische redactionele blik kneedde zij het boek niet alleen in zijn uiteindelijke vorm, maar verdedigde het ook als een leeuwin bij de uitgevers. Sonny Metha en Marty Asher van Knopf and Vintage, ik dank jullie hartelijk voor het uitgeven van het boek. Marianne Velmans en Sarah Westcott en alle anderen bij Doubleday in Londen: jullie spontane en hartelijke reactie betekende meer voor me dan ik kan uitdrukken. Mijn kinderen: Ally, Tom, Emily en Joe, mijn stiefdochter Mish en mijn kleinkinderen Becca, Molly en Casey: bedankt dat jullie me hebben geleerd moeder en grootmoeder te zijn. Dank en liefs voor de kinderen van anderen die me tijdens het schrijven lief zijn geworden: A.J., Doug, Fran, Frankie, Joy, Matt, Mike en Jim. Ik wil ook Peggy Calvert bedanken, die als een moeder voor me was vanaf het eerste moment dat ik zestien jaar geleden in Amerika arriveerde. Ook veel dank aan alle vrienden die trouw interesse bleven tonen en me bleven steunen tijdens de 'broedperiode': Caron Avery, Anne Battle, Stephanie Beddows, Andrea Cook, Sue Cook, Logan en Ellie Fox, Kate Hughes, Liz en Sam Hynes, Shelagh Macdonald, Randi Orlando, Henry en Mary Reath en Harriet en Geoffrey White. In het bijzonder dank ik Miriam Lowi, die, toen ik haar vertelde dat ik dit boek wilde proberen te schrijven, tegen me zei: Verplaats je gewoon weer naar Afrika, vertel het zoals het was.